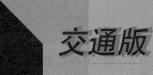

高等学校土木工程专业规划教材
JIAOTONGBAN GAODENG XUEXIAO TUMU GONGCHENG ZHUANYE GUIHUA JIAOCAI

第2版

桥涵水文

Qiaohan Shuiwen

黄 新　金菊良　李 帆　主 编

内 容 提 要

本书为交通版高等学校土木工程专业规划教材。全书分9章,内容包括:绪论;河流概论;水文统计基本原理与方法;设计洪水与设计水位推算;大中桥孔径计算;桥梁墩台冲刷计算;调治构造物;桥渡勘测与桥位选择和小桥与涵洞勘测设计。

本书可作为土木工程专业、道路桥梁与渡河工程专业、交通工程专业及相关专业的教材,也可作为桥涵设计与施工人员以及有关科技人员的参考用书。

图书在版编目(CIP)数据

桥涵水文 / 黄新,金菊良,李帆主编. — 2版. — 北京:人民交通出版社股份有限公司,2017.8
交通版高等学校土木工程专业规划教材
ISBN 978-7-114-14104-1

Ⅰ. ①桥… Ⅱ. ①黄… ②金… ③李… Ⅲ. ①桥涵工程—工程水文学—高等学校—教材 Ⅳ. ①U442.3

中国版本图书馆 CIP 数据核字(2017)第 204143 号

书　　名:	桥涵水文(第2版)
著 作 者:	黄　新　金菊良　李　帆
责任编辑:	张征宇　赵瑞琴
出版发行:	人民交通出版社股份有限公司
地　　址:	(100011)北京市朝阳区安定门外外馆斜街3号
网　　址:	http://www.ccpress.com.cn
销售电话:	(010)59757973
总 经 销:	人民交通出版社股份有限公司发行部
经　　销:	各地新华书店
印　　刷:	北京鑫正大印刷有限公司
开　　本:	787×1092　1/16
印　　张:	13.25
字　　数:	329 千
版　　次:	2006年8月　第1版　2017年8月　第2版
印　　次:	2021年10月　第2版　第3次印刷　累计第8次印刷
书　　号:	ISBN 978-7-114-14104-1
印　　数:	19001—22001 册
定　　价:	29.00 元

(有印刷、装订质量问题的图书由本公司负责调换)

交通版
高等学校土木工程专业规划教材

编委会

（第2版）

主 任 委 员：戎 贤
副主任委员：张向东　李帼昌　张新天　黄 新
　　　　　　宗 兰　马芹永　党星海　段敬民
　　　　　　黄炳生
委　　　员：彭大文　张俊平　刘春原　张世海
　　　　　　郭仁东　王 京　符 怡
秘 书 长：张征宇

（第1版）

主 任 委 员：阎兴华
副主任委员：张向东　李帼昌　魏连雨　赵 尘
　　　　　　宗 兰　马芹永　段敬民　黄炳生
委　　　员：彭大文　林继德　张俊平　刘春原
　　　　　　党星海　刘正保　刘华新　丁海平
秘 书 长：张征宇

序

随着科学技术的迅猛发展、全球经济一体化趋势的进一步加强以及国力竞争的日趋激烈，作为实施"科教兴国"战略重要战线的高等学校，面临着新的机遇与挑战。高等教育战线按照"巩固、深化、提高、发展"的方针，着力提高高等教育的水平和质量，取得了举世瞩目的成就，实现了改革和发展的历史性跨越。

在这个前所未有的发展时期，高等学校的土木类教材建设也取得了很大成绩，出版了许多优秀教材，但在满足不同层次的院校和不同层次的学生需求方面，还存在较大的差距，部分教材尚未能反映最新颁布的规范内容。为了配合高等学校的教学改革和教材建设，体现高等学校在教材建设上的特色和优势，满足高校及社会对土木类专业教材的多层次要求，适应我国国民经济建设的最新形势，人民交通出版社组织了全国二十余所高等学校编写"交通版高等学校土木工程专业规划教材"，并于2004年9月在重庆召开了第一次编写工作会议，确定了教材编写的总体思路，于2004年11月在北京召开了第二次编写工作会议，全面审定了各门教材的编写大纲。在编者和出版社的共同努力下，目前这套规划教材已陆续出版。

这套教材包括"土木工程概论"、"建筑工程施工"等31门课程，涵盖了土木工程专业的专业基础课和专业课的主要系列课程。这套教材的编写原则是"厚基础、重能力、求创新，以培养应用型人才为主"，强调结合新规范、增大例题、图解等内容的比例并适当反映本学科领域的新发展，力求通俗易懂、图文并茂；其中对专业基础课要求理论体系完整、严密、适度，兼顾各专业方向，应达到教育部和专业教学指导委员会的规定要求；对专业课要体现出"重应用"及"加强创新能力和工程素质培养"的特色，保证知识体系的完整性、准确性、正确性和适应性，专业课教材原则上按课群组划分不同专业方向分别考虑，不在一本教材中体现多专业内容。

反映土木工程领域的最新技术发展、符合我国国情、与现有教材相比具有明显特色是这套教材所力求达到的，在各相关院校及所有编审人员的共同努力下，交通版高等学校土木工程专业规划教材必将对我国高等学校土木工程专业建设起到重要的促进作用。

交通版高等学校土木工程专业规划教材编审委员会

人民交通出版社股份有限公司

前言（第2版）

本教材自2006年第一版出版以来，承蒙广大师生和读者的喜爱以及人民交通出版社的大力支持与宣传，出版发行顺利，多次重印。根据本系列教材编写委员会"适时与及时更新"的编写原则，结合土木工程等专业的规范要求，决定对《桥涵水文》第一版进行修订。

第二版是在第一版内容的基础上修订完成的，考虑到学生的需求和反馈意见。第二版继承了第一版的大部分内容，并在体系和风格上与第一版保持一致。依据最新的国家标准、专业培养目标和课程教学大纲的要求，由原编写人员对第一版内容进行了审视、更新、补充、删除或改写。补充了例题，删除了原第十章（水工模型试验）。

本书由黄新、金菊良、李帆担任主编。全书编写分工如下：第一章和第三章由合肥工业大学金菊良编写；第二章由南京林业大学王郑编写；第四章由南京林业大学薛红琴编写；第五章和第六章由河北工业大学李帆编写；第八章由河北工业大学李运光编写；第七章和第九章由南京林业大学黄新编写。黄新统稿全书。

本书修订过程中参阅了大量相关书籍与资料，对于参考资料的编著者，在此表示衷心的感谢。南京林业大学研究生贾烊在修订过程中做了大量工作，在此一并表示感谢。

由于编者水平有限，书中缺点和错误在所难免，敬请读者批评指正。

编　者
2017年6月

前言（第1版）

"桥涵水文"是"交通版高等学校土木工程专业规划教材"中的一本专业技术课教材。根据高等学校学科建设的需求和本门课程的特点，人民交通出版社组织南京林业大学、合肥工业大学、河北工业大学等学校编写了本教材，作为土木工程、水利工程、交通工程等专业的教学用书。本书也可作为有关工程技术人员、科研人员参考用书。

在编写过程中，考虑到教材的系统性、科学性、实用性和经典性，在内容的编排上既保持本课程的主要内容，同时对各章节进行了合理的安排，强调实用性。同是考虑到多数学校不会专门进行涵洞设计方面的教学，故在小桥涵勘测设计一章中，对涵洞部分的内容作了一定的增加。全书概念清晰，语言流畅，图文并茂，便于学生对理论知识的掌握和理解。

本教材由黄新主编，河海大学芮孝芳教授主审。各章编写分工如下：第一章、第三章由合肥工业大学金菊良教授编写；第二章由南京林业大学王郑讲师编写；第四章由南京林业大学薛红琴讲师编写；第五章、第六章由河北工业大学李帆讲师编写；第八章由河北工业大学李运光教授编写；第七章、第九章、第十章由南京林业大学黄新教授编写。全文由黄新统稿、修改。本教材在编写过程中，得到很多同行的支持和帮助，提出了许多宝贵意见，编者在此一并致谢。

限于编者的水平，以及时间仓促，书中难免有错误与不当之处，敬请广大读者批评指正。

编 者
2006 年 4 月

目录 MULU

第一章　绪论 ······ 1
- 第一节　水文现象与桥涵水文的研究意义 ······ 1
- 第二节　河川水文现象的特点和桥涵水文的研究方法 ······ 4
- 习题 ······ 6

第二章　河流概论 ······ 7
- 第一节　河流与流域 ······ 7
- 第二节　河川径流的形成 ······ 12
- 第三节　河川的泥沙运动 ······ 16
- 第四节　河床演变 ······ 19
- 第五节　河川水文资料的收集和整理 ······ 22
- 习题 ······ 28

第三章　水文统计基本原理与方法 ······ 29
- 第一节　概率统计理论基础 ······ 29
- 第二节　随机变量的概率分布 ······ 33
- 第三节　水文经验频率曲线 ······ 35
- 第四节　水文理论频率曲线线形与参数估计 ······ 37
- 第五节　抽样误差与相关分析 ······ 45
- 第六节　水文频率计算适线法 ······ 54
- 习题 ······ 63

第四章　设计洪水与设计水位推算 ······ 65
- 第一节　根据流量观测资料推算 ······ 66
- 第二节　根据洪水调查资料推算 ······ 76
- 第三节　根据暴雨资料推算 ······ 79
- 第四节　小流域设计洪水 ······ 84
- 第五节　设计洪水位的推求 ······ 86
- 习题 ······ 86

第五章　大中桥孔径计算 ······ 88
- 第一节　桥位河段水流图式和桥孔布设原则 ······ 88
- 第二节　桥孔长度 ······ 91
- 第三节　桥面设计高程 ······ 96

  习题 ··· 107
第六章 桥梁墩台冲刷计算 ·· 108
  第一节 桥下一般冲刷的计算 ·· 108
  第二节 桥墩的局部冲刷计算 ·· 113
  第三节 桥台冲刷计算 ··· 119
  第四节 桥梁墩台基底最小埋深 ··· 121
  习题 ··· 127
第七章 调治构造物 ·· 128
  第一节 调治构造物的分类 ··· 128
  第二节 导流堤 ·· 129
  第三节 丁坝 ·· 132
  习题 ··· 133
第八章 桥渡勘测与桥位选择 ··· 134
  第一节 地形测绘 ··· 134
  第二节 工程地质勘察 ··· 136
  第三节 桥位的选择 ·· 138
  习题 ··· 142
第九章 小桥与涵洞勘测设计 ··· 143
  第一节 小桥涵的类型与特点 ·· 143
  第二节 小桥涵勘测 ·· 148
  第三节 小桥涵位置选择 ·· 149
  第四节 小桥孔径计算 ··· 154
  第五节 涵洞孔径计算 ··· 167
  第六节 小桥及涵洞的构造 ··· 175
  第七节 涵洞进出口河床的处理 ··· 186
  习题 ··· 190
附录 ·· 192
参考文献 ··· 200

第一章 绪 论

第一节 水文现象与桥涵水文的研究意义

一、水文现象

在自然科学中,称自然界的某类现象为文,例如天文就是自然界中各种天体现象的总称。水文是自然界中水的变化、运动等现象的总称。大气中的水汽,地面上的河流、湖泊、沼泽、海洋、冰川中的水,地面下的土壤水和地下水,在太阳辐射和地球引力等的作用下可以不断地相互转化,形成了全球水文循环。根据水体的不同过程而有不同的称谓,气态水可因冷凝而成液态或固态,并以雨、雪、雹、霰、露等形式下降于大陆或海洋,这一过程称为降水;而江、河、湖、海及地表以下的液态水或固态水,因太阳的热力作用而成气态水升入天空,称为蒸发;地表水在土壤颗粒分子引力、毛管力和重力作用下,进入土壤或岩层时,称为入渗;沿地表及在土壤孔隙流动的水流,称为径流。其中沿地表流动的水流,称为地表径流;在土壤或岩石裂缝中流动的水流,称为地下径流,又称为基流;沿河川流动的水流,称为河川径流。降水、蒸发、径流、入渗等水文现象与市政工程、交通工程、环境工程以及水利工程等关系密切。

地球上的水因吸热而蒸发。蒸发的水汽随大气运动进入上空,然后凝结形成降水,产生径流,汇入河川、湖泊,再流入海洋,这种在太阳能和重力作用下循环往复的水循环称为水文循环,如图1-1所示。水文循环有水文大循环与水文小循环之分。只发生在海洋上或陆上的水文循环,称为水文小循环,即海洋上蒸发的水汽直接降落在海洋上,或者大陆水分蒸发后又直接降落在陆地上。发生在海洋与大陆之间的水文循环,称为水文大循环。

水文循环的运动空间是在地面以上平均高约11km的大气对流层顶至地面以下平均1~2km深处的广大空间。全球不同纬度带的大气环流中,蒸

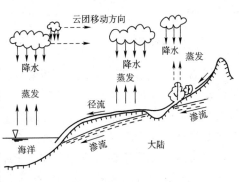

图1-1 水文循环示意图

发大于降水的区域称为水汽源区,在北纬 10°~35°和南纬 10°~40°的地区;蒸发小于降水的区域称为水汽汇区,在北纬 10°至南纬 10°左右之间的地区,以及北纬 35°以北和南纬 40°以南的地区;蒸发等于降水的区域称为水汽平衡区,在北纬 10°、北纬 35°附近,以及南纬 10°、南纬 40°附近的地区。

水文循环是水文现象变化规律的基本描述。据统计,全球海洋上的多年平均蒸发量 $z_1 = 1400mm$,多年平均降水量 $x_1 = 1270mm$,可见 $z_1 > x_1$,多余的水汽随大气运动进入大陆;而全球大陆上的多年平均蒸发量 $z_2 = 485mm$,多年平均降水量 $x_2 = 800mm$,可见 $x_2 > z_2$,多余的降水量则以径流形式流回大海。径流对陆地水系统而言是输出,对海洋水系统而言是输入。据估算,地球上每年参加水文循环的总水量(折合水深)为 1130mm,大气对流层中的水分总量(折合水深)为 25mm。这些水分通过蒸发和降水每年平均更换约 45 次,即更新周期约 8 天。河川径流的更新周期约 16 天,土壤水的更新周期约 1 年。

水文循环是地球上最重要的物质循环之一,它的主要作用有:形成各种不同的天气,调节气候变化,营造丰富的自然景观;参与陆地和海洋动植物的新陈代谢,影响各类生物的活动;向人类提供可再生的水资源和水能资源;可分散、悬移、溶解各种固体颗粒、气体、离子以及生物原生质等,形成水质的本底状态,对于污染的水体有自净功效。例如,在水文循环的蒸发过程中,除极少数物质外,水中的杂质将不会转输入下一轮水文循环,因而使宝贵的淡水资源再生并有再利用的价值。同样产生的洪水与干旱会给人类和生物带来灾害。

影响水文循环的因素主要有如下三类。

1. 气候因素

气压、气温、风向、风力等统称气候因素,它受大气环流、气团运动和海洋环流等多种运动机制的控制和支配,从而影响着水文循环。

大气环流的形成可来自高低纬度地区太阳辐射热量差,也可来自海陆吸热的不同。夏季大陆强烈高热可造成热低压,使气流由海洋向大陆运动;冬季则相反,气流由大陆向海洋运动,并形成一年中风向随季节变换的"季风"。此外,受地球自转的影响,还形成几个气压带和风带。

2. 下垫面因素

水文循环所处的各种自然地理条件,称为下垫面因素。例如地形、地貌、土壤、地质构造、岩层性质、植被情况、河系组成、湖泊沼泽分布情况、道路、城市建造等,对水文循环都有不可忽视的影响。

3. 人类活动因素

随着人类改造自然活动的不断增强,人类活动因素对水文循环过程的影响日益明显。人类活动既可以通过兴修水利工程等供水活动和排水活动直接影响水文循环过程,也可以通过封山育林、水土保持、城市化进程等改变下垫面因素活动来影响水文循环过程,还可以通过排放温室气体等改变气候因素活动来影响水文循环过程。

水文或水文现象是指地球上水文循环中各种水体现象的总称。例如某区域的降雨、蒸发、入渗、径流,某河流断面的水位、流量、含沙量,某湖泊的风浪等都是常见的水文现象。水文学,就是研究地球上各种水体的存在、分布、运动、形态、结构、化学性质、物理性质及其起源和演化规律,并应用于水资源开发利用与保护、水灾害(例如洪水、干旱、水污染、水土流失)防治、水与环境相互作用、水与生命活动过程等关系的一门科学。水文学分类的方法多种多样。按照水体存在的形式,水文学目前可以分为水文气象学、地表水文学和水文地质学。地表水文学又可分为河川水文学、湖泊水文学、沼泽水文学、冰川水文学和海洋水文学等。河川水文学可细分为研究河流泥沙运动和河床演变的河流动力学;研究存取、整编、调查水文资料的水文测验学;用实验方法和数值方法研究水文现象的确定性物理过程、预报水文情势的水文预报学;用数理统计方法研究水文现象的统计规律的水文统计学;研究河川内、外环境变化过程的环境水文学。目前,水文学的应用范围很广泛,其中,工程水文学就是将河流动力学、水文测验学、水文预报学、水文统计学、环境水文学等方法应用于水利工程、土木工程、交通工程、农业工程的一门技术科学,主要包括控制水和使用水的工程设计与管理运行等方面的内容。

二、桥涵水文的研究意义

桥涵是跨越河渠、排泄洪水、沟通河渠两侧灌溉水路及保障道路正常运行的泄水建筑物。桥涵水文就是应用工程水文学、特别是水文统计学的方法,为桥涵规划、设计、施工和管理提供水文分析与计算科学依据的一门科学。其主要研究内容为桥涵所在河段的类别、河床演变、设计洪水的流量与水位等,桥涵的位置选择和类型确定,大中桥孔径、桥高和基础埋深计算,桥梁墩台冲刷计算,调治构造物设计,小桥和涵洞勘测设计和水工模型试验等。

合理进行水文分析与计算在桥涵的设计、施工、运行等各个阶段都具有相当重要的意义。

1. 在桥涵规划设计阶段

主要是根据桥涵工程在使用期限内河流可能发生的流量、水位和流速进行分析和计算,从而确定桥涵工程的位置、规模和基本尺寸,为整个桥涵工程的技术设计当好先行。如果河流水量估算过小,就会使桥涵工程规模过小,导致不安全;反之,如果河流水量估算过大,就会使桥涵工程规模过大,导致不经济。

2. 在桥涵施工阶段

主要是为了保障桥涵施工的安全性与经济性,估算施工期设计洪水。

3. 在桥涵使用阶段

主要是根据实际的河流水情编制相应的桥涵日常管理计划和制度,复核和修改规划设计阶段的水文分析计算结果,确定是否需要对桥涵工程进行相应的维修与改造,河床是否需要整治等。

大量的工程实践表明,桥涵工程的毁损大多是洪水灾害所致,洪水冲毁桥涵、路基,破坏桥涵工程的正常运行,导致重大的社会损失、经济损失和生态环境损失。因此对重要的桥涵工程和已经使用较长时间的桥涵工程,如果规划设计时的水文资料短缺或者当前的河流水文情势已与规划设计时有显著变化,需对其进行水文分析计算的复核验算,判别原先的孔径和基础埋深是否恰当,桥涵布置与调治构造物设计是否合理,河滩路堤是否安全,是否具有足够的抗洪能力,从而做出一个综合的评价,以确定是否需要维修、加固或者改建,如需要,则要提出相应的设计方案与措施。

第二节　河川水文现象的特点和桥涵水文的研究方法

一、河川水文现象的特点

系统地观测、收集河川水文资料，不断地归纳、推断河川水文现象的特点和变化规律，为桥涵工程预估未来使用期间可能面临的水文情势，为工程设计和管理提供科学依据，这是桥涵水文的基本任务。河川水文现象在各种自然因素和人类活动的影响下，其水量、水质及其空间分布和时间变化都显得极为复杂。尽管如此，人们在长期观测和实践中逐步认识了河川水文现象的一些重要特点，它们主要有：

1. 水文现象在时间变化上存在着准周期性和随机性

地球公转和自转，地球与月球的相对运动，以及太阳黑子等太阳活动的周期性变化，导致太阳辐射的变化呈现一定的周期性，使得河川水文现象的变化也表现出相应的周期性特征。例如，潮汐河口的水位存在以半个或一个太阴日（24h50min）为周期的日变化；河流每年出现水量相对丰沛的汛期和水量相对较少的枯季，表现出以一年为周期的变化；经长期观测发现，河川的水量存在着连续丰水年与连续枯水年的交替变化，呈现出以多年为周期的变化。河川水文现象的这些周期性变化又具有不重复性，所以一般称之为准周期性，反映了河川水文现象随时间变化的确定性一面。河川水文现象随时间变化的不确定性即为它的随机性，这主要是因为水文现象主要是由降水引起的，而降水本身是一种受大气环流、气候变化等影响的典型随机过程，此外，影响水文现象的下垫面因素、人类活动因素也具有随机性，这些因素的相互作用以及组合作用在时空上的变化也呈现出明显的随机性。

2. 水文现象在空间分布上存在着地带性和特殊性

地带性主要反映了河川水文现象随空间变化存在确定性的一面。例如，东亚地区的年降水量和年径流量都存在着随纬度和离海洋距离的增大而自东南向西北逐渐减少的趋势，这主要是各地的气候因素和其他自然条件随地理位置呈现规律性变化的缘故。河川水文现象随空间变化的不确定性是它的特殊性，这主要是各地的下垫面因素和人类活动因素呈现明显的局部性变化的缘故。例如，岩溶地区的降雨径流特征与它周围的非岩溶地区的降雨径流特征往往具有明显的差异，人类活动较强烈地区（例如城市）的降雨径流特征与它周围人类活动较轻微地区（例如自然保护区）的降雨径流特征也往往具有明显的差异。

3. 水文现象在时间变化和空间分布上存在着关联性和相似性

水文现象的关联性是指同一水文现象的自相关性，不同水文现象之间的相关性，以及水文现象与其他现象之间的相关性。例如：不同时段的河川水文时间序列一般具有各自的自相关结构，同一河流的上、下游河川水文现象一般存在着显著的相关性，同一流域上的暴雨与洪水则存在着确定性因果关系。水文现象的相似性是指，地理位置相近、气候因素与地理条件相似的河流或河段，其水文现象特性亦相似。例如：中国流域的降水量和径流量多为南方大，北方小，沿海大，内陆小，山区大，平原小，其相对变化幅度也存在北方大，南方小，内陆大，沿海小，山区大，平原小；湿润地区的河流，其水量丰富，年内分配（年内流量变化过程）也比较均匀，干旱地区的河流,其水量均不足,年内分配亦不均匀;同一地区的不同河流,其汛期与枯水期都十分相近,径流变化过程也十分相似。水文现象的这些相似性是缺乏实测资料地区移用相似地区实测资料的理论依据,水文学中称之为相似比照法或水文比拟法。

4. 水文现象在时间变化和空间分布上存在着尺度性

不同时间尺度或空间尺度的水文现象之间,呈现显著不同的特性,不同时间尺度或空间尺度的水文现象之间的相互转换至今仍十分困难。

二、桥涵水文的研究方法

1. 水文信息、数学方法与水文物理相结合的方法

桥涵水文的研究基础是基于对所研究问题的认识程度和对与之关联的水文信息资料的掌握程度,选择适当的数学方法以解决所研究的桥涵水文问题。从系统观点看,桥涵水文研究可视为一种系统,系统输入就是对水文问题的认识和有关的水文信息的掌握,系统转换就是合适的数学方法,系统输出就是桥涵水文研究的结果和结论。桥涵水文研究方法必须立足于该系统输入这一物理基础、并与之相互适应,必须注意所用研究方法本身的适用条件是否满足。桥涵水文研究的最终目的是提高对所研究桥涵水文问题物理背景的认识,为桥涵工程实际需要服务。例如本书第四章中,针对设计洪水与设计水位的推算,分别采用三种方法进行研究,即根据流量观测资料进行推算、根据洪水调查资料进行推算和根据暴雨资料进行推算。

2. 水文数理统计法

水文数理统计法主要根据河流流量、水位等水文现象特征值的统计特性,利用概率、统计方法,随机过程理论,时间序列分析方法等应用数学方法挖掘水文观测、试验和调查资料中的信息,从而得出水文现象的统计规律,然后用于桥涵工程设计中。它的立足点在于对水文现象的"试验"或"观察"。观测的年代越长,收集的资料越丰富,统计规律越能反映实际情况,这样分析计算的结论就越可靠。典型的水文数理统计法见本书第三章中的水文频率计算适线法。

3. 水文成因分析法

这类方法就是从地球上各种水文循环与水量平衡,流域上的产流过程、产沙过程、汇流过程、汇沙过程,以及人类活动对水文循环的影响等物理成因出发,根据实测资料、试验资料、调查资料,研究水文现象的形成过程,探讨水文现象的物理实质和定量关系,建立水文要素(如水位、流量等)和有关因素之间的数学物理模型,作为桥涵水文计算的依据并用以推求未来的水文情势。例如,水量平衡原理就是指地球上任一区域在任一时段内,该区域的输入水量 Q 与输出水量 q 之差,等于时段末该区域的蓄水量 S_2 与时段初该区域的蓄水量 S_1 之差这样的平衡方程,即:$Q-q=S_2-S_1$,它是质量守恒定律在水文循环过程中的特定数学表达形式。其中,研究的区域可以是某流域、湖泊、沼泽、海洋或某个地区,也可以是整个地球,研究时段可以是日、月、年、数年或更长的时间。

影响水文现象的因素相当复杂,其形成机理还难以完全清楚,定量上仍有很大困难,因此还需结合其他一些方法以弥补其不足。

4. 从定性到定量综合集成的方法

钱学森等提出的这类方法,通常是根据现有科学理论和专家的经验知识和判断力,提出经验性假设,再根据所研究问题的信息资料,建立相应的系统模型,进行模拟、实验和计算,获得定量结果,并进行判断,通过反复修正经验性假设,直到获得满意的经验性假设为止。桥涵水文中众多的实验、经验公式、水工模拟试验、水文频率计算适线法等,正是该类集成方法的体现,它集成了大量水文专业人员的实践经验和所得的水文信息资料,并对此不断加以完善。

水文现象错综复杂,影响因素众多,桥涵水文也是如此。任何一种研究方法都不能完全描述其水文现象,应当利用各种方法的优势进行互补,以满足实际工程水文上的需要。随着数字技术、模糊集理论、人工神经网络理论、遗传算法等智能科学方法应用于水文学的研究中,必将开创与完善水文学的研究方法,这些方法同样可应用于桥涵水文学的研究。

习题

1. 何谓水文循环?影响水文循环的主要因素有哪些?
2. 河川水文现象的主要特点有哪些?桥涵水文的主要研究方法有哪些?
3. 试述桥涵水文的研究意义。

第二章 河流概论

第一节 河流与流域

一、河 流

沿地表线形凹槽集中的经常性或周期性水流,称为河流。较大的叫河或江,较小的叫溪。河流是塑造地表形态的动力,是水分循环的一个重要组成部分,对气候和植被等都有重要的影响。自古以来,河流与人类的关系很密切,它是人类利用的一种重要自然资源,在人类生活、农业和工业等方面发挥着巨大的作用。但同时河流也给人类带来了一定的洪涝灾害。

1. 干流、支流和水系

直接流入海洋、湖泊的河流称为干流。直接或间接流入干流的河流称为支流,在较大水系中,按水量和从属关系,支流可分为一级、二级、三级等。直接流入干流的河流,称为一级支流,流入一级支流的河流,称为二级支流,依次类推。

由大小不同的河流干流、各级支流、湖泊、沼泽和地下暗流等组成的脉络相通的水网系统称为水系,也叫河系或河网。水系一般以它的干流或以注入的湖泊、海洋名称命名,如长江水系、太湖水系、太平洋水系等。

水系的形式多种多样,不同的形式将影响流域水文过程线的形状。按照干支流平面组成的形态差异可将水系分为以下几种类型:

(1)扇形水系。干支流如同手指状分布,即来自不同方向的支流较集中地汇入干流,如华北的北运河、永定河、大清河、子牙河、南运河于天津附近汇入海河。

(2)羽状水系。支流从左右两岸犹如羽毛形状,相间汇入干流,如滦河水系和钱塘江水系。

(3)平行水系。几条近于平行排列的支流,至下游或河口附近汇合,如淮河左岸的洪河、颖河、西淝河、涡河等水系。

(4)格状水系。干支流分布呈格子状,这是由河流沿着互相垂直的两组构造线发育而成,如闽江水系。

(5)树状水系。干支流分布呈树枝状,大多数河流属此种类型,如西江水系。

(6)放射状水系。中高周低的地势,由中间向四周放射状流动的水系。常见于穹隆和火山锥分布区。

(7)向心水系。盆地地势,河流由四周山地向中部洼地集中,如塔里木盆地和四川盆地。

2. 河流的分段

河流可按其形态特征及水力特性进行分段,一条发育完整的河流可分为河源、上游、中游、下游及河口等河段。

(1)河源——河流开始具有地面水流的地方。泉水、溪涧、沼泽和冰川通常是河流的源头。

(2)上游——直接连接河源的河流上段。其特点是河谷窄、坡度大、水流急、下切强烈,常有瀑布、急滩。河谷断面多呈"V"字形,纵断面多呈阶梯状,河床多为基岩或砾石。

(3)中游——上游以下的河流中段。其特征是河流的比降较小,下切力不大而侧蚀显著、流量较大、水位变幅较小,河谷断面多呈"U"字形,河床多为粗砂。

(4)下游——中游以下的河段。其特征是比降小、流速慢、水流无侵蚀力、淤积显著、流量大、水位变幅小、河谷宽广,河床多为细砂或淤泥。

(5)河口——河流的出水口。它是一条河流的终点,也是河流流入海洋、湖泊或其他河流的入口。其特点是流速骤减、断面开阔、泥沙大量淤积,往往形成沙洲。因沉积的沙洲平面呈扇形,常称为河口三角洲。

我国内陆地区许多河流由于沿途渗漏或蒸发损失,常在与其他河流汇合前就已枯竭而没有河口,称为"瞎尾"河。没有河口的河流或汇入湖泊的河流,称为内陆河流;流入海洋的河流,称为入海河流。我国新疆的塔里木河就是一条长度为中国第一、世界第二的内陆河。

3. 河流特征

1)河流的基本特征

河流的基本特征有河流长度、河流弯曲系数、纵横断面及纵横比降等,它们都是在实测地形图中量取并计算而来的,是水文计算的基本数据。

(1)河流长度。自河源沿主河道至河口的轴线长度称为河流长度,简称河长,常以 L 表示。河长可以在大比例尺的地形图上用曲线仪或两脚规量取。

(2)河流弯曲系数。河段的实际长度 L 与该河段直线长度 l 之比,称为河流的弯曲系数,用符号 K 表示,有:

$$K = \frac{L}{l} \tag{2-1}$$

由于,$L \geq l$,故 $K \geq 1$。K 值越大,说明河道越弯曲,对航运及排洪越不利。$K = 1$,河道顺直。

(3)河流的横断面及横比降。

①河流的横断面。河流的横断面,即过水断面,是指垂直于主流方向,横切河道,河底线与水面线之间所包围的平面。河槽横断面是决定河槽输水能力、流速分布、比降、流量的重要因素。在流量和泥沙计算中,断面面积也是不可缺少的要素。

②河流的横比降。河流沿横断面方向的水面坡度,称为横比降。产生横比降的原因主要有:

a. 弯曲河段中的惯性离心力作用,如图2-1所示。在弯曲河道中,水流受到重力和离心力的综合作用,离心力指向凹岸,迫使水流向凹岸运动,又因水流速度沿垂线分布不均匀,水流的离心力沿垂线分布亦不均匀,由此造成了水流的面流流向凹岸,底流流向凸岸,与纵向流速合成,水流将以螺旋式运动流向下游,在横断面上,水流呈单环流形式,称为水内环流现象。弯曲河流的水内环流现象造成凹岸受冲刷,凸岸发生淤积,促使平原河道的河湾发展,使河流呈蜿蜒曲折的平面形态。反之,断面形状与河道平面形态又影响流速分布和环流的产生和发展。

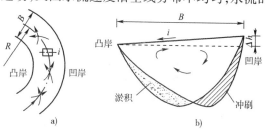

图2-1 河弯断面水流示意图
a)平面图;b)横断面图

b. 地球自转偏向力的作用。地球由西向东自转,其自转偏力将造成自北向南流动河流右岸受到冲刷;自南向北流动的河流则为左岸受到冲刷。

c. 流速分布不均匀的影响。涨落洪时所产生的横比降是由于主槽与岸边的水力条件的差异及洪水涨落传播特性的差异所造成的。

(4)河流的纵断面及纵比降。

①河流的纵断面。河流中沿水流方向各横断面最大水深点的连线被称为中泓线或溪线。沿河流中泓线的剖面,称为河流的纵断面,常用纵断面图表示。以河长为横坐标,高程为纵坐标,可以表示出河流纵坡及落差的沿程分布,它包括水面线与河底线。河流纵断面能很好地反映河流比降的变化。

②河流的纵比降。河流的纵比降是指河段上游、下游河底高差(或同时间水位差)与河段长度的比值,前者称为河底纵比降,又称河底坡度,后者称为水面纵比降又称水面坡度。比降大的河流,流速大,冲刷力强;比降小的河流,流速小,时常发生淤积。河底(或水面)纵比降可用下式计算:

$$I = \frac{H_1 - H_2}{L} \tag{2-2}$$

式中:I——河底(或水面)纵比降(小数或百分数);

H_1,H_2——河段上下游两断面的河底高程(或同时间水位),m;

L——河段长度,m。

例如,如果河长为10km,河底高差为2m,那么河底比降为$\frac{2}{10000} = 0.0002$,有时也可以写成0.02%或0.2‰,这就是说每km长的河段河底平均落差为0.2m。

同理,可以计算出河槽(或水面)逐段纵比降。

2)河流的平面形态特征

山区河流及平原区河流是最典型的河流形态。

(1)山区河流的平面形态特征。山区河流分为峡谷河段与开阔河段。山区河流的平面形态特征是:

①平面上多急弯,宽窄相间,河床稳固;

②河流纵断面多呈凸型,比降缓陡相间;

③开阔河段,河面较宽,有边滩,有时也有不大的河漫滩和明显阶地,有的地方也会出现河心滩和沙洲,比降较缓,河床泥沙较细;

④峡谷河段,河床狭窄,河岸陡峭,中、枯水河槽无明显区别。

(2)平原区河流的平面形态特征:

①河床横断面多呈宽浅矩形,通常横断面上滩槽分明,在河湾处横断面呈斜角形,凹岸侧窄深,凸岸侧为宽且高的边滩,过渡段有浅滩、沙洲;

②中泓线与河道中线一般不重合;

③河谷开阔,有时河槽高出地面,靠两侧堤防束水;

④河床冲积层厚,枯水期河槽中露出各种形态的泥沙堆积体;

⑤由于平原区河流多河弯,浅滩连续分布,因此,河床纵断面亦深浅相间。

二、流　域

1. 分水线和流域

划分相邻水系(或河流)的山岭或河间高地称为分水岭。分水岭最高点的连线称分水线。一个水系(或一条河流)的集水(地表水或地下水)区域称为流域,即分水线所包围的区域。流域的分水线是流域的周界。分水线可分为地表分水线和地下分水线。由分水线所包围的河流集水区可分为地面集水区和地下集水区两类。流域的地表分水线是地面集水区的周界,通常就是经过出口断面环绕流域四周的山脊线,可根据地形图勾绘。流域的地下分水线是地下集水区的周界,一般很难准确确定。由于水文地质条件和地貌特征影响,地面、地下分水线可能不一致,相应的地面集水区与地下集水区不一定完全重合,若重合,称为闭合流域;如果不重合,则称为非闭合流域。地表分水线主要受地形影响,而地下分水线主要受地质构造和岩石性质影响。分水线不是一成不变的,河流的侵蚀、切割、下游的泛滥、改道等都能引起分水线的移动,不过这种移动过程一般进行得很缓慢。

2. 流域的几何特征

1) 流域面积

流域地面集水区的水平投影面积,称为流域面积,常用符号 F 表示。通常先在 1:50000～1:100000 的地形图上勾绘出流域周界,然后用方格法或求积仪法求出。方格法即定出方格的面积,再按照流域图形中具有的方格数计算流域面积,所定方格越小,计算结果越准确,但工作量则比较大。求积仪是一种专门用来量算图形面积的仪器,其优点是量算速度快,操作简便,适用于各种不同几何图形的面积量算而且能保持一定的精度。求积仪有机械求积仪和电子求积仪两种。对于目前很多存储于计算机中的矢量地形图,有很多计算软件,可以很方便地计算出流域面积

2) 流域长度和平均宽度

流域长度即流域的轴长,通常用 L 表示,流域长度经常用河流的干流长度代替。流域面积 F 与流域长度 L 之比,称为流域的平均宽度,常用符号 B 表示,有:

$$B = \frac{F}{L} \tag{2-3}$$

3）流域形状系数

流域形状系数即流域平均宽度 B 与流域长度 L 之比，常用符号 ξ 表示，有：

$$\xi = \frac{B}{L} \tag{2-4}$$

扇形流域 ξ 较大，狭长流域 ξ 较小，它在一定程度上以定量的方式反映了流域的形状。

3. 流域的自然地理特征

流域自然地理特征，包括流域的地理位置、气候条件、土壤性质及地质构造、地形、植被、湖泊、沼泽等。

1）流域的地理位置

流域的地理位置是指流域中心及周界的位置，以流域所处的经度和纬度表示，它间接反映流域的气候和地理环境。另外，流域的地理位置应说明流域四周的山岭、河流、河源与海洋的距离等。在一般情况下，相近流域，其自然地理及水文条件比较相似。

2）流域的气候条件

流域的气候条件包括降水、蒸发、温度、湿度、风等情况，是决定流域水文特征的重要因素。气候条件在广大地区上有它成因的一致性，因而反映在降水、蒸发等水文情况上也有一定的相似性。

3）流域的地形条件

流域的地形特性除用地形图描述外，还常用流域的平均高程和平均坡度来定量表示。流域平均坡度大，则汇流时间短，径流过程急促，洪水猛起猛落，故山区河流多易涨易退，地形起伏较大的山区河流，其径流变化多大于平原河流。流域的平均高程和平均坡度可用格点法计算，即将流域地形图划分成100个以上的正方格，定出每个方格交叉点上的高程和与等高线正交方向的坡度，这些高程的平均值即为流域平均高程，这些格点坡度的平均值即为流域平均坡度。

4）流域的土壤、岩石性质和地质构造

土壤的性质包括土壤的类型和结构。沙土的下渗率大于黏土，其地面径流小于黏土地区；深色紧密的土壤易蒸发，疏松及大颗粒土壤蒸发量小，透水岩层蕴藏地下水多，径流变化平稳，透水性小的土壤，其地面径流大，旱季河水可能出现干涸、断流情况；黄土地区易于冲蚀，河流挟沙量往往很大，我国黄河流经黄土高原，河水含沙量居世界首位。

岩土性质包括颗粒大小、组织结构、透水性、给水度。页岩、板岩、砂岩、石灰岩及砾岩等易风化、易透水、下渗量大，地面径流将减小。

地质构造，如断层、节理及裂缝情况。地面分水线与地下分水线不一致时，水将通过地下流失。

流域的土壤、岩石性质和地质构造对下渗和地下水运动有重要影响，对流域中的径流量大小及变化有显著影响，而且与流域的侵蚀与河流泥沙情况关系很大。

5）流域的植被

流域的植被主要指森林，植被的相对多少以森林面积 F_c 占流域面积 F 之比来表示，称为森林度，用 Ψ_0 表示。

$$\Psi_0 = \frac{F_c}{F} \times 100\% \tag{2-5}$$

植被能涵蓄水分,加大地面糙率,增加下渗量。植被能通过对水文过程的调节和对土壤改良的作用,显著减轻土壤侵蚀,减少流域产沙量及河川泥沙含量。

6) 流域的湖泊和沼泽

流域的湖泊和沼泽对径流起调节作用,能调蓄洪水和改变径流的年内分配,调节气候及沉积泥沙。衡量湖泊和沼泽作用的大小通常用湖泊面积 A 与流域面积 F 之比来反映,称为湖泊率,常用符号 Ψ_c 表示,有:

$$\Psi_c = \frac{A}{F} \times 100\% \tag{2-6}$$

第二节 河川径流的形成

一、河川径流的形成和集流过程

河川径流是在气候和流域其他自然地理条件综合影响下,从降雨到达地面至水流汇集、流至出口断面的整个过程,称为径流形成过程,一般分为 4 个阶段,如图 2-2 所示。

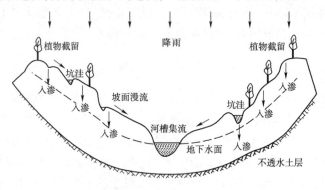

图 2-2 径流形成过程示意图

1. 降水阶段

从云中降落到地面上的液态或固态水的滴粒,称为降水。常用降水量、降水历时及降水强度来描述降雨现象。降水量是一定时段内降落在某一点或某一集雨面积上的总水量,用深度表示,单位为 mm;降水历时是指降水的持续时间,其单位为 h 或 min。降水强度是指单位时间的降水量,其单位为 mm/h 或 mm/min。根据 24h 降水总量或 12h 降水总量,可以把降雨强度分为小雨、阵雨、小到中雨……特大暴雨等。降水面积是指降水所笼罩的水平面积,以 km^2 表示。暴雨中心是指暴雨集中的较小的局部区域。降水三要素都由实测数据求得。

设时段 Δt 内的降水量为 Δh,则平均降水强度 $\bar{i}$ 为:

$$\bar{i} = \frac{\Delta h}{\Delta t} \tag{2-7}$$

2. 流域蓄渗阶段

降水开始时,并不会立即形成径流,而是先经植物截留、蒸发、地面注蓄及土壤入渗,这一过程称为流域的蓄渗阶段,又叫损失过程。

降水初期,除一小部分(一般不超过5%)降落在河槽水面上的雨水直接形成径流外,其余雨水均降落在地表上,首先是截留、下渗,不会马上形成地表径流。截留量的大小与植被类型和茂密程度有关。茂密的森林,全年最大截留量可达年降雨量的20%~30%。当降雨强度小于下渗能力时,雨水将全部渗入土壤中。而渗入土中的水,首先满足土壤吸收的需要,一部分滞蓄于土壤中,在雨停后耗于蒸发,超出土壤持水能力的水将继续向下渗透;当降雨强度大于下渗能力时,超出下渗强度的降雨(也称为超渗雨),蓄积于地面洼地,称为填洼。

3. 坡面漫流阶段

超过蓄渗的雨水在地面上呈片流、细沟流运动的现象,称为坡面漫流。在坡面漫流过程中,坡面水流一方面继续接受降雨的直接补给而增加地面径流,另一方面又在运动中不断地消耗于下渗和蒸发,使地面径流减少。若降雨历时短,或暴雨范围仅限局部,则很难形成全流域的坡面漫流。坡面漫流通常是在透水性较低的地面(包括小部分不透水的地面)或较潮湿的地方(例如河边)等,蓄渗容易得到满足的地方先发生,然后逐渐扩大。

4. 河网汇流阶段

各种径流经过坡地汇流注入河网中的支流,由支流到干流,最后到达流域的出口段面,这一过程称为河网汇流阶段。坡地汇流注入河网后,使河网水量增加、水位上涨、流量增大,成为流量过程线的涨洪段。此时,河网水位上升速度大于其两岸地下水位的上升速度。当河水与两岸地下水之间有水力联系时,一部分河水将补给地下水,增加两岸的地下蓄水量,称为河岸容蓄;在涨洪阶段,坡地汇入河网的总水量大于出口断面的流量,这是因为,河网本身可以滞蓄一部分水量,称为河网容蓄。当降水和坡地汇流停止时,河岸和河网容蓄的水量达最大值,而河网汇流过程仍在继续进行。当上游补给量小于出口排泄量时,就进入一次洪水过程的退水段。此时,河网蓄水开始消退,流量逐渐减少,水位相应降低,涨洪时容蓄于两岸土层的水量又补充回河网。在河槽泄水量与地下水补给量相等时,河槽水流趋向稳定。上述河岸调节及河槽调节现象,统称为河网调节作用。

二、河川径流的影响因素

1. 气候因素

降水、蒸发、气温、湿度、风等统称为气候因素,它们对径流都有影响,其中降水和蒸发直接影响径流的形成和变化。

从流域上以任何方式进入河流的水都来自大气降水,因此降水总量、强度、过程及其在空间上的分布,对河川径流的形成和变化都有着直接的影响。从降雨到径流形成过程可知,降雨量大于损失量才能产生径流,因此径流量的大小,决定于降雨量的多少,降雨量的变化直接影响径流量的变化。

蒸发是影响河川径流的重要因素之一,由降水转变为径流的主要损失量就是蒸发。我国湿润地区年降水量的30%~50%、干旱地区的80%~95%都消耗于蒸发,其余的部分才作为径流量。流域蒸发包括水面蒸发和陆面蒸发,陆面蒸发又包括土壤蒸发和植物散发。

2. 流域的下垫面因素

流域的地貌、地质和土壤、植被、湖泊、沼泽等的几何及自然地理特征,统称下垫面因素,它对出口断面的径流量也有直接或间接的影响。

(1) 地貌因素。流域的地貌特征包括流域坡度、山地高程、坡面方向以及岩溶等。流域坡度直接影响流域汇流和下渗,坡度大,汇流快,下渗损失少,径流量集中。一般地,随着流域地势增高,降水量增加,四面固态降水比重增加;同时,高程增加,气温降低,蒸发减弱。因此,地势增高,径流增多,山区常成为多水中心。迎风坡多地形雨,径流丰沛;背风坡处于雨影区,径流少。

(2) 地质和土壤因素。地质条件和土壤特性,决定着流域的下渗、蒸发和地下最大蓄水量,对径流量的大小及变化有着显著和错综复杂的影响。例如,沙土下渗率大,对径流形成就不利。

(3) 植被因素。植物截留雨水,减少径流量,并阻滞和延迟地表径流,增加下渗量;植被使地表土层增温缓慢,减少土壤蒸发,也延缓了地面积雪的融化过程;粗糙的林冠,有阻滞气流的作用,使气流的上升运动加强,降水量增加;能使地表保存一定厚度的松散土层,利于下渗,减少蒸发。

(4) 湖泊和沼泽因素。流域内的湖泊、沼泽是天然的蓄水库。大的湖泊对河川径流的调节作用十分显著,在洪水季节,大量洪水进入湖泊,在枯水季节慢慢泄出,使下游的流量过程变平缓。

(5) 流域面积与形状因素。在同等条件下,流域面积越大,受雨量就越大,径流量也就越大;但流域面积越大,对径流的调节作用就越大,洪水涨落缓慢,径流量变化幅度较小。流域的形状,决定了不同地点的水流到出口处所需时间的长短。当流域形状窄长时,降落在流域边界的雨水流到出口断面的时间有先有后,出口断面出现的洪峰历时较长,洪峰流量较小;当流域形状近似扇形时,降落在汇水区边界的雨水在较短的时间间隔内到达出口断面,从而在出口断面处形成较大但历时较短的洪峰流量。

3. 人类活动因素

人们为了开发利用和改造河流,采用了各种措施。根据对河川径流的影响可将这些措施分为三种类型。

(1) 增加河川径流量的措施,例如人工降雨、人工融化冰雪、跨流域引水等。这些措施都可以直接增加或减少某一地区的径流量。我国制定的南水北调的宏伟规划,就是把长江流域的水调到华北平原甚至调到干旱的西北地区,不仅使这些地区的自然面貌发生很大改变,而且对这些地区的河川径流的影响也很大。

(2) 改变河川径流分配的措施,例如修筑水库等水利工程,增加地面拦蓄径流的作用,调节径流。

(3) 减少地表径流的措施,例如引水灌溉等,改变坡面和河沟的坡度及糙率,拦蓄和延缓了地表径流,增加地表水的下渗,变地表径流为潜流,因而延缓了洪水过程。

三、河川径流的特征值

为了说明某一地区某一时段内径流的大小和便于比较,在研究和计算径流时,常用下列的特征值:

(1) 流量 Q:单位时间内流经某一过水断面的水量,单位常用 m^3/s。

(2) 径流总量 W:在一定时段内通过河流某一横断面的总水量(一般指出口断面),单位常

用 m³,有:

$$W = Qt \tag{2-8}$$

式中:t——时段(如日、月、年等)长,s;

Q——时段(如日、月、年等)内的平均流量,m³/s。

(3)径流模数 M:单位流域面积上产生的流量,单位常用 L/(s·km²),有:

$$M = 1000\frac{Q}{A} \tag{2-9}$$

式中:A——流域面积,km²;

Q——流域出口断面的流量,m³/s。

(4)径流深度 R:单位流域面积上的径流总量,也即是把径流总量平铺在整个流域面积上所得到的水层深度,单位常用 mm,有:

$$R = \frac{W}{1000A} \tag{2-10}$$

(5)径流系数 α:任一时段的径流深度(或径流总量)与该时段径流的降水量(或降水总量)之比值。有:

$$\alpha = \frac{R}{X} \tag{2-11}$$

式中:X——降水量,mm。α 实际上是降水量与径流量间的损失折减系数。α 愈小,表示降水的损失愈大,形成的径流量愈小;α 愈大,表示降水的损失愈小,形成的径流量愈大。显然 $\alpha<1$,意即降落到流域上的雨水总有损失。

根据以上公式的定义,河川径流量的上述 5 种表示方法按水文分析与计算的需要选择,彼此也可以互相转换,如:

$$R = \frac{W}{1000A} = \frac{Q \cdot t}{1000A} = \frac{M \cdot t}{10^6}$$

四、我国河流流量的补给

河流根据补给水量的来源可分为多种类型的河流。

1. 雨源类河流

这类河流的水量补给主要来自降水,降水是全球大多数河流最重要的补给来源。降水补给为主的河流的水量及其变化,与流域的降水量及其变化有着十分密切的关系。据估计,我国河流的年径流量中,降水补给约占 70%,河流水量与降水量分布一样,表现出由东南向西北递减的趋势。河流常于夏秋两季发生洪水,这也与降水集中于夏秋两季有关。

2. 雪源类河流

这类河流的水量补给主要来自融化的雪水,河流的水量及其变化,与流域的积雪量和气温变化有关。这类河流在春季气温回升时,常因积雪融化而形成春汛。春季气温和太阳辐射的变化,不像降水量变化那样大,所以春汛出现的时间较为稳定,变化也较有规律。我国东北北部地区有的河流融水补给约占全年水量的 20%,松花江、辽河、黄河的融水补给,可以形成不太突出的春汛。西北山区河流中山地的积雪融水,是山下绿洲春耕用水的主要来源。

3. 雨雪源类河流

这类河流的水量补给主要来自降水与融化的雪水,每年3~4月积雪融化形成春汛,流量增大,之后有一段枯水期,6~9月降水量增多,形成夏汛及秋汛,河流水量再次达到高峰,东北、华北地区的河流属此类。

4. 地下水补给类河流

河流从地下所获得的水量补给,称地下水补给。地下水是河流比较常见的水源,一般占河流径流总量的15%~30%。地下水补给具有稳定和均匀两大特点。深层地下水因受外界条件影响较小,其补给通常没有季节变化,浅层地下水补给状况则视地下水与河流之间有无水力联系而定。

5. 湖泊与沼泽水补给类河流

湖泊、沼泽水补给量的大小和变化,取决于湖泊和沼泽对水量的调节作用。湖泊面积越大,水量越多,调节作用就越显著。一般说来,湖泊沼泽补给的河流,水量变化缓慢而且稳定。

6. 人工补给类河流

从水量多的河流、湖泊中,把水引入水量缺乏的河流就属于人工补给范围。

第三节 河川的泥沙运动

一、河川泥沙及其特性

河川泥沙是指组成河床和随水流运动的泥、土、砂、石等固体颗粒。河川泥沙对于河流的水情及河流的变迁有着重大的影响,泥沙问题给防洪、航运、灌溉等水利事业提出了许多重要的课题。由于泥沙的淤积,河槽容积逐渐减小,遇洪水常泛滥成灾,严重的甚至使河流改道;淤积后河床抬高,又会影响航运交通;兴修水库后,由于库区流速减小,泥沙沉积会影响水库的效益及使用年限;而大坝下游清水下泄,冲刷河床,使下游河道发生剧烈的变形,从而又影响引水灌溉、港口码头的建设等等。但是,只要真正掌握河川泥沙的运动变化规律,工程措施处理得当,"沙害"也是可以转化为"沙利"的。我国北方广大劳动人民在长期与泥沙灾害做斗争的过程中所创造的"放淤固堤"等"以用为防"的经验,就是充分利用泥沙资源的典型例子。

1. 河流泥沙的来源

河流泥沙主要是流域坡面上流水侵蚀作用的产物。此外在某些河段中,河道水流对河槽的冲刷也能增加河流的泥沙含量。但是,就形成河流的整个历史过程来看,泥沙都是从流域地表冲蚀而来的。

流域地表冲蚀的泥沙数量,通常以侵蚀模数(也称固体径流模数)表示,即每平方公里流域地面上,每年侵蚀下来并汇入河流的泥沙吨数。流域的侵蚀模数和河流含沙量的大小主要取决于流域上暴雨的集中程度、土壤结构与组成特性、地表切割程度与地面坡度以及植被覆盖条件等。例如我国黄河中游的黄土高原及永定河、西辽河流域,土质松散、多暴雨、地表切割破碎而且植被覆盖又差,故侵蚀模数和含沙量均很高。

2. 泥沙的特性

泥沙特性包括颗粒的大小、形状、重度及泥沙的水力特性等。根据泥沙的运动状态,可将其分为悬移质和推移质两类。悬移质是指悬浮于水中的泥沙,又称为悬沙;推移质是指沿河底表面作推移的泥沙,又称为底沙。

泥沙颗粒的形状极不规则,其几何特性常用粒径表示。所谓泥沙粒径,即用与泥沙同体积球体的直径来表示泥沙颗粒的大小,常用 d 表示,单位为 mm。

泥沙的重力特性用重度 γ_c 表示,即单位体积内所含泥沙的重力。其值随岩土成分而异,各地河流泥沙重度变化范围都较小,在 $25\sim 27\text{kN/m}^3$ 之间,通常取 $\gamma_c = 26\text{kN/m}^3$。单位浑水体积中所含泥沙的质量,称为含沙量,又称含沙浓度,常用符号 ρ 表示,单位为 kg/m^3,有:

$$\rho = \frac{m}{V} \tag{2-12}$$

式中:m——泥沙质量,kg;

V——浑水体积,m^3。

水力特性用水力粗度或沉速表示。泥沙颗粒在静水中下沉时,由于重力作用,开始具有一定的加速度,随着下沉速度的增加,下沉的阻力也渐渐增大,当下沉速度达到某一极限值时,阻力与重力恰好相等,则泥沙以均匀速度下沉,这时泥沙的运动速度称为泥沙的沉降速度。因为沉降速度的大小也可用来表达泥沙直径的大小,故沉降速度也称泥沙的水力粗度。影响天然河道中泥沙的沉降速度的因素主要是泥沙颗粒的粒径和形状、水流的紊动强度等。此外水中的含盐量及含沙量也对沉降速度有一定的影响。泥沙的沉降速度是泥沙的一个十分重要的水力特性。组成河床的泥沙,如果其沉降速度越大,则抗冲性能就越强;随水流运动的泥沙沉降速度越大,沉淀于河床的倾向就越强。

二、泥沙的运动形式

泥沙运动的主要形式有两类,即推移质运动与悬移质运动。

1. 推移质运动

1)泥沙的起动、扬动和止动

(1)起动流速。泥沙原来在河床上是静止不动的,如果接近河底的水流流速增加到一定数值时,作用于泥沙颗粒的力开始失去平衡,泥沙便开始起动,这时的临界流速即起动流速。作用于河底泥沙颗粒的力,包括促成其起动的力和抗拒其起动的力,它们与水流纵向流速,泥沙颗粒大小、形状、重度,河床糙率等因素有关。

(2)扬动流速。当垂线平均流速超过起动流速时,河床上的泥沙就开始滑动,继而间歇性的跳跃前进,如果流速继续增大,跳跃的高度与距离也随之增大,当流速增大到一定程度后,泥沙就不再回到河床面上,而是悬浮在水中,随水流一起运动,这时的水流速度称为扬动流速,它是泥沙从推移运动进入悬移运动的一个参数。泥沙悬浮以后,水流的脉动强度及泥沙的沉降速度,就成为泥沙运动的主要力学因素了。

一般情况下,扬动流速大于起动流速,但是对于细颗粒泥沙却不完全如此。根据试验,当泥沙颗粒直径小于 0.08mm 时,扬动流速却小于起动流速,这是由于细颗粒泥沙粘在河床上,起动时所需的流速较大,起动后,其沉降速度小,河床较小的脉动强度也可以把它托浮起来,故一经起动,立即进入悬浮状态。

(3)止动流速。当流速减小到某数值时,运动着的泥沙便降落在床面而停止不动,此时的临界流速称为泥沙的止动流速。由于泥沙起动时除了要克服泥沙的重力外,还要克服河床的摩擦力及黏着力,而泥沙止动则没有这个阻力因素,故止动流速一般比起动流速小。泥沙颗粒越细,起动流速与止动流速的差值越大。试验研究发现,泥沙的起动流速一般为止动流速的 1.2~1.4 倍。

2)沙波运动

沙波运动是天然河流中推移质集体运动的一种主要形式。凡是推移质运动达到一定规模时,河床表面便形成起伏的沙波,其成因及外形均与风成沙丘类似,从纵剖面上看,整个沙坡像一个整体在水流的作用下往下游缓缓"爬行"。

沙波表面的水流速度是不均匀分布的,如图 2-3 所示。图中向上隆起之处称为波峰;向下凹入之处称为波谷;相邻两波峰或波谷之间的距离称为波长;波谷与波峰的铅直距离称为波高。沙波的迎水面较平坦;背水面由于受到漩涡的推挡,一般较为陡峭。沙波运动有其发生、发展和消失的过程,这一过程与泥沙粒径、水深和水流速度有关。

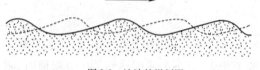

图 2-3 沙波的纵剖图

2. 悬移质运动

悬移是泥沙运动的主要方式之一。就我国的情况而言,冲积平原中各条大河所挟带的泥沙,悬移质占绝大部分,在一部分山区和丘陵的河流中,悬移质也占重要的位置。

紊动作用是泥沙悬浮的主要因素,重力作用是泥沙不能悬移的主要因素,泥沙在悬浮过程中所遵循的运动规律,实质上都归结到这两种作用矛盾统一的关系。悬移质在天然河水中,常常是一部分处于下沉状态,另一部分处于上浮状态;某一瞬间,上浮部分可能占优势,另一瞬间下沉部分又可能占优势,绝对的、恒定的平衡状态是极少有的。

1)悬移质的分布与变化

天然河道中悬移质含沙量沿垂线的分布具有自水面向河底增加的趋势。泥沙的粒径也是靠近河底的较大,往上逐渐变小,这都是由于河水的紊动能量由下向上逐渐减小的缘故。不同粒径含沙量沿垂线分布的曲线形状不同,粒径越小,沿垂线上的分布越均匀,粒径越大,则越不均匀,各种粒径的泥沙在深度上的分布,都是向河底逐渐增大的。一般说,细沙为主的河流,含沙量沿垂线的分布较均匀;含沙较粗的河流,则较不均匀。同一条河流,由于洪水期泥沙主要来自流域表面,细颗粒较多,因此,含沙量沿水深分布较均匀;枯水期,流域表面来沙很少,河中粗粒泥沙较多,分布就不均匀。当然,如果洪水期河槽发生冲刷,则局部河段由于粗粒相对增加,含沙量的垂向分布也就不均匀了。

含沙量在断面内的分布规律性较差,一般说横向变化比纵向变化小,通常是靠近主流和局部冲刷处的含沙量比河流两岸为大。在顺直河段,断面形状较规则,含沙量分布较均匀;弯道段,断面形状不规则,含沙量的分布往往也是不规则的。悬移质粒径沿河流的分布,总的趋势是向下游方向逐渐变小。含沙量随时间的变化,主要取决于流量的大小和水流侵蚀作用的强烈程度。一般说随其流量的增加,含沙量也相对增加。

2)水流挟沙能力

单位体积的水流能够挟带泥沙的最大数量称为水流挟沙能力。当上游的来沙量超过本河段水流挟沙能力时,河槽就会淤积;相反,则发生冲刷。如果两者正好相适应,即处于输沙平衡状态,这时,河槽将处于不冲不淤的稳定状态中。

3)河流的输沙率

单位时间内通过过水断面处的泥沙质量,称为输沙率。它可分为悬移质输沙率与推移质输沙率两类。河流的总输沙量应是推移质与悬移质输沙量的总和。然而,由于推移质输沙的施测较困难,并缺乏完善的推算方法,而且推移质输沙量在总输沙量中所占比重很小(特别是在平原河流中),故往往被忽略不计。输沙率用符号 S 表示,有:

$$S = \rho Q \tag{2-13}$$

式中:S——输沙率,kg/s;

Q——流量,m³/s;

ρ——含沙量,kg/m³。

第四节 河床演变

在自然条件下形成的河流,河床是千百万年以来该河水流与泥沙综合作用的产物,在该条河流所处的自然环境中,具有最大的合理性与稳定性。通常具备一定的河床形态及河床组成,有一定的与之相适应的水流结构与水流条件;有一定的与之相适应的输沙率。

虽然,河床有其稳定的一方面,但同样是在自然条件下,河床又总是处在不断地变化和发展过程中。河床演变是指河床在自然条件下或受人工建(构)筑物的影响而发生的变化,这种变化是水流、泥沙与河床相互作用的反映。

一、河床演变的基本类型和影响因素

1. 河床演变的基本类型

河床演变是河床形态的变化,河床演变可分为纵向变形与横向变形两类。

1)河床演变的横向变形

河床演变的横向变形是指沿河宽方向的平面形态的改变,如河湾发展,河槽拓宽、塌岸、分汊、改道、裁弯等。

2)河床演变的纵向变形

河床演变的纵向变形是沿水流方向河床高程的变化,即其纵剖面的改变。河床纵向变形主要表现为河床冲淤不平衡所引起的高程变化,其原因是河流纵向输沙不平衡。通常,河道上游纵坡较大,水流挟沙能力大于河水的含沙量,河床变形以冲刷为主,造成上游河床逐年下切;河床中游水流挟沙能力与河水含沙量基本平衡,因此,大多数河流中游河床高程比较稳定;河床下游地势平坦,河水流速下降,但来自中游的水流挟带大量泥沙下泄,水流含沙量远大于水流挟沙能力,造成下游河床逐渐淤高。另外,一条河流年流量的变化或丰水年与枯水年流量的变化,也会引起局部河床的纵向变形,但多年平均高程变化不大。

2. 河床演变的影响因素

河床演变与水利工程、市政工程、交通土建工程等都有密切的关系,同时也对相关建(构)

筑物的使用安全起到至关重要的作用。河床演变的影响因素主要有以下6个方面：

1）流量大小及变化

河段流量越大，水流挟带泥沙的能力越大；流量变化越大，流经河段水流的流速变化越大，水流挟沙能力变化也就越大，从而对河床冲淤变形的影响就越大。

2）河床比降

河床比降越大，水流流速越快，水流挟沙能力越大，河段易冲刷；反之，易淤积。

3）河床形态

河床形态影响了水流通过河段时的流态，局部影响到水流的流向及流速，从而造成河床冲淤不平衡的发生。

4）河段来沙量

河段特性及流量决定了河段的流速，也决定了这一河段河水的挟沙能力。当上游来沙量大于其挟沙能力时，河段形态的变化以淤积为主，反之则会以冲刷为主。例如黄河流经极易冲蚀的黄土高原，流域产沙量极大，年输沙量过亿吨，河水高度浑浊，因此下游淤积严重，且易于改道变形。

5）河床地质情况

当组成河床与河岸的土质比较坚硬时，其抗冲刷能力较强，一旦河床中流速较大而有冲刷趋向时，河床坚硬的质地将抵抗水流的冲刷，从而限制了河床变形。反之，河床的变形将加剧。因此，平原冲积的土质河床常蜿蜒曲折，河湾发展，并有截弯取直现象。

6）人类生产活动的影响

人类兴建水库，可以改善库区的水质条件，但水库良好的澄清作用，也可使下游河段的挟沙力加大，打破下游河床的冲淤平衡，带来新的河床演变。

二、不同类型河段的河床演变规律

由于河段外部环境变异极大，因此河床的演变过程错综复杂、多种多样。但不同河流的某些同类河段的演变规律都很相似。根据河流的来水、来沙、河床边界条件及河床形态，河床演变具有一定的规律。

1. 山区河段

山区河流坡度陡，流速大，水流中的悬移质含沙量小于河段的水流挟沙力，处于次饱和状态，以下切为主。但河床多系基岩或卵石、块石等组成，抗冲力强，因此河床下切速度缓慢。当山区土壤疏松时，如西北地区的黄土高原，则下切显著，沟壑纵横。

2. 平原河段

平原冲积河流的河床演变现象是极其复杂的。平原河流比降平缓，挟沙力相对较小，一般以泥沙的堆积为主。但河床多为细沙组成，在洪流作用下容易发生运动。因此平原河流冲淤变化的速度较快，变化的幅度也比较大。不同类型的河道具有不同的河床演变规律，下面分别加以介绍。

1）顺直微弯型河道

如图2-4所示为典型的顺直微弯型河道形态，河床特征通常为河床比较顺直或略有弯曲，

两岸常有犬牙交错的边滩,主流左右弯曲,河床深泓线呈波浪状起伏。顺直微弯型河道河床演变的特征如下:

(1)浅滩和深槽交替发生冲淤,不但浅滩多,而且浅滩、深槽和主流线位置很不稳定,河床附近有时为深槽,有时为浅滩,水深变化大。

(2)浅滩和深槽同步顺流下移。边滩就是一个大沙丘,在水流作用下,边滩的迎水坡不断冲刷、后退,背水坡不断淤积、向下延伸,整个边滩不断向下移动。随着边滩的下移,深槽、浅滩和深泓线的位置也不断向下移动。

(3)河床周期性展宽和缩窄。由于边滩的发展,使对岸发生冲刷且枯水位以上的河槽展宽。当边滩发展过宽时,洪水期主流可能切割边滩,被切割的边滩留在河心部分成为心滩,心滩将河槽分成汊道。以后随着一股汊道的淤废,心滩与河岸相接,岸线移向中泓,河道再次缩窄,展宽过程又重新开始。

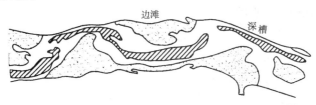

图 2-4 顺直微弯型河道平面形态

2)游荡型河道

这类河流的河床宽浅,江心洲多,水流散乱,无稳定深槽,冲淤变幅、主槽变幅和速度均大。多年平均情况是河床不断淤高,沙洲移动迅速,河道外形经常变化。如图 2-5 所示,黄河中游和永定河都具有这种特性。游荡型河道河床演变特征如下:

(1)多年平均情况下,河床不断淤积抬高,形成"地上河"。

(2)年内的冲淤变化,一般为汛期主槽冲刷,滩地淤积,而非汛期则相反。一年内总的冲淤幅度不大,但一次冲淤深度可达很大的值。在黄河上,一次冲淤深达 10m 的现象屡见不鲜。

(3)沙洲移动迅速,河道外形经常改变,冲淤变化幅度极大,一次洪水后,河床面目全非。

(4)主槽经常摆动,而且摆动的速度和幅度都很大。黄河在花园口主流摆动达到 $136m/d$。某些特宽河段,一次摆动 5~6km 的也很常见。

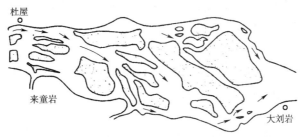

图 2-5 黄河游荡河段平面图

3)弯曲型河道

这类河段是平原河流的常见河型,又称为蜿蜒型河段。其特点是流量变幅小、含沙量不大、输沙量基本平衡、河底比降平缓、河湾发展可使凹岸受冲刷坍塌,岸线后移,凸岸淤积,岸线前移,河轴线不断蠕动,平面形态蜿蜒曲折。蜿蜒型河段的横向变形,主要表现为凹岸冲刷崩退和凸岸淤积增长。蜿蜒型河段的纵向变形,弯道段洪水期冲刷,枯水期淤积;过渡段则相反,洪水期淤积,枯水期冲刷。在一个水文年内,冲淤变化基本平衡。弯曲型河段的演变特征如下:

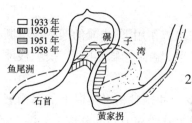

图 2-6 下荆江碾子湾自然裁弯

(1)凹岸崩退和凸岸淤长;

(2)河湾发展,河线蠕动;

(3)自然的裁弯取直,并伴随着又一轮的河湾消长,如图 2-6 所示。

4)分汊型河道

形成这类河道的原因是河面宽广及洪、枯水时期主流不一致。这类河段的河岸易冲刷展宽,边滩易扩大,经一定时期,边滩可因水流冲切而成江心洲,同一汊道会发生反复消长,一个汊道的单向发展常伴随另一汊道的单向萎缩,如图 2-7 所示。

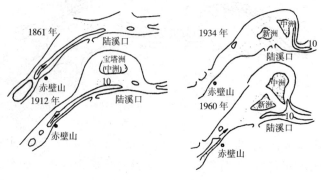

图 2-7 长江陆溪口汊道演变图

分汊型河道的演变特征如下:

(1)洲滩的移动。其原因在于江心洲头部由于受到水流的顶冲和环流的作用,通常不断坍塌后退,而尾部在螺旋流的作用下,不断淤积延伸,因而整个江心洲就以缓慢的速度向下游移动。

(2)河岸的崩塌和弯曲。其原因在于汊道的一支或两支往往具有微弯的外形,在弯道环流的作用下,位于凹岸处特别是顶冲点处的河岸将不断坍塌后退,冲刷的泥沙则被水流带到对岸江心洲上淤积,或被带到江心洲尾部以及汇流区的回流区域淤积。随着河岸不断崩退,有可能使汊道中的曲率半径越来越小,顶冲点不断下移,河身发生扭曲变形。在适宜条件下,终于发展成鹅头形汊道。

(3)汊道的交替兴衰。其原因在于上游水流动力轴线的摆动引起分汊的变化,使分汊河道的主、支汊产生交替发展,并呈明显的周期性。

第五节 河川水文资料的收集和整理

水文资料包括水位、流量、泥沙、降水、蒸发、水温、冰凌、水质、地下水位等资料,是水文分析计算的基本依据,它是水利工程规划设计和管理运用的基础资料。水文测验是对各种水文要素进行系统观测及对观测资料进行整编的总称,它是水文工作的基础。根据水文测验资料,可以掌握各地水文要素变化规律,为水资源评价和开发利用、防洪抗旱、水源保护、生态建设、交通及其他土木工程提供基础资料。

一、水文资料的收集

水文资料的来源主要有三个方面,即水文站观测资料、洪水调查资料和文献考证资料。水文站观测资料是在一定时期内连续实测的资料,能较为真实反映客观实际,是水文分析计算的主要依据。但水文站分布稀疏,观测年限有限,因此,洪水调查是水文资料的重要补充。在我国的某些历史文献中,多有洪水灾害的记载,为分析历史洪水的情况提供了宝贵资料。因此,文献考证也是搜集水文资料的重要途径。上述三个方面的资料,可以相互补充,相互核对,使水文资料更加完整可靠。

1. 水文站观测资料的取得

桥涵水文计算所需的水文资料,大部分可通过查阅水文年鉴及到水文站详细调查得到。一般应搜集桥位附近水文站历年实测最大流量及其相应的水位、流速、糙率、水面比降、含沙量、水位流量、水位面积和水位流速关系曲线等资料,并应了解本文站的设站历史、测流方法和设备、测流断面和河段情况以及水文站所掌握的水文调查资料,如流域水系图、河床及河岸变迁资料等。应特别注意水文站的水准基面和基本水尺历年有无变动,在水位或流速观测过程中有无发生水毁、中断与漏测等情况,若有这些情况,要了解整编水文资料时有无经过改正。

2. 洪水调查

洪水调查工作主要是在桥位上、下游调查历史上各次较大洪水的水位,确定洪水比降和河床糙率,推算相应的历史洪水流量,作为水文分析和计算的依据;同时,调查桥位附近河道的冲淤变形及河床演变,作为确定历史洪水计算断面和桥梁墩台天然冲刷深度的依据。

3. 洪水考证

由于年代久远及受古代对洪水要素观测手段的限制,洪水考证资料大多仅限于洪水期水位的记录及造成灾害的描述。取得方法主要为文献考证及实地探访。

有关洪水调查与考证的方法参见本书第四章第二节"大洪水资料的获得"中的内容。

二、水文资料的测验方法

1. 水位观测

水位是河流、湖泊、海洋和水库等水体在某一地点的自由水面相对于标准基面(也称绝对基面)的高程,单位为 m。我国统一采用青岛附近黄海海平面为标准基面。水位是最基本的水文特征,是反映水流变化的重要标志。不同时刻的水位变化曲线,称为水位过程线。

观测水位的设备有水尺(图2-8)和自记水位计(图2-9)两大类。常用的水尺有直立式、悬锤式、倾斜式等。视设立水尺地点的实际条件选取合适的形式。观测时,水面在水尺上的读数加上水尺零点的高程即得水位值。它的优点是构造简单、经济、使用方便,但观测条件差,工作量大,数据测量与相关曲线由人工完成。水尺的零点高程须事先用水准仪从水准点测定,并定期校核。

自动水位计能自动记录水位的连续变化过程。目前使用的自记水位计大致可以分为直接式和间接式两类。按自记时段的长短划分，又有长期自动记录式和日记式两种。自记水位计一般由感应、传感和记录三部分组成。它是利用机械、压力、声音、电磁等的感应作用来测量并记录水位变化。自记水位计贴有坐标纸的记录筒可随水位升降而转动，时钟带动记录笔作水平移动，笔尖的位置与记录时刻对应，自记水位计可记录瞬时水位过程线。

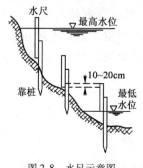

图2-8 水尺示意图

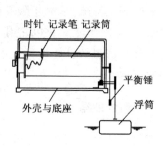

图2-9 SW40型自记水位计

2. 断面测量

某一水位下的河流过水断面称为河流的形态断面，简称为断面。断面测量的方法是先测水位，再沿水面宽度取若干点测水深，由此可得河底高程，连接各测深点，即可绘出过水断面图。通过地形测量，还可绘出河谷断面图。

常见的测深工具有测深杆、回声测深仪等。测深垂线的数量和位置，以能控制断面地形转折变化为原则，可根据横断面情况布置于河底转折处，一般主槽较密，滩区较稀。形态断面的水下部分断面测量包括测量水深、测深点到断面起点的距离和测深期间的水位。

现在先进的数字化测量船使用先进的"水声纳"水下全断面河床数据采集设备，集成了船舶GPS定位导航、测量数据自动处理和丰富多样的成果输出技术，实现了航道水下地形地貌可视化和数字化，测量出反映航道水下地形地貌的数字高程模型，并能转换为等高线图、透视图、坡度图、断面图。数字化测量船具有高速度、高效率的航道测量功能，宽度在100m以内的航道，只需测量两次，60m宽度的航道一次即可测出全部水下地形。水声纳测量获得的水深数据在生成等深线和绘制断面图时，几乎能100%反映河床的真实状况。

水文基线是水文站实测各水文要素所依据的代表性河床横断面。

水位采用设于水文基线断面的水尺或自记水位计观测。测时水位为：

$$H = 水尺零点高程 + 测时水尺读数$$

通过定时观测，可获得各种特征水位，如低水位、常水位、洪峰水位等。

相应某一水位时的河段水面比降为：

$$i = \frac{同时观测的上、下游比降水尺水位差 \Delta H}{上、下游比降水尺距离 L}$$

水面比降通常沿一岸施测，当设计需要时可沿两岸同时施测。长度 L 可参考表2-1选用。

上、下游比降水尺间距   表2-1

比降(‰)	6.8	3.8	2.8	2.2	1.9	1.6	1.5	1.3	1.2	1.1
L(m)	100	200	300	400	500	600	700	800	900	1000

3. 流速测量

在天然河道上测流速时,只要条件许可,一般可使用流速仪。流速仪是用来测定水流中任意指定点的水流平均流速的仪器,传统流速仪主要是有旋杯式与旋桨式两种,如图 2-10 所示。它们由感应水流的旋转器(旋杯或旋桨)、记录信号的记数器和保持仪器正对水流的尾翼等三部分组成。旋杯或旋桨受水流冲动而旋转,流速越大,转速越快。根据每秒转数与流速的关系,便可计算出测点的流速。

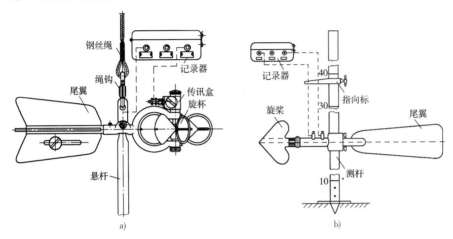

图 2-10 流速仪示意图
a)旋杯式流速仪;b)旋桨式流速仪

随着测速技术的发展,超声波技术正广泛应用于流速测量,多普勒超声波流速仪就是一种运用多普勒原理,采用遥测方式,对采样点进行测速的方法。

测速时应沿水文基线断面布置测流垂线,通常在河槽处较密而在河滩处较稀。垂线布设数目参见表 2-2。

测速垂线布置　　　　　　　　　　表 2-2

水面宽(m)	<100	100~300	300~600	600~1000	>1000
垂线数目	5	7	9	11	14

如漂浮物较多,水流甚急时,流速仪施测困难,可改用浮标法,其方法虽简便,但精度较差。投放浮标可测得水面流速:

$$v_f = \frac{上、下游断面间距}{浮标通过两断面历时}$$

垂线平均流速的计算公式为:

$$v_m = K v_f$$

式中:K——浮标系数,对较大河流为 0.85~0.9,对小河流为 0.75~0.85。

4. 流量计算

断面测量和测点流速数据求得之后,由测点流速求垂线平均流速,再推求部分断面面积上的部分平均流速,把各部分平均流速与相应部分面积相乘即得部分流量,各部分流量之和即为测流断面流量。具体步骤如下:

1)垂线平均流速计算

视测速垂线上测点数目情况,分别计算。

一点法:
$$v_m = v_{0.6} \text{ 或 } v_m = (0.9 \sim 0.95)v_{0.5} \tag{2-14}$$

二点法:
$$v_m = \frac{1}{2}(v_{0.2} + v_{0.8}) \tag{2-15}$$

三点法:
$$v_m = \frac{1}{3}(v_{0.2} + v_{0.6} + v_{0.8}) \tag{2-16}$$

五点法:
$$v_m = \frac{1}{10}(v_{0.0} + 3v_{0.2} + 3v_{0.6} + 2v_{0.8} + v_{1.0}) \tag{2-17}$$

六点法:
$$v_m = \frac{1}{10}(v_{0.0} + 2v_{0.2} + 2v_{0.4} + 2v_{0.6} + 2v_{0.8} + v_{1.0}) \tag{2-18}$$

式中: v_m——垂线平均流速,m/s;

$v_{0.0}, v_{1.0}$——分别为水面与河底测点的实测流速,m/s;

$v_{0.2}, \cdots, v_{0.8}$——垂线上测点流速,其脚标为测点自由水面以下的相对水深,即分别为0.2与0.8垂线水深处测点的实测流速,m/s。

2)部分面积平均流速的计算

部分面积平均流速是指两测速垂线间部分面积的平均流速,以及岸边或死水边与断面两端测速垂线间部分面积的平均流速。

中间部分面积平均流速的计算:
$$v_i = \frac{1}{2}(v_{mi-1} + v_{mi}) \tag{2-19}$$

式中: v_i——第 i 部分面积对应的部分平均流速;

v_{mi-1}, v_{mi}——第 $i-1$ 及第 i 条测速垂线的垂线平均流速。

岸边部分面积平均流速的计算:
$$v_1 = \alpha v_{m1} \text{ 或 } v_n = \alpha v_{mn} \tag{2-20}$$

式中: v_1——岸边部分面积对应的部分平均流速;

v_n——死水边部分面积对应的部分平均流速;

α——岸边流速系数。

岸边流速系数 α 可通过增加测速垂线由试验资料确定,也可由公式推导确定。在陡岸边,若岸壁不平整,α 取 0.80;光滑岸壁,α 取 0.90;在死水与流水交界处的死水边,α 取 0.60。

3)部分面积的计算

部分面积是以测速垂线为分界的面积。岸边部分按三角形计算,中间部分按梯形计算,有:
$$f_i = \frac{1}{2}(H_i + H_{i-1})b_i \tag{2-21}$$

式中: f_i——第 i 块梯形部分断面面积,m^2;

H_i, H_{i-1}——第 i 和 $i-1$ 条垂线水深,m;

b_i——第 i 块部分断面面积的水面宽度,m。

4）流量计算

部分断面的平均流速与该部分面积之积即为该部分流量,所有部分流量之和即为测流断面的流量 Q。

$$Q = v_1 f_1 + v_2 f_2 + \cdots + v_n f_n \tag{2-22}$$

式中：v_i——部分断面平均流速，m/s；

f——部分断面面积，m^2；

n——部分断面的个数。

断面流量与过水断面面积之比，即为断面平均流速。

三、水文资料的整理

1. 资料的审查分析

水文资料是水文计算的依据，必须满足统计计算对资料的要求，才能获得合理的结果。因此，必须对收集到的资料进行审查与分析。

1）资料的可靠性审查

对于水文站的观测资料、洪水调查资料、文献考证资料，都应该逐一检查，相互核对。保证每一个数据的可靠性。对于不同时期的水文观测资料，需仔细分析其可靠性，必要时应实地调查和考证。对情况复杂的观测资料应写出分析考证报告。对水文站的资料，应通过上下游水文站、干支流水文站的水量平衡分析进行可靠性审查，防止出现系统误差。当发现问题时，应与有关单位研究改正。

2）洪水系列的代表性分析

水文统计计算只能用一定统计年份的洪水系列作为样本来推算总体的参数值，样本的代表性直接影响计算结果。应将短系列资料与邻近测站资料进行比较，借以判断该洪水系列是否处在丰（枯）水年份成群出现的时期，从而使计算结果显著偏大（或偏小）。频率计算时，一般要求实测年份多于 20 年。无论实测期长短，均须进行历史洪水的调查和考证工作，以增加系列代表性。

3）洪水资料样本的选择

首先，洪水资料样本的选择应满足统计计算独立随机取样的要求，不能把彼此有关联的水文资料统一在一起分析计算。例如，前后几天的日流量，都是同一次降雨所形成的，互不独立，就不能将连续的日流量组成一个系列进行计算。其次，所选各年实测最大洪峰流量资料，应属同一洪水类型。统计计算要求同一系列中的所有资料，必须是同一类型同样条件下产生的。因此，性质不同的水文资料就不能统计在一起分析计算。

2. 洪水要素关系曲线的确定

常见的河流水文要素有水位、流量、流速及过水面积。当过水断面及河床粗糙度无大的改变时，水位与过水面积之间存在 $A = f_1(H)$ 的函数关系，水位与流速之间存在 $v = f_2(H)$ 的函数关系。由于流量 $Q = Av$，流量也必然是水位的函数 $Q = f(H)$。

以水位为纵坐标，流量为横坐标。将相应的水位和流量点绘在坐标纸上，通过点群中心的曲线即为水位流量关系曲线。为了相互校核，可将 $Q = f(H)$，$A = f_1(H)$，$v = f_2(H)$ 三条曲线绘在同一张坐标纸上，如图 2-11 所示。同一水位时，图中流量应等于过水面积与流速的乘积。

为了推求实测范围以外的水位与流量关系，往往需将实测的水位流量关系曲线加以延长，一般可借助水位面积关系曲线和水位流速关系曲线来延长。$A=f_1(H)$ 曲线可根据实测段面计算的过水面积进行延长，$v=f_2(H)$ 曲线可根据已知的粗糙系数 n 和水面比降 i 以谢才－满宁公式计算的流速值进行延长，然后利用 $Q=Av$ 的关系，就可以将原有的 $Q=f(H)$ 曲线加以延长，如图 2-11 中的虚线所示。

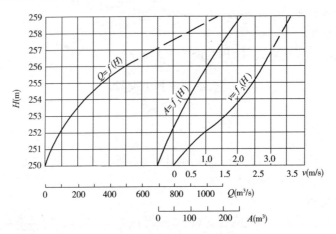

图 2-11　水位与流量、过水面积和流速关系曲线

水位流量关系曲线能反映天然河流中水位与流量的变化规律，可作为水文分析的依据。对于一个特定的河流横断面，可以利用水位流量关系曲线推求某一水位相应的流量或某流量相应的水位。这些在桥涵水文计算中和水文站的测流工作中，都有一定用处。

3. 水位流量关系曲线的移用

规划设计工作中，常常遇到设计断面处缺乏实测数据，这时就需要将邻近水文站的水位流量关系移用到设计断面上。当设计断面与水文站相距不远且两断面间的区间流域面积不大，河段内无明显的出流与入流的情况下，在设计断面设立临时水尺，与水文站同步观测水位。因两断面中、低水时同一时刻的流量大致相等，所以可用设计断面的水位与水文站断面同时刻水位所得的流量点绘关系曲线，再将高水部分进行延长，即得设计断面的水位流量关系曲线。当设计断面与水文站的河道有出流或入流时，则主要依靠水力学的办法来推算设计断面的水位流量关系。

习题

1. 河流通常用什么来描述它的基本特征？
2. 径流形成过程分哪几个阶段？简述径流形成的影响因素。
3. 河床演变的影响因素有哪些？试述山区河流和平原河流的河床演变规律。
4. 怎样绘制水位与流量、流速、过水面积关系曲线图？怎样应用？
5. 已知流域面积 $A=532\text{km}^2$，多年平均流量 $Q=8.8\text{m}^3/\text{s}$，多年平均降水量 $X=650.8\text{mm}$，试求此流域的径流总量、径流模数、径流深度与径流系数。

第三章 水文统计基本原理与方法

第一节 概率统计理论基础

水文统计就是根据水文现象的随机性特点,将概率论和数理统计的原理和方法用于水文资料的分析做出概率推断的一门水文学分支学科,它的主要研究对象是年洪峰流量、各种时段的径流量、各种时段的雨量等水文要素的统计特性。水文现象普遍地受到随机因素的显著影响,因此概率统计方法在桥涵水文设计中逐步得到了日益广泛的应用。近年来,人们已经开始重视开展有物理依据的水文统计的研究,即将概率统计方法与物理成因分析方法结合使用,只有这样才能对水文现象进行更为深入的认识。因此,牢固地掌握水文统计的基本概念和基本理论,正确、有效地使用水文统计方法,才有可能在桥涵工程设计工作中用好水文统计理论和方法,保证桥涵工程水文设计的合理性和可靠性。

一、随机事件与随机变量

1. 随机事件

在一定条件下发生的事情称为事件。事件可以分为必然事件、不可能事件和随机事件三种。

在一定条件下必定发生的事件,称为必然事件,例如"标准大气压下,水加热到100℃时会沸腾"就是必然事件。

在一定条件下一定不会发生的事件,称为不可能事件,例如"在标准大气压和水温为100℃时,纯水处于固态"为不可能事件。

在一定条件下,可能发生也有可能不发生的事件,称为随机事件。例如,某河流断面下一个汛期年最大洪峰流量可能大于某流量,也可能小于某流量,事先不能确定,因此是随机事件。事件可以是定量的,也可以是定性的,还可以是半定量的(定序的)。一般的随机事件介于必然事件与不可能事件之间,例如投掷硬币出现的是正面还是反面事先不能确定。水文现象具有不重复性的特点,各水文要素(例如降雨量、径流量、蒸发量)在各年中出现的具体数量具有不确定性,因此水文现象都属于随机事件。在研究随机事件时要求各次试验的基本条件保持不变,否则试验结果的变化不一定是由随机因素所引起的随机变化。例如,在某河流的上游修建水电站前、后,形成下游某断面的洪峰流量的基本条件就发生了变化,这就不是简单地由随机因素引起的变化,在应用时必须进行相应处理,才能把洪峰流量当作随机事件进行研究。

2. 随机变量

表示随机事件各次试验结果的实数值变量称之为随机变量。随机变量是随机事件的数量化表示,它可认为是以各次试验为自变量、以所有可能的试验结果集合为值域的实数值函数。随机变量一般用大写英文字母 X,Y,Z 等表示,随机变量的取值一般用小写英文字母 x,y,z 等表示。在水文学中,水文测验相当于随机试验,对随机事件 A "某一断面年径流量"的多年观测,可有种种数值,用变量 Q 来描述这些数值,则 Q 就是一随机变量,它是随机事件 A 的数量化表示。随机变量可以取的一系列数值,称为随机变量系列,简称为系列。只能取有限个或可列个数值的随机变量,称之为离散型随机变量,例如每次打靶的环数、某雨量站每年发生降雨的天数;反之则称为连续型随机变量,例如某地的年降水量、某水文站的年最大洪峰流量。大多数水文现象属于连续型随机变量。

二、总体与样本

随机变量所有可取试验结果的全体,称为随机变量的总体。例如,"某站的年降雨量"这一随机变量 X 可以取的试验结果实数值的全体,应该是自古迄今、再延伸至未来无限岁月中的所有年降雨量组成的系列,该系列就是 X 的总体。所有试验结果的总数有限时,称为有限总体。例如,统计一个学校优秀生百分率时,全校学生数即为有限总体。所有试验结果的总数无限时,称为无限总体。从总体中随机抽取的一部分试验结果值,称为随机变量的样本,样本的数目称为样本容量。在总体中抽取样本,称为抽样。例如"某站的年降雨量"这一随机变量 X 在 1949 年至 2005 年发生的年降雨量值系列,就是 X 的一个样本。水文现象的总体是客观存在的,但大多数水文现象的总体都是无限的、是无法得到的。

总体与样本之间既有差别、又有联系。由于样本是总体的一部分,因而样本的特征在一定程度上反映了总体的特征,故总体的规律可以借助于样本的规律来逐步地认识,这就是人们目前用已有的水文资料(观测、试验、调查等资料)来推估总体(未来水文情势)为工程建设服务的理论依据。

三、概率与频率

1. 概率

随机事件 A 客观上出现的可能性,或随机变量 X 取值的可能性,称为概率,常以 $P(A)$,或 $P(X=x)$、$P(X\geq x)$ 等表示。其中,"$(X=x)$"表示"随机变量 X 取 x"这一随机事件,适用于随机变量为离散的情况。"$(X\geq x)$"表示"随机变量 $X\geq x$"这一随机事件,适用于随机变量为连续的情况。概率在区间 $[0,1]$ 上取值。必然事件的概率为 1,不可能事件的概率为 0,随机事件则介于两者之间。随机事件,在一次试验中是否发生,无法事先肯定,但当多次重复试验后,就可以发现其发生的可能性大小的统计规律性。例如,若掷硬币的次数足够多,其正面和反面出现的概率都是 0.5。

设某一试验中可能发生的结果共有 n 种,且每种结果发生的可能性均等,其中事件 A 出现的可能结果有 f_0 种,则事件 A 出现的概率为:

$$P(A) = \frac{f_0}{n} \tag{3-1}$$

【例 3-1】 一袋中有白球 20 个,黑球 10 个,这些球的差别只在颜色方面,其形状、大小及触感完全相同。从中摸出一个,问摸出白球、黑球的概率各为多少?

解:按式(3-1)有:

$$P(白球) = \frac{f_0}{n} = \frac{20}{20+10} = \frac{2}{3} = 66.7\%$$

$$P(黑球) = \frac{f_0}{n} = \frac{10}{20+10} = \frac{1}{3} = 33.3\%$$

$$P(白球) + P(黑球) = \frac{1}{3} + \frac{2}{3} = 1$$

2. 频率

事件的概率分为事先概率和事后概率两种。事先概率是指在做试验之前可以估计出事件出现的可能性,而事后概率是指必须在做大量的重复试验之后才能估计出事件出现的可能性。所谓事件的频率,则是指在 n 次重复的随机试验中,某事件 A 实际出现的次数 f 与试验总次数 n 的比值,称为事件 A 的频率,用 $W(A)$ 表示,即:

$$W(A) = \frac{f}{n} \tag{3-2}$$

【例 3-2】 设某同学某学期上桥涵水文课的出勤次数为 20 次,该课程的满勤次数为 40,则该同学的出勤频率为 $20/40 = 0.50$。

可见,概率是表示随机事件发生可能程度的理论值,而频率则是表示随机事件发生可能程度的实测值,故频率又称经验概率。大量的试验结果表明,当试验次数 n 相当大时,频率会逐渐趋近于概率:

$$\lim_{n \to \infty} W(A) = P(A) \tag{3-3}$$

表 3-1 为蒲丰和皮尔逊通过掷硬币试验来验证频率与概率之间关系的结果。

蒲丰和皮尔逊掷币试验 表 3-1

试 验 者	n	f(正面)	W(正面)
蒲丰	4040	2048	0.5069
皮尔逊	12000	6019	0.5016
皮尔逊	24000	12012	0.5005

解:按式(3-1)计算可知,理论上硬币正面出现的概率 $P(正面) = 0.5$,在表 3-1 的实际试验中,当 $n = 4040$ 次时,$W(正面) = 0.5069$,当 $n = 12000$ 次时,$W(正面) = 0.5016$,当 $n = 24000$ 次时,$W(正面) = 0.5005 \approx P(正面)$。这表明,当观测试验的次数足够多时,事件的概率可通过频率计算推出,随机试验次数越多,所得的频率值越接近概率值。用实测样本的频率特性来分析推论事件总体的概率特性,这是数理统计方法的基本原理。因此,在水文统计中,应尽可

能增大水文资料的样本容量,样本容量越大,用样本的频率估算总体的概率就相对越可靠。

四、累积频率与重现期

在 n 次重复随机试验中,等量值或超量值累计出现的次数 m 与总的试验次数 n 的比值,称为随机变量的累积频率,常用符号 $P(X \geq x_p)$ 表示。在许多工程实践中,采用累积频率预估建筑物面临的安危水文情势比采用单一的事件频率更为确切。例如,水泵房上部结构高程、堤坝顶部高程以及桥面高程等都取决于设计水位 H_p。在设计中,当河中水位 $H = H_p$ 时,即认为工程设计开始破坏,显然,$H \geq H_p$ 的各种水位,对设计条件也会有破坏作用。因此,交通土建工程、市政工程以及水利工程等都通过累积频率来推论设计水位的累积概率,以此预估建筑物可能面临的安危情势。水文现象的总体一般是无限的,而频率与概率的性质相同,只是计算容量不同而已,样本容量越大,用频率对总体的概率所做的推断越可靠。

1. 累积频率

设随机变量 X 的样本系列为 $x_1, x_2, x_3, \cdots, x_k$ 其相应频数为 $f_1, f_2, f_3, \cdots, f_k$,且有 $x_1 > x_2 > x_3 > \cdots > x_k$,则等量值或超量值的累积频率为:

$$P(X \geq x_m) = \frac{f_1 + f_2 + f_3 + \cdots + f_m}{n} = \frac{l}{n} \tag{3-4}$$

式中:l——等量值或超量值的累计频数;

n——$n = \sum\limits_{i=1}^{k} f_i$,样本系列的容量。

在工程水文计算中,习惯上把累积频率简称为频率,本书沿用此习惯。当洪水或枯水到来时,可能会对交通、水利、土木等工程建筑物的正常运行产生重要影响。这种建筑物每年遭到破坏的可能性称为破坏率,记为 P;每年正常运行的可能性称为安全率,其值为 $1 - P$;在 n 年内保持正常运行的可能性称为保证率,其值为 $(1 - P)^n$;在 n 年内遭到破坏的可能性称为风险率,其值为 $1 - (1 - P)^n$。

工程的安全性与经济性之间往往存在着矛盾:为了确保工程安全,必须加大安全系数,在经济上更多地投入,可能造成一定程度的浪费;而若只从经济出发,工程的安全运行将承担更大风险。为此,在桥涵工程设计中,应根据国家规定的各类工程的等级和安全标准进行设计。

2. 重现期

在水文学中,为了更好地理解频率这个比较抽象的概念,在实用上通常采用比较形象的重现期与频率并用。所谓重现期,就是水文破坏事件(例如洪水、干旱等)在长时期观测中可能再现的平均时间间隔,单位为 a。重现期 T 与频率 P 之间为一一对应的关系,即重现期是水文破坏事件的平均间隙时间与水文破坏率的比值。当采用年最大值法抽样确定设计洪峰流量或水位 x_i 时,频率 $P(X \geq x_i)$ 为破坏率,则破坏事件 $(X \geq x_i)$ 的重现期为:

$$T(X \geq x_i) = \frac{1}{P(X \geq x_i)} \tag{3-5}$$

在给水工程等设计中,当采用年抽样法确定设计枯水位或年最小流量 x_i 时,频率 $P(X \geq x_i)$ 为安全率,$1 - P(X \geq x_i)$ 为破坏率,则破坏事件 $(X < x_i)$ 的重现期为:

$$T(X<x_i) = \frac{1}{1-P(X \geq x_i)} \tag{3-6}$$

当采用超定量法或超值法抽样时,设每年平均选取 m 个样本,则在 n 年中次序为第 s 个样本的出现频率为 $P_E = s/(nm)$,当确定设计洪峰流量或水位 x_s 时,则破坏事件 $(X \geq x_s)$ 的重现期为 $(nm)E_T/s$,当确定设计枯水位或年最小流量 x_s 时,则破坏事件 $(X<x_s)$ 的重现期为 $(nm)E_T/(nm-s)$,其中 E_T 为任意相邻两个样本之间的平均时间间隔(年)。

频率这一词意义抽象,重现期概念则较为直观,二者都表示发生随机事件的可能程度。通常所谓"百年一遇"或"千年一遇"洪水,分别表示出现相应洪水的频率分别为 1% 和 0.1%,即每年出现相应洪水的危险性分别为 1% 和 0.1%。这里需要说明的是:重现期为百年一遇洪水,它表示在无限长的年代中平均每百年发生一次,并不是超过这样大的洪水每 100 年中恰好出现一次,实际情况也许是 100 年中出现多次,也许一次都未出现。"重现期为百年一遇洪水"只是表示超过这样大的洪水每年出现的可能性为 1%。显然,"千年一遇"洪水比"百年一遇"洪水稀遇、量大,它们都不能确定具体在哪一年出现。通常所谓"百年一遇"或"50 年一遇"枯水,即每年出现相应枯水的危险性分别为 1% 和 2%。显然,"百年一遇"枯水比"50 年一遇"枯水稀遇、量小,它们都不能确定在哪一年出现。

【例 3-3】 设某水文站年最大洪峰流量的频率 $P(X \geq x_i)=5\%$,求该年最大洪峰流量的重现期。

解: 根据式(3-5)得:

$$T = \frac{1}{P} = \frac{1}{5\%} = 20\text{a}$$

故该重现期为 20 年一遇。

【例 3-4】 设某水文站年最小流量的安全频率 $P(X \geq x_i)=95\%$,求该年最小流量的重现期。

解: 根据式(3-6)得:

$$T = \frac{1}{1-P} = \frac{1}{1-95\%} = 20\text{a}$$

故该重现期为 20 年一遇。

第二节　随机变量的概率分布

确定一个普通变量,只要指明该变量取何值即可,而要确定一个随机变量,则必须同时指明该随机变量取何值以及取该值的概率。设 X 为一随机变量,x 为任意实数,则 $P(X \geq x)$ 表示"随机变量 $X \geq x$"这一随机事件出现的概率。当 x 取不同值时,$(X \geq x)$ 代表不同的随机事件,因而相应的概率 $P(X \geq x)$ 也不同。因此概率 $P(X \geq x)$ 是 x 的一个函数,若记该函数为:

$$F(x) = P(X \geq x) \tag{3-7}$$

则 $F(x)$ 称为随机变量 X 的概率分布函数,它表示随机变量 X 落在区间 $[x, \infty)$ 上的概率。在水文学中,概率分布函数又称为频率分布函数,其图形称为频率分布曲线或频率曲线。

设随机变量的最小值和最大值分别为 $x_{\min}$ 和 $x_{\max}$,可取的两任意值为 $x_1, x_2 (x_2 \geq x_1)$,则随机变量 X 的概率分布函数 $F(x)$ 具有如下性质:

$$\begin{cases} F(x_1) \geq F(x_2) \\ F(x_{\min}) = 1 \\ F(x_{\max}) = 0 \end{cases} \tag{3-8}$$

凡能满足上述三个性质的一元实函数,都可以构成完整的概率分布函数。显然,能符合这些性质的一元实函数有很多种类型,在目前的水文统计中,只选取能与水文样本资料配合良好的几种概率分布函数。

设离散型随机变量 X 的所有可能取值为 $x_i(i=1,2,\cdots)$,并且 $x_1>x_2>x_3>\cdots>x_i>\cdots$,$P_i$ 为 X 取 x_i 的概率,即:

$$P_i = P(X=x_i) \tag{3-9}$$

则离散型随机变量 X 的概率分布函数为:

$$F(x) = P(X \geq x) = \sum_{x_i \geq x} P_i \tag{3-10}$$

设连续型随机变量 X 的概率分布函数为 $F(x)$,如果存在非负实函数 $f(x)$,使对任意实数 x,有:

$$F(x) = \int_x^\infty f(x)\,\mathrm{d}x \tag{3-11}$$

则 $f(x)$ 称为概率密度函数。在水文学中,概率密度函数又称为频率密度函数,其图形称为频率密度曲线。对任意实数 $x_1, x_2 (x_1 < x_2)$,则连续型随机变量 X 落在任一区间 $[x_1, x_2]$ 内的概率为:

$$P(x_1 \leq X \leq x_2) = F(x_1) - F(x_2) = \int_{x_1}^{x_2} f(x)\,\mathrm{d}x \tag{3-12}$$

可见,若已知随机变量 X 的概率密度函数 $f(x)$,就能得到 X 落在任一区间 $[x_1, x_2]$ 内的概率,因此,随机变量 X 的概率密度函数 $f(x)$ 完整地描述了随机变量 X 的统计规律性。由 $f(x)$ 可以获得 X 的各种统计特征。

大量资料说明,水文随机变量的频率密度函数的图形(频率密度曲线)一般为"铃形",如图 3-1a)所示,其特点是:

①随机变量值 x 越大或越小,对应的频率密度就越小,频率密度曲线两端以 x 轴为渐近线;

②系列平均数 $\bar{x}$ 附近的频率密度较大;

③频率密度曲线中存在一个最大的频率密度值,对应的随机变量值 x_0 称为众值,即事件 $(X=x_0)$ 出现的可能性最大;

④频率密度曲线与坐标轴 x 围成的面积为 1。

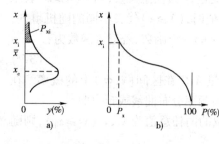

图 3-1 频率密度曲线及频率分布曲线
a)频率密度曲线;b)频率分布曲线

在研究连续型随机变量时,往往使用频率密度函数比较简便。讨论水文随机变量的频率密度函数及其图形分布特征的目的,是为了探求频率密度函数的数学模型,借以推断水文随机变量的总体频率分布特征。

大量资料说明,水文随机变量的频率分布函数的图形(频率分布曲线)通常呈"倒 S"形,如图 3-1b)所示,其特点是:

①两端曲率变化较大,中间曲率变化平缓;

②随机变量最小处,曲线将渐趋于 $P=1$;

③频率分布曲线的具体形状,与频率密度曲线的形状有关。

第三节 水文经验频率曲线

一、计算水文经验累积频率的实用公式

设一实测水文样本系列为 $\{x_i | i = 1, 2, \cdots, n\}$，并且 $x_1 > x_2 > x_3 > \cdots > x_m > \cdots > x_n$。根据某种数学方法可计算与各实测值 x_m 对应的累积频率 $P_m = P(X \geq x_m)$，则称由点据集 $\{(P_m, x_m) | m = 1, 2, \cdots, n\}$ 绘制的平面曲线为经验累积频率曲线，P_m 为经验累积频率，简称经验频率。式(3-4)的累积频率的古典定义公式适用于作无穷次重复试验即 $n \to \infty$ 的频率计算，而对于实测系列不够长的水文资料，往往会出现 $P(X \geq x_{min}) = 1$ 的不合理结果。其中 x_{min} 只是样本的最小值，显然 x_{min} 一般大于总体的最小值。因此，在水文统计中，通常使用1939年由维泊尔提出的数学期望公式：

$$P_m = \frac{m}{n+1} \quad (m = 1, 2, \cdots, n) \tag{3-13}$$

式中：m——实测水文样本系列按照从大到小排序后的序号，它等于该系列中满足 $(X \geq x_m)$ 的累计频数；

n——实测水文样本系列的容量。

式(3-13)克服了式(3-4)的不足，例如 $P(X \geq x_{min}) = \frac{n}{n+1} < 1$，显然比 $P(X \geq x_{min}) = 1$ 合理些。若求百年一遇的洪水 $P = \frac{1}{n+1} = 1\%$，得 $n = 99$ 年，可见在推求百年一遇的洪水时至少需要99年的实测资料。

二、水文经验累积频率曲线的绘制与局限性

1. 水文经验累积频率曲线的绘制步骤

(1) 将实测水文样本系列按大小递减顺序重新排列（不论其记录年序）。为了简便，该系列仍记为 $x_1 > x_2 > x_3 > \cdots > x_n$。

(2) 统计各实测值 x_i 的频数 f_i 及累计频数 $= \sum_{i=1}^{m} f_i$。

(3) 按数学期望公式计算各实测值的累积频率 $P_m = P(X \geq x_m) = \dfrac{\sum_{i=1}^{m} f_i}{\sum_{i=1}^{n} f_i + 1}$。当各实测值 x_i 的频数 f_i 均为 1 时，则 $P_m = \dfrac{m}{n+1}$。

(4) 将经验频率点据集 $\{(P_m, x_m) | m = 1, 2, \cdots, n\}$ 点绘于平面坐标系中，通过这些点群的分布中心绘制一条光滑的曲线，即得该实测水文样本系列的经验累积频率曲线，如图3-2所示。

(5) 若实测系列的样本容量 $n > 100$，也可根据工程设计要求选取的设计频率 p 作为横坐标值，在上述经验累积频率曲线

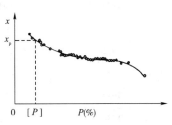

图 3-2　经验累积频率曲线的绘制与应用

上查得对应的纵坐标值,作为所求的设计值 x_p。

【例 3-5】 根据某站 18 年实测年径流资料,见表 3-2,计算该年径流系列的经验频率。

某站年径流量资料   表 3-2

年份(年)	1967	1968	1969	1970	1971	1972
R(mm)	1500.0	959.8	1112.3	1005.6	780.0	901.4
年份	1973	1974	1975	1976	1977	1978
R(mm)	1019.4	817.9	897.2	1158.9	1165.3	835.8
年份	1979	1980	1981	1982	1983	1984
R(mm)	641.9	1112.3	527.5	1133.5	898.3	957.6

解: 将年径流量 R_i 按从大到小的顺序进行排列,见表 3-3 中第(4)栏,第(3)栏是相应的序号 m。根据公式 $P=\dfrac{m}{n+1}\times 100\%$ 计算经验频率,结果列于表 3-3 中第(5)栏。以表 3-3 中第(5)栏值为横坐标、第(4)栏值为纵坐标,绘制经验频率点,通过这些点群的分布中心绘制一条光滑的曲线,即得该实测水文样本系列的经验累积频率曲线。

频 率 计 算 表   表 3-3

年份(年)	年径流量 R_i(mm)	序号 m	按大小排列 R_i (mm)	$P=\dfrac{m}{n+1}\times 100\%$
(1)	(2)	(3)	(4)	(5)
1967	1500.0	1	1500.0	5.3
1968	959.8	2	1165.3	10.5
1969	1112.3	3	1158.9	15.8
1970	1005.6	4	1133.5	21.1
1971	780.0	5	1112.3	26.3
1972	901.4	6	1112.3	31.6
1973	1019.4	7	1019.4	36.8
1974	817.9	8	1005.6	42.1
1975	897.2	9	959.8	47.4
1976	1158.9	10	957.6	52.6
1977	1165.3	11	901.4	57.9
1978	835.8	12	898.3	63.2
1979	641.9	13	897.2	68.4
1980	1112.3	14	835.8	73.7
1981	527.5	15	817.9	78.9
1982	1133.5	16	780.0	84.2
1983	898.3	17	641.9	89.5
1984	957.6	18	527.5	94.7
Σ	17454.7		17454.7	

2. 水文经验累积频率曲线的局限性

(1) 经验累积频率曲线完全是根据实测水文资料系列绘出的,当实测系列较长或设计标准要求较低时,用经验累积频率曲线尚能解决一些实际问题。但大多数实际工程设计中往往要推求稀遇频率如 $P=1\%$、0.1%、0.01% 或 99% 的设计值,而目前的实测水文资料系列一般只有 30～50 年。因此,在需要查用的经验累积频率曲线两端部分,往往没有实测频率点据控制,即使采用如图 3-3 所示的海森频率格纸,可使经验累积频率曲线展平一些,但要进行外延仍存在明显的主观性,产生较大误差,会使水文设计值的可靠程度受到影响,使延长的方法难以规范化。例如图 3-3 中,外延段可为 AC,亦可为 AD,同一设计频率下可得出大小不同的水位或流量,对工程的要求相差很大,引起投资和工程安全度的很大差异。

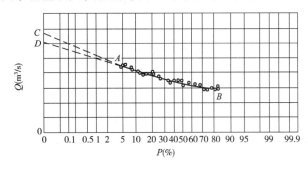

图 3-3　经验累积频率曲线的外延问题

(2) 水文随机变量的统计规律具有一定的地区分布特性,但是我们很难直接用经验累积频率曲线来综合这些地区性规律。由于经验累积频率曲线不能反映这些地区性规律,因此无法用于无实测水文资料系列的流域的水文计算问题。

(3) 水文计算目的是通过水文样本系列的累积频率分析,来推断水文总体的未来变化情势,从中选定合适的设计值。徒手目估延长经验累积频率曲线缺乏理论依据,而且无法深入探讨各种水文设计值的物理成因特性与规律。

第四节　水文理论频率曲线线形与参数估计

一、水文理论频率曲线

水文现象的统计变化规律,需要通过水文样本系列加以推断,即以实测资料的频率分析结果为依据,寻求总体的频率密度函数的数学模型,并以此推断未来的水文情势。为克服水文经验累积频率曲线的局限性,需要寻找能配合经验频率点据分布特征的频率密度函数的数学模型,再通过积分得到累积频率曲线,称这种累积频率曲线为水文理论累积频率曲线,简称水文理论频率曲线。这里所谓的"理论"两字,只是水文现象总体情况的一种假设模型,至今尚无法从物理意义上严格证明水文现象总体的概率分布一定服从何种曲线。目前在水文统计中被广泛应用的频率密度函数的数学模型主要是皮尔逊Ⅲ型曲线。

1895 年英国生物统计学家皮尔逊(K. Pearson)根据许多经验资料的统计分析,按照频率密度曲线的图形特征(只有一个众数、曲线的两端或一端以变量轴为渐近线),建立了频率密度曲线的微分方程:

$$\frac{dy}{dx} = \frac{(x+d)y}{b_0 + b_1 x + b_2 x^2} \tag{3-14}$$

解此微分方程式可得13种形式的曲线。当 $b_2 = 0$ 时得到的频率密度曲线称为皮尔逊Ⅲ型频率密度曲线方程：

$$y = \frac{\beta^\alpha}{\Gamma(\alpha)}(x - a_0)^{\alpha-1} e^{-\beta(x-a_0)} \tag{3-15}$$

其中：

$$\left. \begin{array}{l} \Gamma(\alpha) = \int_0^\infty x^{\alpha-1} e^{-x} dx \\[2pt] a_0 = \bar{x}\left(1 - \dfrac{2C_v}{C_s}\right) \\[2pt] \alpha = \dfrac{4}{C_s^2} \\[2pt] \beta = \dfrac{2}{\bar{x} C_v C_s} \end{array} \right\} \tag{3-16}$$

式中：a_0——水文系列总体的最小值，也是皮尔逊Ⅲ型频率密度曲线的起点横坐标，当 $x = a_0$ 时，$y = 0$；

α——皮尔逊Ⅲ型频率密度曲线的参数；

β——皮尔逊Ⅲ型频率密度曲线的参数；

$\Gamma(\alpha)$——Γ 函数，有专用表可查，也可用计算机程序计算；

e——自然对数的底；

$\bar{x}$——水文系列的均值；

C_v——水文系列的离差系数；

C_s——水文系列的偏态系数。

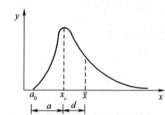

图3-4 皮尔逊Ⅲ型频率密度曲线的一般形式

式(3-16)中的 $\bar{x}, C_v, C_s$ 统称为统计参数，它们表示随机变量的基本特性和分布特点的某些数字特征，具体估计方法见后述。皮尔逊Ⅲ型频率密度曲线的几何形状，如图3-4所示。

由式(3-15)与式(3-16)可知，皮尔逊Ⅲ型频率密度曲线可表达为：

$$y = y(\bar{x}, C_v, C_s, x) \tag{3-17}$$

可见，当统计参数 $\bar{x}, C_v, C_s$ 确定时，则皮尔逊Ⅲ型频率密度曲线也随之确定，再根据式(3-11)即可确定皮尔逊Ⅲ型频率曲线(水文理论频率曲线)：

$$P(X \geq x_p) = \frac{\beta^\alpha}{\Gamma(\alpha)} \int_{x_p}^\infty (x - a_0)^{\alpha-1} e^{-\beta(x-a_0)} dx \tag{3-18}$$

式中：x_p——相应于设计频率 P 的水文变量设计值。对式(3-18)进行一定的积分演算，可得到用三个统计参数描述的皮尔逊Ⅲ型频率曲线的方程：

$$x_p = (1 + C_v \phi) \bar{x} \tag{3-19}$$

式中：ϕ——水文变量的离均系数，$\phi = \dfrac{x_p - \bar{x}}{\bar{x} C_v} = \dfrac{K_p - 1}{C_v}$，它也是频率 P 和偏态系数 C_s 的函数，

$\phi = f(P, C_s)$，为了便于实际应用，已经预先制成了离均系数 ϕ 值表，见附录 2；

K_p——模比系数，$K_P = \dfrac{x_p}{\bar{x}} = 1 + C_v \phi$。

显然，根据已知的三个统计参数 $\bar{x}$、C_v 和 C_s，就可利用式（3-19）计算对应于任一频率 P 的皮尔逊Ⅲ型频率曲线的纵坐标 x_p，从而可以绘制皮尔逊Ⅲ型频率曲线。其中横坐标 P 可设定，一般取 $P(\%) = 0.01, 0.05, 0.1, \dfrac{1}{3}, 0.5, 1, \cdots, 99.9$，见附录 2。可见，皮尔逊Ⅲ型频率曲线的绘制，主要是三个统计参数 $\bar{x}$、C_v 和 C_s 的确定。作为经验频率曲线的数学模型，皮尔逊Ⅲ型频率曲线在水文统计中得到了广泛应用。

在给定三个统计参数 $\bar{x}$、C_v 和 C_s 的皮尔逊Ⅲ型频率曲线后，即可计算某一频率 P 的设计值 $x_p = (1 + C_v \phi_P)\bar{x}$，其中 ϕ_P 由 C_s 和 P 查附录 2 得到。在实际应用中，若 $C_s < 0$，则仍可以由附录 2 查取 ϕ_P，只是应该把 $-C_s$ 与 $1-P$ 对应的 $-\phi_P$，即 $\phi(C_s, P) = -\phi(-C_s, 1-P)$。

【例 3-6】 某站年雨量系列符合皮尔逊Ⅲ型分布，已由经验频率计算得该系列的统计参数：均值 $\bar{x} = 900\text{mm}$，$C_v = 0.20$，$C_s = 0.60$。试结合表 3-4 推求百年一遇年雨量。

皮尔逊Ⅲ型曲线 Φ 值表　　　　　　　表 3-4

C_s \ $P(\%)$	1	10	50	90	95
0.30	2.54	1.31	−0.05	−1.24	−1.55
0.60	2.75	1.33	−0.10	−1.20	−1.45

解：已知 $T = 100$，由公式 $T = \dfrac{1}{P}$ 可计算出 $P = 1\%$。

当 $C_s = 0.60$、$P = 1\%$ 时，由表 3-4 可查出 $\Phi_P = 2.75$；

则可推求出百年一遇年雨量 $x_p = \bar{x}(1 + C_v \Phi_P) = 900 \times (1 + 0.20 \times 2.75) = 1395\text{mm}$。

作为水文理论频率曲线，皮尔逊Ⅲ型频率曲线只是人们选用的数学模型，不是通过水文现象的物理成因规律推导出来的，因此该曲线仍具有一定的经验性。在实际应用时必须符合水文现象的物理特性与规律。对于降水量、流量等水文现象，式（3-16）中水文系列总体的最小值 a_0 应大于零，因为 $\bar{x} > 0$，故应有：

$$C_s \geq 2C_v \tag{3-20}$$

另外，若把皮尔逊Ⅲ型频率曲线看作水文系列的总体分布，实测水文系列的最小值为 $x_{\min}$，显然应有 $x_{\min} \geq a_0$。根据式（3-16）有：

$$x_{\min} \geq a_0 = \bar{x}\left(1 - \dfrac{2C_v}{C_s}\right) \tag{3-21}$$

实测水文系列的最小值的模比系数记为 $K_{\min} = \dfrac{x_{\min}}{\bar{x}}$，则式（3-21）可变换为：

$$C_s \leq \dfrac{2C_v}{1 - K_{\min}} \tag{3-22}$$

综合式（3-20）和式（3-22），可得皮尔逊Ⅲ型频率曲线的参数 C_s 的物理条件是：

$$2C_v \leq C_s \leq \frac{2C_v}{1-K_{\min}} \tag{3-23}$$

此外,当 $C_s \geq 2$ 时,皮尔逊Ⅲ型频率密度曲线将不呈铃形而为单调的乙字形,实际应用时需要注意。

必须指出,水文现象非常复杂,目前掌握的资料很有限,水文随机变量究竟服从何种分布,至今仍无充足的论证。不过,国内外近 80 年来的大量水文统计实践说明,作为一种规范化描述水文随机变量理论频率曲线的通用数学模型,皮尔逊Ⅲ型频率曲线基本上能满足各种水文设计的要求,并已成为日益广泛应用的一种频率曲线理论模型。

二、水文理论频率曲线的参数估计

式(3-19)表明,确定皮尔逊Ⅲ型频率曲线的充分必要条件是,确定水文系列的三个统计参数 $\bar{x}$,C_v 和 C_s,正如确定正态分布的充分必要条件是确定系列的两个统计参数 $\bar{x}$ 和 C_v 一样。由于水文现象的总体是无限的,我们无法得到的,只能通过有限的实测水文样本资料系列去估计总体的理论频率曲线中的参数,这称为水文理论频率曲线的参数估计。我国目前常用的参数估计方法主要是根据实测水文样本资料系列,先用矩法或三点法初步确定这三个统计参数,在此基础上用适线法最后确定这三个统计参数。这里以容量为 n 的实测水文样本系列 $x_1, x_2, x_3, \cdots, x_n$ 为例,先介绍用于初步确定统计参数的矩法和三点法,而适线法在本章第六节中介绍。

若 $\hat{\theta}$ 为利用样本资料对总体某参数 θ 的估计量,它是样本 $\{x_i | i = 1, 2, \cdots, n\}$ 的函数,且:

$$E(\hat{\theta}) = \theta \tag{3-24}$$

则称 $\hat{\theta}$ 为 θ 的无偏估计量。若 $\hat{\theta}_n$ 为利用样本资料对总体某参数 θ 的估计量(n 为样本容量),且:

$$\lim_{n \to \infty} E(\hat{\theta}_n) = \theta \tag{3-25}$$

则称 $\hat{\theta}_n$ 为 θ 的逐近无偏估计量。下面给出的样本统计参数的表达式都是无偏估计量或逐近无偏估计量的形式。

1. 矩法

1)均值 $\bar{x}$

样本的均值定义为:

$$\bar{x} = \frac{1}{n}\sum_{i=1}^{n} x_i \tag{3-26}$$

水文系列的均值 $\bar{x}$ 的一般特性有:

(1)均值表示系列整体水平的高低。例如,甲河多年平均流量为 $2460 \text{m}^3/\text{s}$,乙河多年平均流量为 $20 \text{m}^3/\text{s}$,则说明甲河流域的水资源比乙河流域丰富。

(2)均值既是水文系列的一个重要统计特征,也是皮尔逊Ⅲ型频率曲线的一个重要参数。可以利用均值表示各种水文特征值的空间分布情况,绘制成各种等值线图供水文设计之用。

2)离差系数 C_v

均值只能表示系列中各变量值的平均情况,不能反映系列中各变量值的集中或离散的程度。各变量值对均值的离差为：
$$\Delta_i = x_i - \bar{x} \quad (i = 1, 2, 3, \cdots, n) \tag{3-27}$$

由于
$$\bar{\Delta} = \frac{1}{n}\sum_{i=1}^{n}\Delta_i = \frac{1}{n}\sum_{i=1}^{n}(x_i - \bar{x}) = 0 \tag{3-28}$$

因此 $\bar{\Delta}$ 无法描述系列平均绝对离散情况。为消除正负离差对 $\bar{\Delta}$ 的影响，引入样本的标准差（均方差）作为系列离散程度的度量，即：

$$\sigma = \sqrt{\frac{\sum_{i=1}^{n}(x_i - \bar{x})^2}{n-1}} \tag{3-29}$$

由式(3-29)可知：σ 值越大，系列的离散程度越大，均值对系列水平的代表性越差；反之，均值对系列水平的代表性越好；$\sigma = 0$，有 $x_1 = x_2 = x_3 = \cdots = x_n = \bar{x}$，即系列不存在离散，各随机变量值均等，这是均值代表性最好的极限情况。σ 的单位与随机变量 X 相同。在数理统计中，标准差的平方 σ^2，称为方差。

【例3-7】 试比较下列两系列的绝对离散程度：
A 系列：10,50,90；
B 系列：45,50,55。
解：按式(3-29)有：
$$\bar{x}_A = \bar{x}_B = 50, \sigma_A = 40, \sigma_B = 5$$
计算结果说明，$\sigma_A > \sigma_B$，因此 A 系列的离散程度比 B 系列大。

如果两系列均值不同或量纲不同，标准差就不能反映两系列的离散程度。此时，应综合考虑系列的标准差与均值，即用它们的比值能很好地反映两系列离散程度的大小，该比值称为离差系数 C_v，即：

$$C_v = \frac{\sigma}{\bar{x}} \tag{3-30}$$

【例3-8】 试比较下列两系列的相对离散程度：
B 系列：45,50,55；
C 系列：4995,5000,5005。
解：按式(3-26)、式(3-29)和式(3-30)有：
$$\bar{x}_B = 50, \bar{x}_C = 5000, \sigma_B = \sigma_C = 5, C_{vB} = 0.1, C_{vC} = 0.0001$$
计算结果说明，$C_{vB} > C_{vC}$，因此 B 系列的相对离散程度比 C 系列大。

水文系列的离差系数 C_v 的一般特性有：

(1) C_v 越大，则系列的离散程度越大，频率分布越分散，变量变化越不均匀；

(2) 流量系列的 C_v 值与流域面积、形状有关：小流域 C_v 值一般比大流域大；狭长流域 C_v 值一般比扇形流域大；支流 C_v 值一般比干流大；

(3) C_v 值与水文变量的观测时段的长短有关：同一水文变量，时段越短的 C_v 值越大，反之 C_v 越小。例如日降水量 C_v 值比月降水量 C_v 值大，月降水量 C_v 值比年降水量 C_v 值比大；

(4) C_v 值与流域的地理位置有关，我国暴雨和径流的 C_v 值变化特点是：北方河流 C_v 值比南方河流大；山区河流 C_v 值比平原河流大；内陆河流 C_v 值比沿海河流大；

(5) C_v 值的大小一般在 0.1～1.0 之间。在工程的水文设计中，C_v 值选得越大，则工程规模越大，需要的投资将越大。因此必须结合工程的实际情况，合理选取 C_v 值。

3)偏态系数 C_s

在水文系列的离散程度分析中,离差系数不能反映样本值偏离均值的方向。为了反映实测系列中正离差的总和与负离差的总和的对比情况,确定系列的偏离方向和偏离程度,引入偏态系数 C_s 作为特征参数,即:

$$C_s = \frac{n}{(n-1)(n-2)} \frac{\sum_{i=1}^{n}(x_i-\bar{x})^3}{\sigma^3} \approx \frac{1}{(n-3)} \frac{\sum_{i=1}^{n}(x_i-\bar{x})^3}{\sigma^3} \tag{3-31}$$

水文系列的偏态系数 C_s 的一般特性有:

(1)当 $\sum_{i=1}^{n}(x_i-\bar{x})^3 > 0$ 时: $C_s > 0$,表示实测系列中正离差的立方和大于负离差的立方和,即正离差占优势,称为正偏分布;在频率密度曲线中,众值(频率密度曲线峰点所对应的变量值)小于中值(把频率密度曲线下的面积划分为各等于50%所对应的变量值),中值小于均值,因而 $P(X \geqslant \bar{x}) < 50\%$,频率曲线向左偏。

(2)当 $\sum_{i=1}^{n}(x_i-\bar{x})^3 < 0$ 时: $C_s < 0$,表示实测系列中正离差的立方和小于负离差的立方和,即负离差占优势,称为负偏分布;在频率密度曲线中,众值大于中值,中值大于均值,因而 $P(X \geqslant \bar{x}) > 50\%$,频率曲线向右偏。

(3)当 $\sum_{i=1}^{n}(x_i-\bar{x})^3 = 0$ 时: $C_s = 0$,表示实测系列中正离差的立方和等于负离差的立方和,称为对称分布;在频率密度曲线中,众值、中值和均值三者相等,因而 $P(X \geqslant \bar{x}) = 50\%$。

(4)大多数水文系列的偏态系数 C_s 为非负。

【例 3-9】 设某随机变量 X 的系列为 10,17,8,4 和 9,试求该系列的均值 $\bar{x}$、模比系数 k、均方差 σ、变差系数 C_v、偏态系数 C_s。

解:为方便计,计算列表于表 3-5。

统计参数计算表　　　　表 3-5

x_i	k_i	$k_i - 1$	$(k_i - 1)^2$	$(k_i - 1)^3$
(1)	(2)	(3)	(4)	(5)
10	1.0417	0.0417	0.0017	0.0001
17	1.7708	0.7708	0.5942	0.4580
8	0.8333	-0.1667	0.0278	-0.0046
4	0.4167	-0.5833	0.3402	-0.1985
9	0.9375	-0.0625	0.0039	-0.0002
Σ48	5.0	0.0	0.9678	0.2548

则:

$$\bar{x} = \frac{\sum x_i}{n} = \frac{48}{5} = 9.6, \quad C_v = \sqrt{\frac{\sum(k_i-1)^2}{n-1}} = \sqrt{\frac{0.9678}{4}} = 0.49$$

$$\sigma = \bar{x} C_v = 9.6 \times 0.49 = 4.72, \quad C_s = \frac{\sum(k_i-1)^3}{(n-3)C_v} = \frac{0.2548}{2 \times 0.49} = 0.26$$

2. 三点法

鉴于皮尔逊Ⅲ型频率曲线的确定与其三个统计参数 $\bar{x}$、C_v 和 C_s 的确定相互等价,先按照经验累积频率点据绘制经验频率曲线,在此曲线上读取三点(P_1, x_{P_1}),(P_2, x_{P_2}) 和 (P_3, x_{P_3}),假定这 3 个点就在待求的皮尔逊Ⅲ型频率曲线上,把这些点的坐标代入皮尔逊Ⅲ型频率曲线的方程式(3-19)中,得到 3 个方程:

$$\left. \begin{array}{l} x_{p1} = \bar{x} + \sigma\phi(P_1, C_s) \\ x_{p2} = \bar{x} + \sigma\phi(P_2, C_s) \\ x_{p3} = \bar{x} + \sigma\phi(P_3, C_s) \end{array} \right\} \tag{3-32}$$

式中:σ——水文系列的标准差,$\sigma = \bar{x} C_v$。

联解上述方程组就可以估计 $\bar{x}$、C_v 和 C_s。先消去 $\bar{x}$ 和 σ,得:

$$S = \frac{x_{p1} + x_{p3} - 2x_{p2}}{x_{p1} - x_{p3}} = \frac{\phi(P_1, C_s) + \phi(P_3, C_s) - 2\phi(P_2, C_s)}{\phi(P_1, C_s) - \phi(P_3, C_s)} \tag{3-33}$$

式中:S——偏度系数。

由式(3-33),当 P_1、P_2 和 P_3 已取定时,S 与 C_s 具有单一的函数关系。假定一系列 C_s 的值,根据式(3-33)可以得到相应的一系列 S 的值,于是可以预先制成 $S - P - C_s$ 的表格关系(见附录 3):

$$C_s = f(S, P_1, P_2, P_3) \tag{3-34}$$

由式(3-33)求得 S 后,根据式(3-34)查附录 3 即可得到 C_s 值。三点法中:P_2 一般取 50%,$P_3 = 1 - P_1$,若样本容量 n 为 20 左右则 P_1 可取 5%,若样本容量 n 为 30 左右则 P_1 可取 3%,依次类推。P_1 的常用取值有 1%、3%、5% 和 10%。

在确定了 C_s 之后,查皮尔逊Ⅲ型频率曲线的离均系数表(见附录 2),则 $\phi(P_1, C_s)$、$\phi(P_2, C_s)$ 和 $\phi(P_3, C_s)$ 即可确定,再根据式(3-32)可确定:

$$\sigma = \frac{x_{p1} - x_{p3}}{\phi(P_1, C_s) - \phi(P_3, C_s)} \tag{3-35}$$

$$\bar{x} = x_{p2} - \sigma\phi(P_2, C_s) \tag{3-36}$$

最后可确定:

$$C_v = \frac{\sigma}{\bar{x}} \tag{3-37}$$

上述三点法确定参数 $\bar{x}$、C_v 和 C_s 的方法比较简便,它的主要不足是难以确定三个点 (P_1, x_{P_1})、(P_2, x_{P_2}) 和 (P_3, x_{P_3}) 的准确位置。一般是在目估的经验频率曲线上选取,具有一定的主观任意性。三点法与矩法一样,作为初估 $\bar{x}$、C_v 和 C_s 的一种工具,然后由适线法确定参数估计值。

$\bar{x}$、C_v 和 C_s 等统计参数能反映水文随机变量分布规律的基本统计规律,用于概括水文现象的基本统计特性既具体又简明,还便于对水文统计特性进行地区综合,这对水文计算成果的合理性分析及解决短缺水文资料地区中小河流的水文计算问题具有重要的实际意义。

【例 3-10】 已知某枢纽实测 21 年的年最大洪峰流量资料列于表 3-6。试根据该资料,按三点适线法初选参数进行适线。

某枢纽处年最大洪峰流量资料　　　表3-6

年份 i	1945	1946	1947	1948	1949	1950	1951	1952	1953	1954	1955
洪峰流量 Q_i(m³/s)	1540	980	1090	1050	1860	1140	980	2750	762	2390	1210
年份 i	1956	1957	1958	1959	1960	1961	1962	1963	1964	1965	合计(Q)
洪峰流量 Q_i(m³/s)	1270	1200	1740	883	1260	408	1050	1520	483	794	26360

解:（1）点绘经验频率曲线,如图3-5虚线所表示。

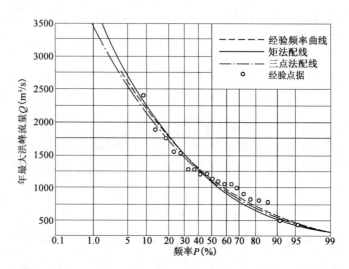

图3-5　某枢纽处年最大洪峰流量频率曲线

（2）从经验频率曲线上读得 $Q_{5\%}=2600\text{m}^3/\text{s}$, $Q_{50\%}=1100\text{m}^3/\text{s}$, $Q_{95\%}=408\text{m}^3/\text{s}$。由式(3-33)可以求出:

$$S=\frac{Q_{5\%}+Q_{95\%}-2Q_{50\%}}{Q_{5\%}-Q_{95\%}}=\frac{2600+408-2\times1100}{2600-408}=0.369$$

（3）查附录3,当 $S=0.369$ 时, $C_s=1.31$。再查附录2,当 $C_s=1.31$ 时, $\Phi_{50\%}=-0.209$, $\Phi_{5\%}-\Phi_{95\%}=3.146$。由此可以算出:

$$\sigma=\frac{Q_{5\%}-Q_{95\%}}{\Phi_{5\%}-\Phi_{95\%}}=\frac{2600-408}{3.146}=696.8$$

$$\overline{Q}=Q_{50\%}-\sigma\Phi_{50\%}=1100-696.8\times(-0.209)=1246\text{m}^3/\text{s}$$

$$C_v=\frac{\sigma}{\overline{Q}}=\frac{696.8}{1246}=0.55$$

（4）取 $\overline{Q}=1246\text{m}^3/\text{s}$, $C_v=0.55$, $C_s=2.5C_v=1.375$ 进行配线,如图3-5所示。由于该线与经验点据配合较好,故取这些参数值作为适线成果。

第五节 抽样误差与相关分析

一、抽 样 误 差

由有限的样本资料的统计参数来估计总体的对应统计参数,总存在一定的误差,这是由随机抽样引起的,故称之为抽样误差。抽样误差与观测误差和计算误差都不同,与资料的来源无关,它是由于统计方法本身造成的,只能通过扩大样本容量以增强样本系列的代表性,来逐步减小这种抽样误差。现以矩法的样本均值为例,介绍抽样误差的基本概念和计算方法。

设从某总体中随意抽取 k 组容量均为 n 的样本,各组样本的均值为 $\bar{x}_1, \bar{x}_2, \cdots, \bar{x}_k$,这些均值对其总体均值 $\bar{x}_总$ 的抽样误差为:

$$\Delta \bar{x}_i = \bar{x}_i - \bar{x}_总 \quad (i=1,2,\cdots,k) \tag{3-38}$$

抽样误差 $\Delta \bar{x}$ 有大有小,具有随机性,因此它是随机变量,从而样本均值 $\bar{x}$ 也是一随机变量,因为它们之间相差一常数 $\bar{x}_总$。随机变量 $\Delta \bar{x}$ 的概率分布称为抽样误差分布,样本统计参数的概率分布称为抽样分布。由误差分布理论得知,抽样误差 $\Delta \bar{x}$ 可认为近似服从正态分布,因而样本均值 $\bar{x}$ 也近似服从正态分布,如图3-6所示。

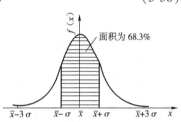

图3-6 正态分布概率密度曲线

可以证明,当样本组数 k 很大时,样本均值 $\bar{x}$ 的数学期望恰为总体均值 $\bar{x}_总$,因此可以用样本均值 $\bar{x}$ 的标准差 $\sigma_{\bar{x}}$ 作为度量样本均值 $\bar{x}$ 的抽样误差大小的指标,$\sigma_{\bar{x}}$ 大表示样本均值 $\bar{x}$ 的抽样误差大,$\sigma_{\bar{x}}$ 小表示样本均值 $\bar{x}$ 的抽样误差小。标准差 $\sigma_{\bar{x}}$ 常又称为样本均值 $\bar{x}$ 的均方误,而 $0.6745\sigma_{\bar{x}}$ 称为机误,即:

$$E_{\bar{x}} = 0.6745\sigma_{\bar{x}} \tag{3-39}$$

称 $3\sigma_{\bar{x}}$ 和 $4E_{\bar{x}}$ 分别为最大均方误和最大机误。

根据正态分布的性质得:

$$P(\bar{x} - \sigma_{\bar{x}} \leq \bar{x}_总 \leq \bar{x} + \sigma_{\bar{x}}) = 68.3\% \tag{3-40}$$

$$P(\bar{x} - 3\sigma_{\bar{x}} \leq \bar{x}_总 \leq \bar{x} + 3\sigma_{\bar{x}}) = 99.7\% \tag{3-41}$$

$$P(\bar{x} - E_{\bar{x}} \leq \bar{x}_总 \leq \bar{x} + E_{\bar{x}}) = 50\% \tag{3-42}$$

$$P(\bar{x} - 4E_{\bar{x}} \leq \bar{x}_总 \leq \bar{x} + 4E_{\bar{x}}) = 99.3\% \tag{3-43}$$

式(3-40)~式(3-43)说明:若我们用随机抽取的一个样本的均值作为总体均值的估计值,则有68.3%的可能性误差不超过 $\sigma_{\bar{x}}$,99.7%的可能性误差不超过 $3\sigma_{\bar{x}}$,50%的可能性误差不超过 $E_{\bar{x}}$,99.3%的可能性误差不超过 $4E_{\bar{x}}$。这些误差范围 $[\bar{x}-k\sigma_{\bar{x}}, \bar{x}+k\sigma_{\bar{x}}]$ 称为置信区间,对应的概率称为置信概率 P,称 $\alpha = 1-P$ 为置信水平,表示抽样误差的可信程度。置信概率 P 越大,则置信区间越大,置信水平越小,可信程度越低。

以上是样本均值的抽样误差的基本概念和计算方法,它同样适用于 σ, C_v, C_s 和 x_p 等其他的样本参数。

各参数的均方误计算公式由样本系列所对应的总体频率密度函数导出。对于皮尔逊Ⅲ型频率曲线,根据统计理论,可以导出统计参数 $\bar{x}, \sigma, C_v, C_s$ 和 x_p 的均方误公式分别为:

$$\sigma_{\bar{x}} = \frac{\sigma}{\sqrt{n}} \quad (3\text{-}44)$$

$$\sigma_{\sigma} = \frac{\sigma}{\sqrt{2n}}\sqrt{1 + \frac{3}{4}C_s^2} \quad (3\text{-}45)$$

$$\sigma_{C_v} = \frac{C_v}{\sqrt{2n}}\sqrt{1 + 2C_v^2 + \frac{3}{4}C_s^2 - 2C_vC_s} \quad (3\text{-}46)$$

$$\sigma_{C_s} = \sqrt{\frac{6}{n}\left(1 + \frac{3}{2}C_s^2 + \frac{5}{16}C_s^4\right)} \quad (3\text{-}47)$$

$$\sigma_{x_P} = \frac{\sigma}{\sqrt{n}}B \quad (3\text{-}48)$$

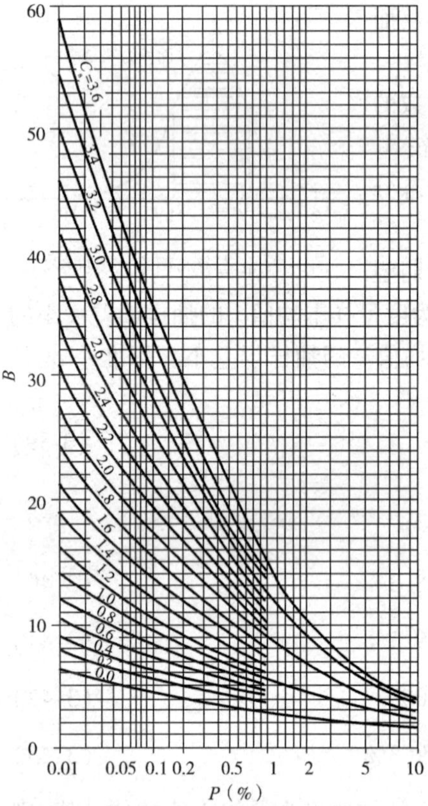

式中：B——参数，$B = f(P, C_s)$，可查 P-B 诺模图，如图 3-7 所示。

式(3-44)~式(3-48)分别除以各自的样本参数，可以得到统计参数 $\bar{x}, \sigma, C_v, C_s$ 和 x_P 的相对均方误公式，即：

$$\sigma'_{\bar{x}} = \frac{C_v}{\sqrt{n}} \quad (3\text{-}49)$$

$$\sigma'_{\sigma} = \frac{1}{\sqrt{2n}}\sqrt{1 + \frac{3}{4}C_s^2} \quad (3\text{-}50)$$

$$\sigma'_{C_v} = \frac{1}{\sqrt{2n}}\sqrt{1 + 2C_v^2 + \frac{3}{4}C_s^2 - 2C_vC_s} \quad (3\text{-}51)$$

$$\sigma'_{C_s} = \frac{1}{C_s}\sqrt{\frac{6}{n}\left(1 + \frac{3}{2}C_s^2 + \frac{5}{16}C_s^4\right)} \quad (3\text{-}52)$$

$$\sigma'_{x_P} = \frac{C_v}{K_P\sqrt{n}}B \quad (3\text{-}53)$$

图 3-7 P-B 诺模图

若取正态分布曲线作概率密度函数，则上述公式中 $C_s = 0$。样本参数的均方误，是许多样本估计总体参数的误差平均值。某水文样本的抽样误差是由该样本对总体的代表程度高低决定的。实际均方误计算值可能大于也可能小于基于均方误的误差计算值。在实际工作中，为了考虑不利因素对工程可能造成的影响，常常把样本参数的均方误计算值作为工程设计的安全系数、统计参数误差修正的参考值或分析计算成果的评价指标，以检验抽样误差是否超出了给定的精度范围。例如，若设计变量 x_P 为设计洪峰流量或水位，则设计成果取 $x_P + k\sigma_{x_P}$；若设计变量 x_P 为设计枯水流量或水位，则设计成果取 $x_P - k\sigma_{x_P}$。

【例 3-11】 根据某站 18 年实测年径流资料估算的统计参数 $\bar{R} = 969.7\text{mm}, \sigma = 223.0\text{mm}, C_v = 0.23, C_s = 0.23$，试计算它们的抽样误差。

解：由已知统计参数，$\bar{R} = 969.7\text{mm}, \sigma = 223.0\text{mm}, C_v = 0.23, C_s = 0.23$，代入抽样差计算公式，得：

均值 $\bar{R}$ 的抽样误差 $\sigma_{\bar{R}} = \dfrac{\sigma}{\sqrt{n}} = \dfrac{223.0}{\sqrt{18}} = 52.6$

均方差 σ 的抽样误差 $\sigma_\sigma = \dfrac{\sigma}{\sqrt{2n}}\sqrt{1+\dfrac{3}{4}C_s^2} = 37.9$

离差系数 C_v 的抽样误差 $\sigma_{C_v} = \dfrac{C_v}{\sqrt{2n}}\sqrt{1+2C_v^2+\dfrac{3}{4}C_s^2-2C_vC_s} = 0.039$

偏态系数 C_s 的抽样误差： $\sigma_{C_s} = \sqrt{\dfrac{6}{n}\left(1+\dfrac{3}{2}C_s^2+\dfrac{5}{16}C_s^4\right)} = 0.60$

【例 3-12】 设某水文变量的样本容量 $n=50$ 年，变差系数 $C_v=0.5$，偏态系数 $C_s=1.25$，已得百年一遇的设计洪水位 $H=100\text{m}$，求其平均误差 ΔH_p。

解： $P = \dfrac{1}{T} = \dfrac{1}{100}$, $C_s = 1.25$，查图 3-8 的 P-B 诺模图，得 $B=6.0$；

又由 $C_s=1.25$, $P=1\%$ 查附录 3 得 $\Phi_{1\%}=3.18$，则：

$$K_{1\%} = 1 + \Phi_{1\%}C_v = 1 + 3.18 \times 0.5 = 2.59$$

$$\sigma'_{x_p} = \dfrac{C_v B}{K_p \sqrt{n}} = \dfrac{0.5 \times 6}{2.59 \sqrt{50}} = 16.38\%$$

$$\Delta H = \sigma_{x_p} = H_p \sigma'_{x_p} = 100 \times 0.1638 = 16.38\text{m}$$

取： $H_p = H \pm \Delta H = 100 \pm 16.38\text{m}$

均方差的正负取值取决于安全考虑，对于设计最大流量或设计最高水位，均方差取正值，本例 $H_p = H + \Delta H = 100 + 16.38 = 116.38\text{m}$；对于设计枯水流量或设计枯水位，均方差应取负值。换言之，均方差作为水文设计的一种安全系数指标。

由以上各式可知，样本参数的均方误与样本容量 n 的平方根成反比，n 越大，均方误越小；n 越小，则均方误越大。因此，水文统计计算中通常要求尽可能用长的水文样本资料系列作频率分析以减小抽样误差，例如通过后面的相关分析方法进行插补或延长水文样本资料系列。

当 $C_s = 2C_v$ 时，统计参数 $\bar{x}, C_v$ 和 C_s 的相对均方误的计算结果见表 3-7。

样本参数的均方误（相对误差，%） 表 3-7

参数 C_v \ n	$\bar{x}$				C_v				C_s			
	100	50	25	10	100	50	25	10	100	50	25	10
0.1	1	1	2	3	7	10	14	22	126	178	252	399
0.3	3	4	6	10	7	10	15	23	51	72	102	162
0.5	5	7	10	12	8	11	16	25	41	58	82	130
0.7	7	10	14	22	9	12	17	27	40	56	80	126
1.0	10	14	20	32	10	14	20	32	42	60	85	134

可见，在样本容量 n 相同的情况下，$\bar{x}$ 和 C_v 的均方误相对较小，而 C_s 的均方误则很大。例如，当 $n=100$ 时，C_s 的相对均方误在 $40\% \sim 126\%$ 之间，若 $n=10$ 时，C_s 的相对均方误在 126% 以上，已经超过了 C_s 本身的数值。在推求桥涵水文设计变量时，一般认为 $\bar{x}$ 需要的样本容量为 $10\sim20$，C_v 需要的样本容量为 $20\sim30$，而 C_s 则需要的样本容量为 100 以上，用矩法估计参数的均方误才可接受。由于目前我国水文样本资料系列一般在 $30\sim50$ 年，少于 100 年，直接用矩法计算 C_s 的相对均方误太大，不能满足实际工程设计的要求。因此在实际水文设计

中,一般是广泛采用适线法估计皮尔逊Ⅲ型频率曲线的参数,也就是用矩法、三点法等确定初选参数 $\bar{x}$ 和 C_v,而 C_s 一般不计算,而是假定 C_s 为 C_v 的某一倍数,具体内容见本章第六节。

二、相 关 分 析

1. 相关分析的概念

自然界中的许多现象之间都存在一定的联系。两个或两个以上随机变量之间的关系称为相关关系。其中,两个随机变量之间的关系称为简单相关关系,三个或三个以上随机变量之间的关系称为复相关关系。简单相关关系又可以分为直线相关关系和曲线相关关系两类。直线关系还可分为两类:一随机变量增大(或减小)时,另一随机变量也随着增大(或减小),则称为正相关;反之,如果其中一个增加而另一个减小,则称为负相关。研究相关关系的数学方法称为相关分析方法,简称相关分析。相关分析的主要内容是,判断变量间相关关系的密切程度,若已推断其间存在相关关系时,则可应用回归分析确定因变量与自变量之间的关系式(一般称这样的关系式为相关方程或回归方程),分析回归方程的抽样误差。

本章主要介绍简单相关关系。按照关系的密切程度,简单相关关系可以分为如下三种情况:

1)完全相关

设简单相关关系中,自变量为 x,它的取值为 $x_1,x_2,x_3,\cdots,x_n$,因变量为 y,它与 x 对应的取值为 $y_1,y_2,y_3,\cdots,y_n$。若因变量 y 与自变量 x 之间是一个确定的函数关系,则称为完全相关。这些相关变量值 $(x_1,y_1),(x_2,y_2),(x_3,y_3),\cdots,(x_n,y_n)$ 完全落在方程式 $y=f(x)$ 所表示的同一关系曲线上。

对于直线相关,可用下式表达,即:

$$y = ax + b$$

式中:a,b——待定常数,x,y 由实测确定。x 为相关变量。当 $a>0$ 时,称为正相关,$a<0$ 时,称为负相关。

水文现象的实测值具有随机特性,所表现出的关系仅是样本关系,由于受到机械性误差、抽样误差以及所取相关变量的局限等因素影响,难有完全相关情况。

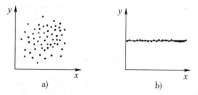

图3-8 零相关图形

2)零相关

变量 y 与变量 x 之间没有关系,称为零相关,它们的相关点在散点图上的分布十分散乱,或成一水平线,如图3-8所示。例如水力学中尼古拉兹实验当为阻力平方区时,沿程阻力系数与雷诺数无关,即属此类。

3)统计相关

介于完全相关与零相关之间的相关关系,称为统计相关,统计相关的相关点在散点图上的分布具有某种趋势,如图3-9a)、图3-9b)和图3-9c)所示。

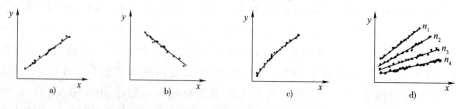

图3-9 简单统计相关与统计复相关

由于受气候因素、下垫面因素和人类活动因素等多种因素的综合影响,水文现象之间的相关关系大多数属于统计相关,其中有不少还属于直线相关或通过函数转换成为直线相关。

2. 直线相关

1) 直线回归方程式的确定

设自变量 x 和因变量 y 的实测样本点系列为 $\{(x_i, y_i) | i = 1, 2, \cdots, n\}$,$n$ 为样本容量。若这些点据分布呈直线趋势变化,则可用直线方程式来近似描述这种相关关系,该方程式称为直线回归方程式。若点据分布比较集中,可以直接利用作图的方法求出直线回归方程,称为图解法,即通过目估点群中间及点 $(\frac{1}{n}\sum_{i=1}^{n}x_i, \frac{1}{n}\sum_{i=1}^{n}y_i)$ 确定的一条直线。若点据分布比较分散,难以目估定线,则一般采用分析法来确定直线回归方程式,如图 3-10 所示,可有两种原则:

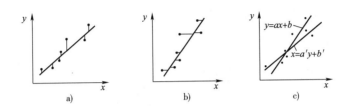

图 3-10 两类回归直线

a) y 依 x 变的回归曲线;b) x 依 y 变的回归曲线;c) 两类回归曲线同图比较

(1) 使直线与实测点的纵坐标之间的误差的平均值最小,即使直线通过 $\{y_i\}$ 的分布中心,让点据对称地分布在直线上下侧,如图 3-10a) 所示,此称 y 依 x 变的回归方程,其表达式为:

$$y = a + bx \tag{3-54}$$

式中:a——直线在 y 轴上的截距;

b——直线的斜率,在回归方程式中又称为回归系数。

(2) 使直线与实测点的横坐标之间的误差的平均值最小,即使直线通过 $\{x_i\}$ 的分布中心,让点据对称地分布于直线的左右侧,如图 3-10b) 所示,此称 x 依 y 变的回归方程,其表达式为:

$$x = a' + b'y \tag{3-55}$$

当为完全相关时式(3-54)和式(3-55)这两类直线将重合,否则这两类直线将不重合。下面讨论式(3-54)中 a 和 b 的确定方法。设回归直线纵坐标值 y 与实测因变量值 y_i 之间的误差为:

$$\varepsilon_i = a + bx_i - y_i \quad (i = 1, 2, \cdots, n) \tag{3-56}$$

根据误差理论可知,误差 ε_i 的概率分布服从正态分布,误差 ε_i 的绝对值越小,对应的概率就越大,反之,则概率就越小,故误差 ε_i 的概率密度为:

$$f_i = \frac{1}{\sqrt{2\pi}\sigma_y} e^{-\frac{\varepsilon_i^2}{2\sigma_y^2}} \tag{3-57}$$

式中:$\sigma_y = \sqrt{\dfrac{\sum_{i=1}^{n}(y_i - \bar{y})^2}{n-1}}$;

$$\bar{y} = \frac{1}{n}\sum_{i=1}^{n} y_i。$$

由于各误差 ε_i 之间相互独立，上述 n 个误差同时出现的概率为：

$$P = \prod_{i=1}^{n} f_i = \left(\frac{1}{\sqrt{2\pi}\sigma_y}\right)^n e^{-\sum_{i=1}^{n}\varepsilon_i^2/2\sigma_y^2} \tag{3-58}$$

由于概率 P 是误差 ε_i 的函数，ε_i 是直线参数 a 和 b 的函数，因此，概率 P 是参数 a 和 b 的函数。若 a 或 b 不同，则 P 也不同。现欲求 a 和 b 的最可能值，这时应使式(3-58)最大，即必须使：

$$\sum_{i=1}^{n}\varepsilon_i^2 = \sum_{i=1}^{n}(a + bx_i - y_i)^2 = 最小 \tag{3-59}$$

这就是最小二乘法的原理。欲使式(3-59)取得极小值，可分别对 a 和 b 求一阶偏导数，并令其等于零：

$$\left.\begin{array}{l} \dfrac{\partial\left[\sum\limits_{i=1}^{n}(a+bx_i-y_i)^2\right]}{\partial a} = \sum\limits_{i=1}^{n} 2(a+bx_i-y_i) = 0 \\[2ex] \dfrac{\partial\left[\sum\limits_{i=1}^{n}(a+bx_i-y_i)^2\right]}{\partial b} = \sum\limits_{i=1}^{n} 2(a+bx_i-y_i)x_i = 0 \end{array}\right\} \tag{3-60}$$

式(3-60)简化为：

$$\left.\begin{array}{l} na + b\sum\limits_{i=1}^{n} x_i - \sum\limits_{i=1}^{n} y_i = 0 \\[1ex] a\sum\limits_{i=1}^{n} x_i + b\sum\limits_{i=1}^{n} x_i^2 - \sum\limits_{i=1}^{n} x_i y_i = 0 \end{array}\right\} \tag{3-61}$$

求解式(3-61)方程组可得：

$$b = \frac{\sum\limits_{i=1}^{n} x_i y_i - n\overline{xy}}{\sum\limits_{i=1}^{n} x_i^2 - n\bar{x}^2} = \frac{\sum\limits_{i=1}^{n}(x_i-\bar{x})(y_i-\bar{y})}{\sum\limits_{i=1}^{n}(x_i-\bar{x})^2} = r\frac{\sigma_y}{\sigma_x} \tag{3-62}$$

$$a = \bar{y} - b\bar{x} \tag{3-63}$$

式中：$\bar{x}$——均值 $\bar{x} = \dfrac{1}{n}\sum\limits_{i=1}^{n} x_i$；

$\bar{y}$——均值 $\bar{y} = \dfrac{1}{n}\sum\limits_{i=1}^{n} y_i$；

σ_x——标准差 $\sigma_x = \sqrt{\dfrac{1}{n-1}\sum\limits_{i=1}^{n}(x_i-\bar{x})^2}$；

σ_y——标准差 $\sigma_y = \sqrt{\dfrac{1}{n-1}\sum\limits_{i=1}^{n}(y_i-\bar{y})^2}$；

r——表示 x 与 y 间线性关系的密切程度的相关系数，即：

$$r = \frac{\sum\limits_{i=1}^{n}(x_i-\bar{x})(y_i-\bar{y})}{\sqrt{\sum\limits_{i=1}^{n}(x_i-\bar{x})^2 \sum\limits_{i=1}^{n}(y_i-\bar{y})^2}} \tag{3-64}$$

将式(3-62)和式(3-63)代入式(3-54),得:

$$y = \bar{y} + r\frac{\sigma_y}{\sigma_x}(x - \bar{x}) \tag{3-65}$$

这就是所求的 y 依 x 变的回归方程。

2) 直线回归方程式的误差分析

式(3-65)的回归线 y 只是两个样本系列 $\{y_i\}$ 和 $\{x_i\}$ $(i = 1, 2, \cdots, n)$ 对应点在最小二乘准则下的最佳配合直线,它反映的是两变量系列间的平均关系,并不是所有的样本点都在该直线上,而是散布在回归线的两旁。利用回归线插补、延长短系列时总存在一定的误差。由于参数 a 和 b 是样本系列 $\{y_i\}$ 和 $\{x_i\}$ 的函数,因此 y 也是 $\{y_i\}$ 和 $\{x_i\}$ 的函数,存在抽样误差,一般认为 y 的抽样误差服从正态分布,它的均方误为:

$$S_y = \sqrt{\frac{\sum_{i=1}^{n}(a + bx_i - y_i)^2}{n - 2}} \tag{3-66}$$

式(3-66)中的"$n - 2$"的含义是自由度,可近似理解为:如果只有两个实测点,则回归直线可通过此两点而无误差;如果有三个实测点,则回归直线将有可能偏离实测点而出现误差,出现这种误差的原因可认为是多了一个点据;如果有 n 个实测点,则认为离差出于 $n - 2$ 个点据。

可以证明,回归线 y 的均方误与样本系列 $\{y_i\}$ 的标准差之间具有如下关系:

$$S_y = \sigma_y \sqrt{1 - r^2} \tag{3-67}$$

由式(3-67)可知:若 $r^2 = 1$,则均方误 $S_y = 0$,表示所有样本点 $\{(x_i, y_i)\}$ 都落在回归直线上,因变量 y 与自变量 x 成确定的函数关系;若 $r^2 = 0$,则均方误 $S_y = \sigma_y$,表示因变量 y 与自变量 x 之间的关系为零相关;若 $0 < r^2 < 1$,则均方误 $S_y < \sigma_y$,表示因变量 y 与自变量 x 之间的关系为一般的相关关系,r^2 越接近于1,则 y 与 x 之间的线性关系越密切,$r > 0$ 时为正相关,$r < 0$ 时为负相关。

对于任一固定的自变量值 x_0,对应的因变量值 y_0 的估计值为 $\hat{y}_0 = a + bx_0$,由正态分布的性质可知,则有:

$$P(a + bx_0 - S_y \leq y_0 \leq a + bx_0 + S_y) = 68.3\% \tag{3-68}$$

$$P(a + bx_0 - 3S_y \leq y_0 \leq a + bx_0 + 3S_y) = 99.7\% \tag{3-69}$$

显然均方误 S_y 越小,由直线回归方程式计算的因变量值 y_0 的误差就越小,如图 3-11 所示。

当进一步考虑样本的抽样误差时,因变量值 y_0 的误差在回归线的均值点 $(\bar{x}, \bar{y})$ 附近较小,越远离均值点则误差越大。

3) 直线回归方程式应用中的若干要求

(1) 物理成因方面的要求。应用相关分析方法时,应该对研究变量作物理成因分析,探讨一个变量是否受另一变量的影响,或两变量均受第三个变量的影响。

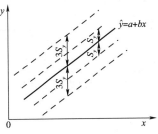

图 3-11 直线回归方程式的抽样误差

(2) 相关显著性方面的要求。相关系数的均方误为:

$$\sigma_r = \frac{1-r^2}{\sqrt{n}} \qquad (3\text{-}70)$$

相关系数的机误为：

$$E_r = 0.6745\sigma_r \qquad (3\text{-}71)$$

相关系数的最大误差为 $4E_r$。当：

$$|r| \gg 4E_r \qquad (3\text{-}72)$$

成立时，变量 y 与变量 x 之间的线性相关关系是密切的。相关系数的抽样误差近似服从偏态分布。当：

$$|r| > |r|_{\text{最低}} = \frac{t_{\alpha/2}}{\sqrt{t_{\alpha/2}^2 + n - 2}} \qquad (3\text{-}73)$$

成立时，变量 y 与变量 x 之间为线性相关。其中，$t_{\alpha/2}$ 为显著水平 α 的 t 分布双分位值。

一般认为，水文统计应用相关分析进行插补延长水文资料系列的要求是：

$$\left. \begin{array}{l} n > 12 \\ |r| \geq 0.8 \\ \dfrac{S_y}{\bar{y}} \leq 0.1 \sim 0.15 \end{array} \right\} \qquad (3\text{-}74)$$

同时需注意不能外延太远，避免假相关，并应重视验证工作。在水文统计计算中，若用无量纲的变量或标准化的变量作相关分析，容易造成假相关。因此，为了避免出现假相关，应直接寻求因变量与自变量之间的相关关系。

(3) 方程式方面的要求。若将两变量的样本数据点绘在坐标图上呈现某一曲线函数的相关关系时，可通过函数转换，把曲线相关转换为直线相关，这样就仍可以用直线相关法进行计算。例如，对幂函数 $y = ax^b$，则等式两边取对数就可以转换为直线相关：

$$\lg y = \lg a + b\lg x \qquad (3\text{-}75)$$

对指数函数 $y = ae^{bx}$，则等式两边取对数就可以转换为直线相关：

$$\ln y = \ln a + bx \qquad (3\text{-}76)$$

【例 3-13】 两相邻流域 x 与 y 的同期年径流模数 $[L/(s \cdot km^{-2})]$ 的观测资料数据如表 3-8 所示。计算后得到 $\bar{x} = 5.19$，$\bar{y} = 3.48$，$\sum_i x_i = 57.09$，$\sum_i y_i = 38.26$，$\sum_i x_i y_i = 203.9182$，$\sum_i x_i^2 = 303.0413$，$\sum_i y_i^2 = 137.5301$，试用相关分析法求 x 流域年径流模数为 $5.60 L/(s \cdot km^{-2})$ 时 y 流域的年径流模数。

两流域观测资料数据表　　　　　　　　表 3-8

x	4.26	4.75	5.38	5.00	6.13	5.81	4.75	6.00	4.38	6.50	4.13
y	2.88	3.00	3.45	3.26	4.05	4.00	3.02	4.30	2.88	4.67	2.75

解： 先确定直线方程 $y = a + bx$ 中的参数 a、b

$$b = \frac{\sum_i x_i y_i - \dfrac{1}{n}\sum_i x_i \sum_i y_i}{\sum_i x_i^2 - \dfrac{1}{n}\left(\sum_i x_i\right)^2} = \frac{203.9182 - \dfrac{1}{11} \times 57.09 \times 38.26}{303.0413 - \dfrac{1}{11} \times (57.09)^2} = 0.793$$

$$a = \bar{y} - b\bar{x} = 3.48 - 0.793 \times 5.19 = -0.636$$

则得 y 关于 x 的回归方程

$$y = -0.636 + 0.793x$$

当 $x = 5.60$ 时,代入上述回归方程,得:

$$y = -0.636 + 0.793x = -0.636 + 0.793 \times 5.60 = 3.805 \text{L}/(\text{s} \cdot \text{km}^{-2})$$

【例 3-14】 已知某地区 10km^2 以下小流域的年最大洪峰流量 $Q(\text{m}^3/\text{s})$ 与流域面积 $F(\text{km}^2)$ 的资料如表 3-9 所示,试选配曲线 $Q = aF^b$(即确定参数 a, b)。

年最大洪峰流量 Q 与流域面积资料　　　　　　　　　　表 3-9

$F(\text{km}^2)$	2.5	3.0	3.5	4.0	4.5	5.0	5.5	6.5	7.6	8.5	9.3
$Q(\text{m}^3/\text{s})$	30.7	38.2	36.9	44.2	40.5	50.6	60.7	60.6	75.6	86.6	80.4

解:(1)将幂函数 $Q = aF^b$ 两边取对数,并令 $\lg Q = y, \lg a = A, \lg F = x$,则有 $y = A + bx$。

(2)对 x 和 y 而言就是直线关系,即将曲线直线化,采用直线相关分析,以确定参数 a, b。直线相关分析可用相关图解法,也可用相关分析法。下面采用相关分析法确定参数 a, b。

(3)计算 x、y 系列的统计参数:为计算方便,中间计算结果列于表 3-10 中。

相关计算表　　　　　　　　　　表 3-10

$y = \lg Q$	$x = \lg F$	$y_i - \bar{y}$	$x_i - \bar{x}$	$(y_i - \bar{y})^2$	$(x_i - \bar{x})^2$	$(x_i - \bar{x}) \times (y_i - \bar{y})$
(1)	(2)	(3)	(4)	(5)	(6)	(7)
1.4871	0.3979	−0.2292	−0.3025	0.0526	0.0915	0.0694
1.5821	0.4771	−0.1343	−0.2234	0.0180	0.0499	0.0300
1.5670	0.5441	−0.1494	−0.1564	0.0223	0.0245	0.0234
1.6454	0.6021	−0.0710	−0.0984	0.0050	0.0097	0.0070
1.6075	0.6532	−0.1089	−0.0473	0.0119	0.0022	0.0051
1.7042	0.6990	−0.0122	−0.0015	0.0001	0.0000	0.0000
1.7832	0.7404	0.0668	0.0399	0.0045	0.0016	0.0027
1.7825	0.8129	0.0661	0.1124	0.0044	0.0126	0.0074
1.8785	0.8808	0.1621	0.1803	0.0263	0.0325	0.0292
1.9375	0.9294	0.2211	0.2289	0.0489	0.0524	0.0506
1.9053	0.9685	0.1889	0.2680	0.0357	0.0718	0.0506
∑18.8802	7.7054	0.0000	0.0000	0.2296	0.3488	0.2754

由表 3-10 的计算结果得:$\sum x_i = 7.7054, \sum y_i = 18.8802, \sum (x_i - \bar{x})^2 = 0.3488$,$\sum (y_i - \bar{y})^2 = 0.2296, \sum (x_i - \bar{x})(y_i - \bar{y}) = 0.2754$,则 x 和 y 系列的统计参数为:

均值　　$\bar{x} = \dfrac{\sum x_i}{n} = \dfrac{7.7054}{11} = 0.7005, \bar{y} = \dfrac{\sum y_i}{n} = \dfrac{18.8802}{11} = 1.7164$

均方差 $\sigma_x = \sqrt{\dfrac{\sum(x_i - \bar{x})^2}{n-1}} = \sqrt{\dfrac{0.3488}{11-1}} = 0.1868$

$\sigma_y = \sqrt{\dfrac{\sum(y_i - \bar{y})^2}{n-1}} = \sqrt{\dfrac{0.2296}{11-1}} = 0.1515$

相关系数 $\gamma = \dfrac{\sum\limits_i (x_i - \bar{x})(y_i - \bar{y})}{\sqrt{\sum\limits_i (x_i - \bar{x})^2 \sum\limits_i (y_i - \bar{y})^2}} = \dfrac{0.2754}{\sqrt{0.3488 \times 0.2296}} = 0.9732$

(4)计算参数 a、b：

b 为方程 $y = A + bx$ 的回归系数，则 $b = \gamma \dfrac{\sigma_y}{\sigma_x} = 0.9732 \times \dfrac{0.1515}{0.1868} = 0.7897$

A 为方程 $y = A + bx$ 的截距，则 $A = \bar{y} - b\bar{x} = 1.7164 - 0.7897 \times 0.7005 = 1.1632$

因 $A = \lg a$，故 $a = 10^A = 10^{1.1632} = 14.5614$

(5)综上所述，所求的曲线方程为：

$$Q = aF^b = 14.5614 \times F^{0.7897}$$

第六节 水文频率计算适线法

一、水文资料系列的审查

水文频率计算适线法，就是通过反复调整皮尔逊Ⅲ型频率曲线的三个统计参数 $\bar{x}$、C_v 和 C_s，从中确定与经验累积频率曲线吻合较好的理论频率曲线，此时的三个统计参数值作为最终参数估计值，并根据这些参数值和设计频率标准推求水文变量的设计值。适线法的计算准则是经验累积频率曲线，而后者是由水文资料系列确定的，因此水文资料系列的质量直接影响着水文设计的合理性、可靠性和精度。为此，必须对水文资料系列的质量慎重地进行可靠性、一致性、代表性和独立性方面的审查(详见第四章第一节)。

二、水文频率计算适线法的计算步骤

水文频率计算适线法的计算步骤通常包括以下几个步骤：

(1)收集水文资料系列 $x_1, x_2, \cdots, x_n$，并进行可靠性、一致性、代表性和独立性审查。若资料系列较短，应该通过相关分析方法进行插补延长。

(2)按照从大到小顺序对系列排序，按照公式：

$$p_m = \dfrac{m}{n+1} \quad (m = 1, \cdots, n)$$

计算对应于 x_m 的经验频率，以经验频率 p_m 为横坐标值，排序后的变量值 x_m 为纵坐标值，在频率格纸上绘制经验频率点据。

(3)一般选用皮尔逊Ⅲ型频率曲线作为理论水文频率曲线。假定一组参数 $\bar{x}$，C_v 和 C_s，查表或用式：

$$x_{P_i} = \bar{x} + \bar{x}C_v\phi(C_s, P_i) \tag{3-77}$$

式中：P_i——给定的几个频率值，一般取 0.01，0.1，0.2，0.33，0.5，1，2，5，10，20，50，75，90，95，99(%)；

$\bar{x}$——均值，一般取矩法或三点法的估计值作为第一次假定值；

C_v——变差系数，一般取矩法或三点法的估计值作为第一次假定值；

C_s——偏态系数，因矩法或三点法的估计值的误差大，一般假定 C_s 为 C_v 的某一倍数。

根据点据(P_i, x_{P_i})可得到理论水文频率曲线，将此曲线绘制在有经验频率点据的图上，看与经验频率点据(P_m, x_m)的配合情况，若不理想，则修改参数$\bar{x}, C_v$和C_s（主要是调整C_s，有时也可调整C_v和$\bar{x}$）再次计算理论水文频率曲线、并与经验频率点据比较。

(4) 最后根据理论水文频率曲线与经验频率点据的配合情况，从中选择一条与经验频率点据配合较好的曲线作为采用曲线，该曲线的参数$\bar{x}, C_v$和C_s作为总体参数的估计值。

(5) 求指定设计频率 P 的水文变量设计值：

$$x_P = \bar{x} + \bar{x}C_v\phi(C_s, P)$$

以及 x_P 的抽样误差：

$$\sigma_{x_P} = \frac{\sigma}{\sqrt{n}}B$$

(6) 以 $x_P \pm k\sigma_{x_P}$ 作为设计结果值，并对此结果进行合理性分析。其中 k 为安全系数。以上步骤可参见图 3-12。

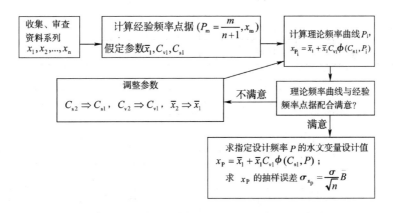

图 3-12　水文频率计算适线法的计算步骤

在上述适线法确定总体参数估计值 $\bar{x}, C_v$ 和 C_s 中，通常认为，适线过程大多试算 C_s 值。C_s 的初始值根据水文设计变量的不同，在中国可取下述经验关系：

设计暴雨量：　　　　　　　　$C_s = 3.5C_v$

设计最大流量：　　　　　　　$C_v < 0.5$ 时，$C_s = (3 \sim 4)C_v$

　　　　　　　　　　　　　　$C_v > 0.5$ 时，$C_s = (2 \sim 3)C_v$

年径流量研究不足地区：　　　$C_s = 2C_v$

年降水量研究不足地区：　　　$C_s = 2C_v$

需要指出的是，适线法得到的设计成果仍存在误差，这种误差目前尚难以精确估算，因此对于工程上最终采用的频率曲线及其相应的统计参数,不仅要从水文统计方面分析计算,而且还要密切结合水文现象的物理成因规律及地区分布规律进行综合分析论证。

【**例 3-15**】 某枢纽处实测 21 年的年最大洪峰流量资料列于表 3-11 中第(1)、(2)栏,试根据该资料用矩法初选参数进行适线,并推求百年一遇的洪峰流量。

某枢纽处年最大洪峰流量资料　　　　　　　　　表 3-11

年　份	洪峰流量 Q_i(m³/s)	序　号	由大到小排 Q_i(m³/s)
(1)	(2)	(3)	(4)
1945	1540	1	2750
1946	980	2	2390
1947	1090	3	1860
1948	1050	4	1740
1949	1860	5	1540
1950	1140	6	1520
1951	790	7	1270
1952	2750	8	1260
1953	762	9	1210
1954	2390	10	1200
1955	1210	11	1140
1956	1270	12	1090
1957	1200	13	1050
1958	1740	14	1050
1959	883	15	980
1960	1260	16	883
1961	408	17	794
1962	1050	18	790
1963	1520	19	762
1964	483	20	483
1965	794	21	408
合计	26170		26170

解:具体步骤如下:

1)点绘经验频率曲线

将原始资料按由大到小次序排列,列入表 3-11 中第(4)栏,用公式 $P = \dfrac{m}{n+1} \times 100\%$ 计算经验频率,并与第(4)栏的数值对应绘出经验频率点于频率格纸上。如图 3-13 所示。

2)按无偏估值公式计算统计参数

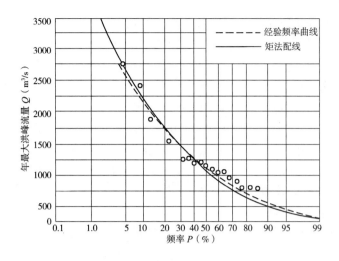

图 3-13 某枢纽处年最大洪峰流量频率曲线

计算年最大洪峰流量的均值：$\bar{Q} = \dfrac{\sum\limits_{i=1}^{n} Q_i}{n} = \dfrac{26170}{21} = 1246 \text{ m}^3/\text{s}$。

计算离差系数：$C_v = \sqrt{\dfrac{\sum\limits_{i=1}^{n}(K_i-1)^2}{n-1}} = \sqrt{\dfrac{4.2423}{21-1}} = 0.46$，其中，$K_i = \dfrac{Q_i}{\bar{Q}}$ 为各项的模比系数。

3）选配皮尔逊Ⅲ型频率曲线

（1）$\bar{Q} = 1246 \text{ m}^3/\text{s}$，取 $C_v = 0.5$，并假定 $C_s = 2C_v = 1.0$，查附录 2，得出相应于不同频率 P 的 K_p 值，列入表 3-12 中第（2）栏，乘以 $\bar{Q}$ 得相应的 Q_p 值，列入表 3-12 中第（3）栏。

洪峰频率曲线选配计算表　　　表 3-12

频率 $P(\%)$	第一次配线 $\bar{Q}=1246$ $C_v=0.5$ $C_s=2C_v=1.0$		第二次配线 $\bar{Q}=1246$ $C_v=0.6$ $C_s=2C_v=1.2$		第三次配线 $\bar{Q}=1246$ $C_v=0.6$ $C_s=2.5C_v=1.5$	
	K_p	Q_p	K_p	Q_p	K_p	Q_p
(1)	(2)	(3)	(4)	(5)	(6)	(7)
1	2.51	3127	2.89	3600	3.00	3738
5	1.94	2417	2.15	2680	2.17	2704
10	1.67	2080	1.80	2243	1.80	2243
20	1.38	1720	1.44	1794	1.42	1770
50	0.92	1146	0.89	1109	0.86	1071
75	0.64	797	0.56	698	0.56	698
90	0.44	548	0.35	436	0.39	486
95	0.34	424	0.26	324	0.32	399
99	0.21	262	0.13	162	0.24	299

将表 3-12 中第(1)、(3)两栏的对应数值经点绘成曲线后,发现所选频率曲线的中段与经验频率点据配合较好,但头部偏于经验频率点据的下方,而尾部又偏于经验频率点的上方。

(2)改变参数,重新配线。由第一次配线结果表明,需要增大 C_v 值。现取 $C_v=0.6$, $C_s=2C_v=1.2$,再查附表 2,得相应于不同 P 的 K_p 值,并计算各 Q_p 值,列于表 3-12 中第(4),(5)栏,经与经验点据配合,发现头部配合较好,但尾部与经验点据偏低较多。

(3)再次改变参数,第三次配线。在第二次配线的基础上,为使尾部抬高与经验点据相配合,需增大 C_s 值。因此,取 $C_v=0.6$, $C_s=2.5C_v=1.5$。再次计算皮尔逊Ⅲ型频率曲线,与经验点据配合较为合适,即作为采用的皮尔逊Ⅲ型频率曲线。

4)推求百年一遇设计洪峰流量

由表 3-12 第(6)、(7)栏,查得 $P=1\%$ 对应的流量为 $Q_p=3738$ m³/s。

三、水文频率计算适线法的若干问题讨论

1. 统计参数对皮尔逊Ⅲ型频率曲线的影响

(1)均值 $\bar{x}$ 对频率曲线的影响:当 C_v 和 C_s 固定时,均值 $\bar{x}$ 大的频率曲线位于均值 $\bar{x}$ 小的频率曲线之上,均值 $\bar{x}$ 大的频率曲线比均值 $\bar{x}$ 小的频率曲线陡,如图 3-14 所示。

(2) C_v 对皮尔逊Ⅲ型频率曲线的影响:当 $\bar{x}$ 和 C_s 固定时, C_v 越大则频率曲线越陡,左上方越向上抬高,右下方越下降; C_v 越小则频率曲线越平缓,当 $C_v=0$ 时频率曲线为一水平线,此时所有变量 $x=\bar{x}$,如图 3-15 所示。

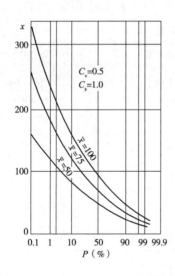

图 3-14 均值 $\bar{x}$ 对频率曲线的影响

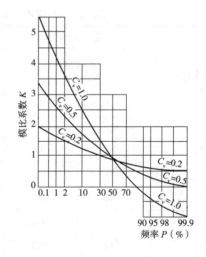

图 3-15 C_v 对皮尔逊Ⅲ型频率曲线的影响

(3) C_s 对皮尔逊Ⅲ型频率曲线的影响:当 $\bar{x}$ 和 C_v 固定、且 $C_s>0$,则随着 C_s 增大,频率曲线的上端变陡、下端变平缓,曲线的中部越向左偏,当 $C_s>2\sim3$ 时曲线的下端趋于水平。当 $C_s=0$ 时曲线成为正态分布曲线,在海森概率格纸上呈一条直线。当 $\bar{x}$ 和 C_v 固定、且 $C_s<0$,则随着 C_s 减小,线的上端变平缓、下端变陡,曲线的中部越向右偏。如图 3-16 所示。

2. 不连序系列的水文频率分析方法

特大洪水是指洪水实测系列(洪峰流量、洪峰水位或最大时段洪量)和调查到的历史洪水中,比一般洪水大得多的稀遇洪水。实测系列中除去特大洪水后的系列,称为一般洪水。目前水文界对"大得多"尚无统一认识和规定。笔者认为特大洪水的变量 $x_{特大洪水}$ 与一般洪水变量系列 $\{x_{一般洪水,i} | i=1,2,\cdots,n\}$ 之间具有如下近似关系:

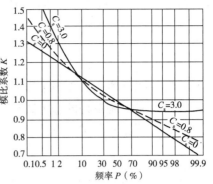

图 3-16 C_s 对皮尔逊Ⅲ型频率曲线的影响

$$x_{特大洪水} \geq \bar{x}_{一般洪水} + 3\sigma_{一般洪水} \tag{3-78}$$

式中: $\bar{x}_{一般洪水}$ ——一般洪水系列的均值,即:

$$\bar{x}_{一般洪水} = \sum_{i=1}^{n} x_{一般洪水,i} / n \tag{3-79}$$

$\sigma_{一般洪水}$ ——一般洪水系列的标准差,即:

$$\sigma_{一般洪水} = \sqrt{\frac{1}{n-1} \sum_{i=1}^{n} (x_{一般洪水,i} - \bar{x}_{一般洪水})^2} \tag{3-80}$$

根据有无特大洪水,洪水系列可以分为两类:一是系列中没有特大洪水值,在经验频率计算时各项洪水值按照大小顺序统一排序,各项之间没有空位,序号 m 是连序的,称为连序系列;二是系列中存在特大洪水值,其中最大的特大洪水值的重现期(N)必然大于实测系列的年数 n,而在 $N-n$ 年内各年的洪水值没有获取,即空位 $N-n$ 年,序号是不连序的,称为不连序系列。其中 N 的确定,与实测期、调查期和考证期有关。实测期是实测洪水资料系列中最早年份与最近年份之间的时间。调查期是在实地调查到若干可以定量的历史大洪水的发生时期。考证期是从具有连续可靠文献中记载历史大洪水的时期。实地调查期以前的文献考证期内的历史洪水,一般只能确定洪水大小等级和发生次数,不能定量。

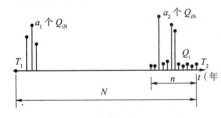

图 3-17 含特大洪水的不连续系列

设某河流断面的实测年最大洪峰流量资料系列为 $x_1, x_2, \cdots, x_n$,其中有 a_2 个为特大洪水值,同时在调查考证的 N 年内发现另有 a_1 个历史洪水为特大洪水,如图 3-17 所示。对这种不连序系列,前述水文频率计算适线法的计算步骤中,经验频率计算和用矩法初估参数 $\bar{x}$ 和 C_v 的方法需要作如下修改:

(1)不连序系列的经验频率计算。

一般洪水系列的经验频率按下式计算:

$$P_m = \frac{m}{n+1} \tag{3-81}$$

式中: m ——一般洪水系列由大到小排列的序号, $m = a_2 + 1, \cdots, n$;

n ——实测系列的年数。

特大洪水的经验频率按下式计算：

$$P_M = \frac{M}{N+1} \tag{3-82}$$

式中：M——特大洪水由大到小排列的序号，$M = 1, 2, \cdots, a_1 + a_2$；

N——调查考证期的总年数，它等于自最远的调查考证年份 T_1 至实测洪水资料系列中最近年份 T_2 之间所经历的总年数，即：

$$N = T_2 - T_1 + 1 \tag{3-83}$$

(2) 用矩法初估不连序系列的参数 $\bar{x}$ 和 C_v。

不连序系列中的一般洪水包括两部分：一是实测洪水资料系列中 $n - a_2$ 个一般洪水，二是调查考证期内 $N - n - a_1$ 个缺测值一般被认为是一般洪水，两者均为一般洪水，共有 $N - a_1 - a_2$ 个一般洪水值。由于调查考证期内的缺测值一般无法插补，通常假定整个调查考证期内的 $N - a_1 - a_2$ 个一般洪水的均值和标准差，分别与实测洪水资料系列中 $n - a_2$ 个一般洪水的均值和标准差相等，即：

$$\bar{x}_{N-a_1-a_2} = \bar{x}_{n-a_2} = \frac{1}{n-a_2} \sum_{i=a_2+1}^{n} x_i \tag{3-84}$$

$$\sigma_{N-a_1-a_2} = \sigma_{n-a_2} = \sqrt{\frac{\sum_{i=a_2+1}^{n}(x_i - \bar{x}_N)^2}{n-a_2}} \tag{3-85}$$

于是可以导出调查考证期 N 年内的均值和离差系数分别为：

$$\bar{x}_N = \frac{1}{N} \left[\sum_{j=1}^{a_1+a_2} x_j + \frac{N-a_1-a_2}{n-a_2} \sum_{i=a_2+1}^{n} x_i \right] \tag{3-86}$$

$$C_{vN} = \frac{1}{\bar{x}_N} \sqrt{\frac{1}{N-1} \left[\sum_{j=1}^{a_1+a_2} (x_j - \bar{x}_N)^2 + \frac{N-a_1-a_2}{n-a_2} \sum_{i=a_2+1}^{n} (x_i - \bar{x}_N)^2 \right]} \tag{3-87}$$

式中：x_i——一般洪水值，$i = a_2 + 1, \cdots, n$；

x_j——特大洪水值，$j = 1, 2, \cdots, a_1 + a_2$。

调查考证期内的偏态系数 C_{sN}，一般是根据地理特性选定离差系数的某倍数，这样得到了调查考证期内的三个统计参数 $\bar{x}_N$、C_{vN} 和 C_{sN}，便可以进行适线，从而确定一条与经验频率点据配合最佳的理论频率曲线，根据该曲线和设计频率标准 p，即可推求设计洪峰流量值 x_p：

$$x_p = \bar{x}_N + \bar{x}_N C_{vN} \phi(C_{sN}, P) \tag{3-88}$$

【例 3-16】 某河水文站实测年最大洪峰流量资料共 30 年，历史特大洪水 2 年，见表 3-13。历史考证期 102 年，试用矩法初选参数进行配线，推求该水文站 200 年一遇的洪峰流量。

某河水文站洪峰流量经验频率计算表

表 3-13

序 号	洪峰流量 (m^3/s)	$P_M = \dfrac{M}{N+1}$	$\dfrac{m}{n+1}$
(1)	(2)	(3)	(4)
Ⅰ	2520	0.010	
Ⅱ	2100	0.019	
1	1400		0.032
2	1210		0.065
3	960		0.097
4	920		0.129
5	890		0.161
6	880		0.194
7	790		0.226
8	784		0.258
9	670		0.290
10	650		0.323
11	638		0.355
12	590		0.387
13	520		0.419
14	510		0.452
15	480		0.484
16	470		0.516
17	462		0.548
18	440		0.581
19	386		0.613
20	368		0.645
21	340		0.677
22	322		0.710
23	300		0.742
24	288		0.774
25	262		0.806
26	240		0.839
27	220		0.871
28	200		0.903
29	186		0.935
30	160		0.968

解:(1)计算经验频率,并点绘经验频率曲线,如图 3-18 所示。

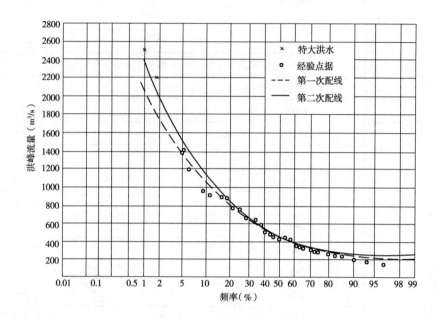

图 3-18 某站年最大洪峰流量频率曲线

用式(3-82)计算特大洪水的经验频率,式中 $N=102$,计算成果列入表 3-13 第(3)栏。用式(3-81)计算一般洪水的经验频率,计算成果列入表 3-13 第(4)栏。

(2)矩法计算统计参数。用式(3-86)计算年最大洪峰流量的均值,式中 $N=102$、$n=30$、$a=2$、$l=0$,得:

$$\bar{x} = \frac{1}{N}\left[\sum_{j=1}^{a} x_j + \frac{N-a}{n-l}\sum_{i=l+1}^{n} x_i\right] = \frac{1}{102}\left[4720 + \frac{100}{30} \times 16542\right] = 587 \text{m}^3/\text{s}$$

用式(3-87)计算年最大洪峰流量的离差系数 C_v,得:

$$C_v = \frac{1}{\bar{x}}\sqrt{\frac{1}{N-1}\left[\sum_{j=1}^{a}(x_j-\bar{x})^2 + \frac{N-a}{n-l}\sum_{i=l+1}^{n}(x_i-\bar{x})^2\right]}$$

$$= \frac{1}{587}\sqrt{\frac{1}{101}(6338238 + 9617033)} = 0.68$$

(3)选配洪水频率曲线。根据统计参数计算成果,取 $C_v=0.7$,$C_s=3C_v$,查附录 2 得出相应于不同频率 P 得 K_p 值,列入表 3-14 第(2)栏,乘以 $\bar{Q}$ 得相应的 Q_p 值,列入表 3-14 第(3)栏。

将表 3-14 中第(1)、(3)栏的对应数值点绘成曲线,可见点绘的频率曲线中下段与经验频率点据配合较好,但中上段偏离特大洪水点子下方较多,因此,必须进行调整。

频率曲线配线计算表　　　　　　表 3-14

频率 $P(\%)$	第一次配线 $\bar{Q}=587$ $C_v=0.7$ $C_s=3C_v$		第二次配线 $\bar{Q}=587$ $C_v=0.8$ $C_s=3.5C_v$	
	K_p	$Q_p(m^3/s)$	K_p	$Q_p(m^3/s)$
(1)	(2)	(3)	(4)	(5)
1	3.56	2090	4.18	2454
2	3.05	1790	3.49	2049
5	2.40	1409	2.61	1532
10	1.90	1115	1.97	1156
20	1.41	828	1.37	804
50	0.78	458	0.70	411
75	0.50	294	0.49	288
90	0.39	229	0.44	258
95	0.36	211	0.43	252
99	0.34	200	0.43	252

第二次配线时适当将 C_v 增大,并取 $C_s=3.5C_v$,使曲线中上部与经验点据靠近,再查附录 2,得相应于不同 P 值得 K_p 值,并计算相应的 Q_p 值,列于表 3-14 第(4)、(5)栏,此时曲线与经验点据配合较好,可作为采用的洪水频率曲线。查 $P=0.5\%$ 对应的 K_p,得 $K_p=4.87$,按 $Q_p=K_p\bar{Q}$ 算得 $Q_p=4.87\times587=2859m^3/s$ 即为所求的该水文站 200 年一遇的洪峰流量。

习题

1. 何谓随机事件和随机变量?试举例说明。
2. 何谓概率与频率?试举例说明。
3. 何谓重现期?频率分别为 80% 和 10% 的年径流量,它们的重现期分别是多少?
4. 试述随机变量的概率分布的定义与在水文统计中的意义。
5. 试述水文经验累积频率曲线的绘制步骤。
6. 已知某实测水文系列 $x_1,x_2,\cdots,x_n$,试列出求该系列的均值、离差系数和偏态系数的矩法计算公式,并指明这 3 个统计参数的物理意义。
7. 已知某实测水文系列 $x_1,x_2,\cdots,x_n$。试述用三点适线法确定该系列皮尔逊Ⅲ型曲线的三个统计参数的简要步骤。
8. 根据某站 36 年实测年径流资料估算的统计参数 $\bar{R}=969.7mm$,$\sigma=223.0mm$,$C_v=0.23$,$C_s=0.23$,试计算这些统计参数的抽样误差。
9. 设某河段上、下游站 x 与 y 的同次洪水过程的最大洪峰流量(m^3/s)的观测资料数据如下表所示。试用相关分析法求上游站 x 最大洪峰流量为 $3.60(\text{m}^3/\text{s})$ 时的下游站 y 的最大洪峰流量。

| x | 2.80 | 3.00 | 3.40 | 3.20 | 4.05 | 4.00 | 3.02 | 4.30 | 2.80 | 4.65 | 2.75 |
| y | 4.20 | 4.70 | 5.38 | 5.00 | 6.10 | 5.80 | 4.75 | 6.00 | 4.30 | 6.50 | 4.15 |

10. 已知某河流断面的实测年最大洪峰流量资料系列为 $x_1, x_2, \cdots, x_n$,其中有 l 个为特大洪水值,同时在调查考证的 N 年内发现另有 a 个历史洪水为特大洪水。请给出用试错适线法推求设计标准为 p 的设计洪峰流量值 x_p 的计算步骤及有关的计算公式。

第四章 设计洪水与设计水位推算

设计洪水是指在道路桥涵规划、设计中所指定的各种设计标准的洪水。设计水位是指在规定的桥涵设计洪水频率标准下的水位加上根据河流具体情况,即考虑壅水高度、浪高、水拱、河湾超高、凹岸冲高、局部股流涌高和桥墩冲高等影响的高度后的水位。

合理分析计算设计洪水,是工程规划设计中首先要解决的问题。如果设计洪水定的过大,则工程偏于安全,但由于工程规模过大,造价增加很多而显得不经济;反之,若设计洪水定的太小,虽然工程造价降低,但工程遭受破坏的风险却增大了。因此,合理分析计算设计洪水是正确解决工程规划设计中安全和经济矛盾的重要环节。

我国《公路桥涵设计通用规范》(JTG D60—2015)规定的公路桥涵洪水频率标准和《铁路工程水文勘测设计规范》(TB 10017—99)规定的铁路桥涵洪水频率标准分别见表4-1和表4-2。

公路桥涵设计洪水频率 表4-1

公路等级	设计洪水频率				
	特大桥	大桥	中桥	小桥	涵洞及小型排水构筑物
高速公路	1/300	1/100	1/100	1/100	1/100
一级公路	1/300	1/100	1/100	1/100	1/100
二级公路	1/100	1/100	1/100	1/50	1/50
三级公路	1/100	1/50	1/50	1/25	1/25
四级公路	1/100	1/50	1/50	1/25	不作规定

注:1. 二级公路的特大桥及三四级公路的大桥,在水势猛急,河床易于冲刷的情况下,可提高一级洪水频率验算基础冲刷深度。

2. 沿河纵向高架桥和桥头引导的设计洪水频率应符合《公路工程技术标准》(JTG B01—2014)路基设计洪水频率的规定。

3. 三四级公路,在交通容许有限度的中断时,可修建漫水桥和过水断面。漫水桥和过水断面的设计洪水频率,应根据容许阻断交通的时间长短和对上下游农田、城镇、村庄的影响以及泥沙淤塞桥孔、上游河床的淤高等因素决定。

设计洪水包括设计洪峰流量、不同时段设计洪水总量及设计洪水过程线三个要素。对于不同的工程特点和设计要求,需要计算的设计洪水内容和重点也不相同。对于无调蓄能力的桥涵和堤防等工程,影响其安全的主要是设计洪峰流量和洪水位。所谓洪峰流量,即实测流量过程线中的流量最大值或曲线的峰值流量。

铁路桥涵设计洪水频率　　　　　　表 4-2

铁路等级	设计洪水频率			检算洪水频率
	桥梁	涵洞	路基	特大桥(或大桥)属于技术复杂,修复困难者或者重要者
Ⅰ、Ⅱ	1/100	1/50	1/100	1/300
Ⅲ	1/50	1/50	1/50	1/100

注:1. 若观测洪水(包括调查洪水)频率小于表列标准的设计洪水频率时,应按观测洪水频率设计,但当观测洪水频率小于下列频率时,应按下列频率计算:Ⅰ、Ⅱ级铁路的路基特大桥和大中桥为 1/300,小桥和涵洞为 1/100;Ⅲ级铁路的路基桥涵为1/100。

2. 遇水位不随流量而定,如逆风、冰塞、潮汐、倒灌、河床变迁、水库蓄水及其他水工建筑物的壅水等,则流量与水位分别确定。

3. 设在水库淹没范围内的桥涵,一般仍采用表列洪水频率标准。设在水坝下游的桥涵,若水库设计洪水频率标准高于桥涵洪水频率标准时,一般按表列的水库泄洪流量加桥坝之间的汇水流量作为桥涵设计及检算流量;若水库校核洪水频率标准低于桥涵洪水频率标准时,应与有关部门协商,提高水坝校核洪水频率标准,使与铁路桥涵洪水频率标准相同。如有困难,除按河流天然状况设计外,应适当考虑溃坝可能对桥涵造成的不利影响。

4. 在水坝上下游影响范围内的桥涵,如遇水库淤积严重等情况能造成对桥涵不利影响时,桥涵的设计洪水频率标准可酌量提高。

5. 有压和半有压涵洞的孔径应按设计路堤高度的洪水频率检算。

6. 增建第二线和改建既有线路时的洪水频率,应根据多年运营和水害情况确定。

在桥涵水文中,根据资料条件和设计的要求,推求设计洪水的方法主要有三种。

1. 根据流量观测资料推求设计洪水

这种方法适用于工程断面处或其上下游附近有水文站,并且有比较充分的实测洪水流量资料(一般至少要有 20 年以上)的情况。根据频率计算的方法求出符合设计标准的设计洪水。

2. 由洪水调查资料推求设计洪水

这种方法多用于小流域的设计洪水的推求。根据调查的历史洪水水文资料,通过直接选配频率曲线、地区综合频率曲线法或历史洪水加成法来推求设计洪水。

3. 由暴雨资料推求设计洪水

这种方法适用于工程所处位置流量资料不足,无法由流量资料推求设计洪水,但流域内暴雨资料较多的情况。根据成因分析法,先求设计暴雨,然后经过产流和汇流计算求得设计洪水。

另外有时为了提高设计的安全性,需要采用不同的方法分别计算并对计算成果进行比较和论证。

第一节　根据流量观测资料推算

由流量资料分析设计洪水是目前推求设计洪水的主要途径,一般经过选样、资料审查、特大洪水处理、频率计算和成果合理性分析几个步骤。

一、洪水资料的选样与审查

1. 洪水资料的选样

选样就是在现有的洪水记录中选取若干个洪峰流量或某一历时的洪水量组成样本,作为频率计算的依据。目前常用的选样方法有两种:

1)年最大值法

从每年实测流量资料中选取一个最大值组成样本系列,n 年实测资料可得 n 个年最大流量值。此法所得频率的重现期为多少年一遇。由于年际间的最大流量相关性极小,因此样本的独立性强,比较符合随机样本的条件。这种方法选样比较合理,是目前我国规范中规定的方法。

2)年超大值法

将 n 年实测最大流量资料按从大到小的顺序排列,从首项开始顺次取 S 个最大流量组成样本系列。若平均每年得 m_0 个样本,则样本总数 $S = n \cdot m_0$ 个。此法所得累积频率为次频率,其重现期为多少次一遇。所取样本总数 S 视需要而定,一般取 $S = (3 \sim 5)n$,即 $m_0 = 3 \sim 5$。

次重现期与年重现期可按下式换算:

$$T = \frac{n}{S}T' \tag{4-1}$$

式中:T——年重现期;

T'——次重现期。

采用年最大值法选样,样本独立性较好,但是也舍弃了不少宝贵的洪水信息。如有些年份发生过多次大洪水,但也只能选出一个最大值来进行统计,有些年份虽然只发生了一些小洪水,但又必须从中选出一个统计,而从中所选的年最大值,也可能小于其他某些年份的次大值,甚至有可能小于其他年份的第三大值,这就使所得样本系列未必能代表洪水流量(或水位)的总体。因此,当观测年数较少时,常考虑采用年超大值法进行选样。

2. 洪水资料的审查

洪水资料样本是统计分析的基础,它的好坏直接影响到分析的结果。因此,在进行具体的分析计算之前,应做好样本资料的审查。确保洪水资料的可靠性、一致性、代表性和独立性。

1)资料可靠性的审查与改正

资料的可靠性从一定意义上讲也就是样本资料是否存在较大的误差或错误。水文样本资料主要来源于水文测验和水文调查的整编成果,所以在选样时要从流量资料的测验方法、水位流量关系、整编精度和水量平衡等方面进行检查。审查的内容包括了解水尺位置、零点高程、水准基面的变动情况、浮标系数的选用和水位流量关系曲线的延长是否合理等。实测洪水资料的可靠性审查,重点应放在对设计洪水计算成果有较大影响的年份。一般可以通过历年水位流量关系曲线的对照,上下游、干支流水量平衡,降雨径流关系的分析等方面来进行检查,如发现问题,应会同原整编单位做进一步审查,必要时作适当修改。

2)资料一致性的审查与还原

资料系列的一致性是指产生资料系列的条件要基本一致,也就是说组成该系列的流量资料,应是在基本相同的气候条件、基本相同的下垫面条件和测流断面条件下获得的。因气候条件变化缓慢,故主要从人类活动影响和下垫面的改变来审查。若不能满足一致性要求,则需进行一致性改正,将资料改正到同一基础上,使样本系列具有同一的总体分布,这就是所谓的还原。例如流域上新建大型水库,对洪水有调节作用,则可把建库前的洪水资料经水库调洪计算,统一修正成建库后情况下的洪水。

3) 资料代表性的审查与插补延长

洪水系列的代表性,是指该洪水样本的频率分布与其总体概率分布的接近程度,如接近程度较高,则系列的代表性较好,频率分析成果的精度较高,反之较低。样本对总体代表性的高低,可通过对二者统计参数 $\bar{Q}, C_v, C_s$ 的比较加以判断。但总体分布是未知的,无法直接进行对比,通常根据对洪水规律的认识,与更长的相关系列对比,进行合理性分析与判断。常通过洪水调查和文献考证,或利用本地区以及相邻地区的实测资料进行对比分析,也可以通过与本区域较长的雨量资料进行对照分析,来判断丰水年和枯水年的变化周期,检查选用资料的代表性。有条件时,还可以采取插补延长资料或增加历史洪水资料的办法增强系列的代表性。

流量资料插补延长的方法主要有:

(1) 寻找条件相似的参证站,建立设计变量与参证变量之间的相关关系,按照相关分析法建立回归方程,插补或延长实测系列。参证变量可以为设计站上游或下游的流量资料、干流或支流的流量资料或邻近流域的流量资料,也可以是本流域的暴雨资料。

(2) 如果设计流域内的面雨量记录资料较长,则可以利用产流和汇流计算的方法由暴雨资料来插补延长洪峰流量资料。

4) 资料独立性的审查

水文统计计算要求同一系列中的所有变量,必须是相互独立的。因此在资料的审查中要注意不能把彼此有关联的水文资料统计在一起进行分析计算。如由于同一场暴雨所引起的前后几日的流量,它们互相不独立,不能组成同一个系列。在资料审查时,应该将独立性不好的资料进行筛选剔除。

二、设计洪峰流量的推求

1. 资料中特大洪水的处理

特大洪水是指比资料系列中一般洪水要大得多的,并且可以通过洪水调查确定其量值大小及其重现期的稀遇洪水。历史上的一般洪水是没有文字记载,也没有留下洪水痕迹的,只有特大洪水才有文献记载和洪水痕迹可供查证,所以调查到的历史洪水一般就是特大洪水。

目前,我国大多数河流的实测流量资料的时间都不长,即使经过插补延长,有时也得不到满意的结果。样本系列短,抽样误差大,若用河流的现有实测资料来推求千年一遇、万年一遇的稀遇洪水,难免存在较大的误差。而且,每当出现一次大洪水后,设计洪水的数据就会产生很大的波动,若以此计算结果作为设计洪水的依据,显然是不可靠的。如果能调查和考证到 N 年($N \gg n$)中的特大洪水,就相当于把 n 年资料展延到了 N 年,提高了系列的代表性,使计算成果更加合理、准确,也即相当于在频率曲线的上端增加了一个控制点。例如 1955 年规划河北省滹沱河黄壁庄水库时,按当时具有的 1919～1955 年期间 20 年实测洪水资料推求出的千年一遇设计洪峰流量为 $Q_m = 7500 \text{m}^3/\text{s}$。1956 年发生了一次洪峰流量为 $13100 \text{m}^3/\text{s}$ 的特大洪水,比原设计值大 75% 显然原推求成果值得怀疑。将 1956 年特大洪水直接加入实测系列组成 21 年的样本资料,直接进行频率计算也不合适,而应结合历史洪水调查,对特大洪水进行处理,提高样本的代表性,使得成果稳定、可靠。后在滹沱河调查到 1794、1853、1917 和 1939 年 4 次特大洪水,再将 1956 年洪水和历史调查洪水作为特大值处理,得千年一遇设计洪峰 Q_m = 22600m³/s;1963 年又发生了一次大洪水,洪峰流量为 12000m³/s,若将其作为特大洪水也加入样本,得千年一遇设计洪峰流量 Q_m = 23500m³/s。这次计算的洪峰流量只变化了 4%,显然设计值已趋于稳定。由此可看出特大洪水处理的重要性。

特大洪水可以发生在实测流量期间的 n 年之内,也可以发生在实测流量期间的 n 年之外,前者称为资料内特大洪水,后者称资料外特大洪水(历史特大洪水),如图 4-1 和图 4-2 所示。一般 $Q_N/\overline{Q}_n > 3$ 时,则 Q_N 可以考虑作为特大洪水处理。

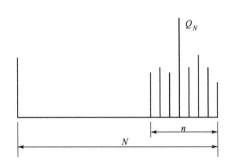

图 4-1　资料内特大洪水　　　　　图 4-2　资料外特大洪水(历史特大洪水)

要准确地定出特大洪水的重现期是相当困难的,目前,一般是根据历史洪水发生的年代来大致推估。

① 若该特大洪水为从发生年代至今的最大洪水,则重现期:

$$N = 设计年份 - 发生年份 + 1$$

② 若该特大洪水为从调查考证的最远年份至今的最大洪水,则重现期:

$$N = 设计年份 - 调查考证期最远年份 + 1$$

这样确定的特大洪水重现期具有一定的不稳定性,要准确地确定重现期就要追溯到更远的年代,但追溯的年代越久,河道情况与当前的差别越大,记载越不详尽,计算精度也越差,一般以明、清两代 600 年为宜。

特大洪水加入系列后,样本系列成为不连续系列,即由大到小排列序号不连续,其中一部分属于漏缺项位,其经验频率和统计参数的计算与连续系列的计算不同。这样,就要研究有特大洪水时的频率计算方法,称为特大洪水处理。

特大洪水时经验频率的计算基本上是采用将特大洪水的经验频率与一般洪水的经验频率分别计算的方法。设调查及实测(包括空位)的总年数为 N 年,连续实测期为 n 年,共有 a 次特大洪水,其中有 l 次发生在实测期,$a-l$ 次是历史特大洪水。则计算特大洪水与一般洪水经验频率的方法主要有两种:

(1)独立样本法。

此法是把包括历史洪水的长系列(N 年)和实测的短系列(n 年)看作是从总体中随机抽取的两个独立样本,各项洪峰值可在各自所在系列中排位。因为两个样本来自同一总体,符合同一概率分布,故适线时仍可把经验频率绘在一起,共同适线。

独立样本法中一般洪水的经验频率为(图 4-3):

$$P_m = \frac{m}{n+1} \quad (m = l+1, l+2, \cdots, n) \tag{4-2}$$

式中：m——实测洪水排位的序号；
　　　n——实测洪水项数；
　　　l——实测值中提出作特大值处理的洪水个数；
　　　P_m——特大洪水第 m 项的经验频率。

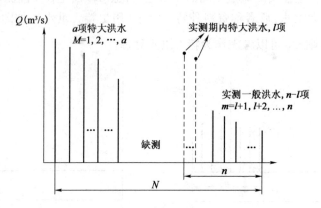

图 4-3　独立样本法

特大洪水的经验频率为：

$$P_m = \frac{M}{N+1} \quad (M = 1, 2, \cdots, a) \tag{4-3}$$

式中：M——特大洪水排位的序号；
　　　N——特大洪水首项的考证期，即为调查最远的年份迄今的年数；
　　　P_m——特大洪水第 M 项的经验频率。

(2) 统一样本法（图 4-4）。

该方法将实测一般洪水系列与特大值系列共同组成一个不连续系列作为代表总体的样本，不连续系列的各项可在调查期限 N 年内统一排位计算其经验频率。

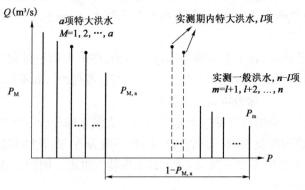

图 4-4　统一样本法

特大洪水的经验频率为：

$$P_m = \frac{M}{N+1} \quad (M = 1, 2, \cdots, a) \tag{4-4}$$

实测系列中其余的 $(n-l)$ 项，假定均匀地分布在第 a 项频率 $P_{M,a}$ 以外的范围内，即 $1 - P_{M,a}$。

一般洪水的经验频率为：

$$P_m = P_{M,a} + (1 - P_{M,a})\frac{m-l}{n-l+1} \quad (m = l+1, l+2, \cdots, n) \tag{4-5}$$

式中：$P_{M,a}$——N 年中末位特大洪水的经验频率，$P_{M,a} = \dfrac{a}{N+1}$；

$1 - P_{M,a}$——N 年中一般洪水(包括空位)的总频率；

$\dfrac{m-l}{n-l+1}$——实测期一般洪水在 a 年(去了 l 项)内排位的频率；

l——实测系列中提出作特大值处理的洪水个数；

m——实测系列各项在 n 年中的排位序号，l 个特大值应该占位；

n——实测系列的年数。

上述两种方法，我国目前都有使用。一般说，独立样本法把特大洪水与实测一般洪水视为相互独立的，这在理论上有些不合理，但比较简便；因相互不影响，在实测系列代表性较好，而历史特大洪水排位可能有错漏时，适用性较好。当特大洪水排位比较准确时，理论上说，用统一样本法更好一些。

考虑特大洪水时统计参数的确定仍采用配线法，参数值的初估可用矩法或三点法进行。

①矩法：

假设系列中 $n-l$ 年的一般洪水的均值为 $\bar{x}_{n-1}$、均方差为 σ_{n-1}，它们与除去特大洪水后的 $N-a$ 年总的一般洪水系列的均值 $\bar{x}_{N-a}$、均方差 σ_{N-a} 相等，即：

$$\bar{x}_{N-a} = \bar{x}_{n-1} \quad \sigma_{N-a} = \sigma_{n-1} \tag{4-6}$$

则可导出：

$$\bar{x} = \frac{1}{N}\left[\sum_{j=1}^{a} x_j + \frac{N-a}{n-j}\sum_{i=l+1}^{n} x_i\right] \tag{4-7}$$

$$C_v = \frac{1}{\bar{x}}\sqrt{\frac{1}{N-1}\left[\sum_{j=1}^{a}(x_j - \bar{x})^2 + \frac{N-a}{n-l}\sum_{i=l+1}^{n}(x_i - \bar{x})^2\right]} \tag{4-8}$$

式中：x_j——特大洪水；

x_i——一般洪水。

C_s 值的确定：

对于 $C_v \leq 0.5$ 的地区，$C_s = (3 \sim 4)C_v$；

对于 $0.5 < C_v \leq 1.0$ 的地区，$C_s = (2.5 \sim 3.5)C_v$；

对于 $C_v > 1.0$ 的地区，$C_s = (2 \sim 3)C_v$；

此外，还可以采用权函数法来估计 C_s。

②三点法：

具体做法是：先将经验频率点据绘在频率格纸上，通过点群中心目测绘制一条光滑的经验频率曲线。然后在线上取 (P_1, x_{P_1})、(P_2, x_{P_2}) 和 (P_3, x_{P_3}) 三个点。对于皮尔逊Ⅲ型曲线，根据这 3 点的条件可得以下 3 个联立方程式：

$$x_{P_1} = \bar{x} + \sigma\Phi(P_1, C_s) \tag{4-9}$$

$$x_{P_2} = \bar{x} + \sigma\Phi(P_2, C_s) \tag{4-10}$$

$$x_{P_3} = \bar{x} + \sigma \Phi(P_3, C_s) \qquad (4-11)$$

解联立方程组：

$$S = \frac{x_{P_1} + x_{P_3} - 2x_{P_2}}{x_{P_1} - x_{P_3}} \qquad (4-12)$$

$$\sigma = \frac{x_{P_1} - x_{P_3}}{\Phi(P_1, C_s) - \Phi(P_3, C_s)} \qquad (4-13)$$

$$\bar{x} = x_{P_2} + \sigma \Phi(P_2, C_s) \qquad (4-14)$$

【例 4-1】 某站自 1935~1972 年的 38 年中，有 5 年因战争缺测，故实有洪水资料 33 年。其中 1949 年为最大，并经考证该年应从实测系列中抽出作为特大值处理。另外，查明自 1903 年以来的 70 年间，为首的三次大洪水大小排位为 1921、1949、1903 年，并能确定在这 70 年间不会遗漏掉比 1903 年更大的洪水。同时，还调查到在 1903 年以前，还有三次大于 1921 年的特大洪水，其序位是 1867、1852、1832 年，但因年代久远，小于 1921 年洪水无法查清。试按上述两种方法估算各项经验频率。

解： 根据题意绘洪水资料分布图 4-5。

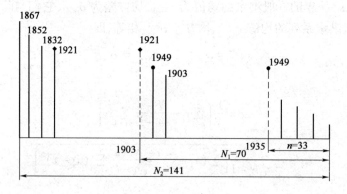

图 4-5　洪水资料分布图

解： 频率计算见表 4-3~表 4-5。

表 4-3

调查期 $N_2 = 141$	独立样本法	统一样本法
1867 年	$P_{M2-1} = \dfrac{1}{141+1} = 0.0071$	$P_{M2-1} = \dfrac{1}{141+1} = 0.0071$
1852 年	$P_{M2-2} = \dfrac{2}{141+1} = 0.0141$	$P_{M2-1} = \dfrac{1}{141+1} = 0.0071$
1832 年	$P_{M2-3} = \dfrac{3}{141+1} = 0.0211$	$P_{M2-1} = \dfrac{1}{141+1} = 0.0071$
1921 年	$P_{M2-4} = \dfrac{4}{141+1} = 0.0282$	$P_{M2-1} = \dfrac{1}{141+1} = 0.0071$

表 4-4

调查期 $N_1 = 70$	独立样本法	统一样本法
1921 年	已抽到上面排序	
1949 年	$P_{M1-2} = \dfrac{2}{70+1} = 0.0282$	$P_{M1-2} = 0.0282 + (1-0.0282) \times \dfrac{2-1}{70-1+1} = 0.042$
1903 年	$P_{M1-3} = \dfrac{3}{70+1} = 0.0423$	$P_{M1-3} = 0.0282 + (1-0.0282) \times \dfrac{2}{70} = 0.0559$

表 4-5

实测期 $n = 33$	独立样本法	统一样本法
1949 年	已抽到上面排序	
1940 年	$P_{m,2} = \dfrac{2}{33+1} = 0.0588$	$P_{m,2} = 0.0559 + (1-0.0559) \times \dfrac{2-1}{33-1+1} = 0.0845$
…	…	…
1968 年	$P_{m,33} = \dfrac{33}{34} = 0.969$	$P_{M1-3} = 0.0559 + (1-0.0559) \times \dfrac{32}{33} = 0.970$

2. 设计洪峰流量的推算

利用流量资料,采用水文统计法推算桥涵设计流量时,可按下述步骤进行:
① 计算各实测洪峰流量的经验累积频率。
② 在海森几率格纸上绘出经验频率点据或经验频率曲线。
③ 用适线法绘制理论频率曲线,并选定统计参数,方法有试错适线法:此法通过绘线比较并以试算偏差系数 C_s 为主,其中平均数 $\overline{Q}$ 与离差系数 C_v 则取实测系列计算值。

三点适线法:此法先通过目估绘出合适理论累积频率曲线,而后反求此假想合适理论累积频率曲线的三个参数。其中,实测流量系列只提供了经验累积频率点据分布趋势以及目估绘线的依据,合适统计参数则取决于目估绘线的准确性,经验频率点据分布趋势较集中时,可获良好的适线效果。

④ 用选定的三个统计参数,计算设计洪水频率相应的设计流量。

【例 4-2】 某个河流断面具有 1968 ~ 1995 年共 28 年实测洪峰流量资料,表 4-6 中已经按照其洪峰流量的大小从大到小进行排列,通过历史洪水调查得知,1925 年发生过一次大洪水,洪峰流量 6100 m³/s,实测系列中 1991 年为自 1925 年以来的第二大洪水,洪峰流量 4900 m³/s。试用三点法推求该河流断面处千年一遇设计洪峰流量。

解:首先根据公式 $P_M = \dfrac{M}{N+1}$ 和 $P_m = \dfrac{m}{n+1}$ 按独立样本法计算经验频率,如表 4-6 中的 P_M 和 P_m 两列。其中历史调查洪水的重现期为 $N = 1995 - 1925 + 1 = 71$ 年,实测洪水样本容量 $n = 1995 - 1968 + 1 = 28$ 年。

洪峰流量频率计算表　　　　　　　　　　　　　　　　　　　表4-6

序号		洪峰流量	P(%)		序号		洪峰流量	P(%)	
M	m	(m³/s)	$P_M = \dfrac{M}{N+1}$	$P_m = \dfrac{m}{n+1}$	M	m	(m³/s)	$P_M = \dfrac{M}{N+1}$	$P_m = \dfrac{m}{n+1}$
Ⅰ		6100	1.4			15	860	51.7	
Ⅱ		4900	2.8			16	670	55.2	
	2	3400		6.9		17	600		58.6
	3	2880		10.3		18	553		62.1
	4	2200		13.8		19	512		65.5
	5	2100		17.2		20	500		69.0
	6	1930		20.7		21	400		72.4
	7	1840		24.1		22	380		75.9
	8	1650		27.6		23	356		79.3
	9	1560		31.0		24	322		82.8
	10	1400		34.5		25	280		86.2
	11	1230		37.9		26	255		89.7
	12	1210		41.4		27	105		93.1
	13	920		44.8		28	91		96.6
	14	900		48.3					

根据表4-6中的频率和洪峰流量值在海森几率格纸上点出相应的点，并用曲线进行拟合，得到相应的经验频率曲线，如图4-6所示。

在经验频率曲线上依次读出 $P_1 = 5\%$、$P_2 = 50\%$ 和 $P_3 = 95\%$ 三点的纵坐标：$Q_1 = 3900 \text{m}^3/\text{s}$ ($P_1 = 5\%$)，$Q_2 = 850 \text{m}^3/\text{s}$ ($P_2 = 50\%$)，$Q_3 = 100 \text{m}^3/\text{s}$ ($P_3 = 95\%$)；计算 $S = \dfrac{Q_1 + Q_3 - 2Q_2}{Q_1 - Q_3} = \dfrac{3900 + 100 - 2 \times 850}{3900 - 100} = 0.605$，由 S 查附录中 $S = f(C_s)$ 关系表得：$C_s = 2.15$。由 C_s 查离均系数 Φ 值表得：$\Phi_1 = 2.0$，$\Phi_2 = -0.325$，$\Phi_3 = -0.897$。计算得：

$$\overline{Q} = \frac{Q_3 \Phi_1 - Q_1 \Phi_3}{\Phi_1 - \Phi_3} = \frac{100 \times 2.0 + 3900 \times 0.897}{2.0 + 0.897} = 1275 \text{m}^3/\text{s}$$

$$C_v = \frac{Q_1 - Q_3}{Q_3 \Phi_1 - Q_1 \Phi_3} = \frac{3900 - 100}{100 \times 2.0 + 3900 \times 0.897} = 1.03$$

计算千年一遇设计洪峰流量为：

$$Q_{P=0.1\%} = \overline{Q}(C_v \Phi + 1) = 1275 \times (1.03 \times 6.7 + 1) = 10074 \text{m}^3/\text{s}$$

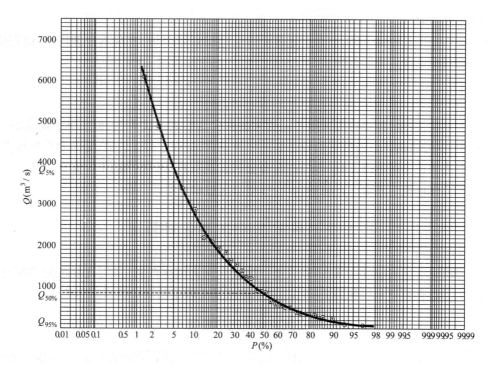

图 4-6　经验累计频率曲线

三、计算成果的合理性分析及安全保证值

1. 成果合理性分析

为了防止因为资料代表性较差,或者频率计算方法不完善以及计算误差带来的偏差,对频率计算的成果应进行合理性分析,以保证设计成果的质量。

常见的对成果合理性分析的途径是:水量平衡检查,雨洪径流形成规律,水文现象随时间和地区的变化规律,各种影响因素与洪水特征值之间的合理性分析。

1) 从洪峰及其统计参数随时间变化关系上分析

一般情况下,设计历时 T 越长,则 C_v 越小。将各统计时段的洪量频率曲线绘在同一图上,如果频率曲线不相交,且间距合理,说明计算结果比较可行。

2) 从洪峰及其统计参数的地区分布规律分析

根据离差系数 C_v 的规律进行分析:一般规律为流域面积越大,C_v 越小;上游 C_v 大,下游 C_v 小;内陆 C_v 大,沿海 C_v 小;北方 C_v 大,南方 C_v 小;山区 C_v 大,平原 C_v 小。如果出现异常,则需要对其进行核查。

根据平均流量 $\bar{Q}$ 的规律进行分析:一般规律为南方大,北方小;沿海大,内陆小;山区大,平原小。流域面积越大,其平均流量亦越大。

根据河流上下游的关系进行分析:同一条河流,如上下游相距较近,气候地形等条件差异不显著,则洪峰流量的均值或设计值从上游往下游递增。

3) 设计洪峰流量与国内外或地区最大洪水记录对比分析

4) 与暴雨计算成果比较

暴雨与洪水之间有密切的成因联系,一般情况下,洪水径流深应小于相应时段的暴雨量。

另外洪峰流量的 C_v 值应小于相应暴雨的 C_v 值。

在进行合理性检查时，可以综合上述各个方法进行对照分析，发现不合理现象，应查明原因，必要时，对原设计成果加以修正。

2. 安全保证值

虽然在洪水频率计算中可以采用不同的方法来提高系列的代表性，但所掌握的资料毕竟是一个样本，由样本的统计参数去估计总体的统计参数，进而求得设计值，必然存在抽样误差。因此对大型或者重要的中型工程，若经过综合分析发现设计值可能偏小时，为安全计，应在设计值上加安全保证值。安全保证值的大小，一般不超过设计值的20%。

第二节　根据洪水调查资料推算

推算方法主要是通过洪水调查，以获得一次或几次大洪水资料，采用直接选配频率曲线、地区洪峰流量综合频率曲线和历史洪水加成法推求某一频率的设计洪水。

一、大洪水资料的获得

洪水调查主要工作是确认近一、二百年内桥位河段发生过的历史洪水位，然后根据河床断面的形态特征，利用明渠均匀流公式间接推求相应的历史洪水流量。附带应进行河床变迁与冲淤、风浪、漂浮物、冰凌、泥沙等情况调查。

1. 洪水调查的内容和方法

洪水调查就是对河流在设站以前发生的历史大洪水进行调查，从而推算出各场大洪水的洪峰流量，为设计洪水的计算提供重要的信息。

历史洪水调查的主要内容有：搜集流域的相关基本资料，如地形图、河道纵断面图、沿河水准点的高程和位置等；查阅历史文献，了解历史上发生洪水的资料和年代、大小、顺序等情况。

调查的方法主要是文献查阅和群众访问相结合。调查的具体工作包括：

(1) 河段踏勘，主要目的是确定历史洪水痕迹的位置和高程。踏勘应选择顺直河道以及有古庙、老屋、老树等可能留有洪痕的地方；

(2) 现场深入调查，了解历史洪水情况，询问当地年长者，指认历史上出现过的洪水痕迹；

(3) 计算河段的选择，计算河段应该为顺直没有支岔、河道稳定、洪痕多、靠近桥位的河段，通常应在桥位的上下游各选一个，便于互相核对；

(4) 测量工作，对调查到的洪水高程及其计算河段的横纵断面进行实地绘测；

(5) 对有价值的资料，如洪痕、河道地形等进行摄影并附以简要说明，并对调查洪水时间和各历史洪水的排位进行调查论证，予以确定。

1) 访问沿岸居民

访问应在桥位上、下游沿两岸进行，注意争取该地区有关部门的协助配合。访问内容包括历次历史洪水的发生年月、排位大小、洪水来源与洪泛范围、洪水灾情、洪水流向、河道变迁与决堤分流情况、风浪、泥沙与漂浮物等等情况。访问时，应结合重大历史事变（战争、水旱灾害、地震等）和群众切身关系密切的事情（如生辰属相、婚丧、生育、建房迁居、收成年景等）进行询问引导，便于其联系回忆。应尽量照原话（意）如实记录，并请被访者现场指认历史洪水痕位,及时做好编号与发生年月标记,通过水准测量确定其高程。访问方式以个别访问为主,如有疑问、矛盾,可召开座谈会澄清。

对访问成果应及时整理,并依其描述真实性与详略程度、亲历还是传闻、洪痕合理性与明显程度、有否文献印证等方面判断其可靠性大小,从而决定取舍。洪痕可靠性评定可参照表4-7进行。

洪痕可靠性评判标准　　　　　　表4-7

评判因素	等级		
	1-可靠	2-较可靠	3-供参考
指认印象与旁证	亲历,印象深刻,情况逼真,旁证确切	亲历,印象深刻,情况较逼真,旁证较少	传闻,印象不深,所述不够清楚具体,缺乏旁证
标志物与洪痕情况	标志物固定,洪痕位置具体或有明显洪痕	标志物变化不大,洪痕位置较具体	标志物变化较大,洪痕位置不具体
估计可能误差范围	<0.2m	0.2~0.5m	0.5~1m

利用同一年份历史洪水的上、下游痕位,可计算其相应洪水水面比降:

$$i_{洪} = \frac{上、下游同一年份洪痕高程差 \Delta h}{上、下游同一年份洪痕距离 L}$$

注意 L 应先将各洪痕点投影到河流中泓线上再沿其量取。

2) 洪痕现场调查

洪痕现场调查多用于人烟稀少的荒僻地区。其洪痕位置应根据洪水淤积物、河岸洪水冲刷痕迹和洪水对河床所引致的物理、化学与生物形态特征来间接判断。

通常现场调查所能获取的洪痕往往是多年平均洪水位 H 与近年洪水位。因为前者对应的中等程度洪水经常发生,而后者发生年限不长,都可能留下较为清楚可认的痕迹。

我国幅员辽阔,各地洪水成因与流域形态相差悬殊,调查时应紧密结合地区特点,因地制宜采取不同方法。

寻找洪痕,既要就近审视其形态特点,也要远望综合判明其总体趋势,以免被个别假象所迷惑。

3) 文献考证

文献考证的目的除为调查历史洪水提供佐证外,主要在于获知桥位河段发生在更早年份的洪汛资料,从而使调查历史洪水的经验频率的确定更为有把握。

我国历史悠久,史籍丰富。载有早期历史洪水的文献包括:地方志(县志、府志、省志等);宫廷实录(明实录、清实录等);河道专著(如直隶河防记要、永定河志、黄河年表、淮河年表等);碑文刻记(如古桥、庙宇、殿堂和长江三峡白鹤梁石刻等);早年报章杂志。

文献考证所摘录内容除直接反映洪水的记载外,还应包括流域地貌、植被、河道与有关城镇、古建筑的前后变化状况。

摘录时应忠实原文,详细注明文献版本与编著年代,注意随着时代更迭而发生地理名称与量度尺度变化考证。

文献考证很难提供历史洪水的确切数值资料,而往往只能根据雨情、洪情、灾情的综合考虑定性地判定其分级大小,通常分为非常、特大、大和一般四级。表4-8为汉江某河段勘测时对考证历史洪水进行分级的情况,可供参考。

表 4-8   汉江某河段考证洪水分级

序 号	文 献 摘 记	洪水分级
1	全城被淹,人口死亡数千人,被迫迁城移居,灾情极为严重	非常
2	全城一片汪洋,古寺庙被毁,公私庐舍塌坏,人口死亡严重	特大
3	决城墙,破堤防,房屋大量倒塌	大
4	洪水泛滥,灾情较轻	一般

2. 洪峰流量的推算

若调查到的洪水痕迹附近有水文站,则应尽可能利用水文站的水位 – 流量关系实测曲线,作高水位延长,由洪痕对应水位在水位 – 流量关系曲线上查出相应的洪峰流量。

若所调查到的洪水痕迹附近没有水文站,则可将同次历史洪水痕迹垂直投影于计算河段的中泓线上,并绘出纵剖面图,然后通过水力学中明渠均匀流流量公式(谢才 – 满宁公式)推求洪峰流量,其计算公式为:

$$Q_m = \frac{1}{n} A R^{2/3} i^{1/2} \tag{4-15}$$

式中:A——断面面积,m^2;

R——水力半径,m;

n——糙率;根据河段上河床的情况参考糙率表确定,也可以根据附近河槽情况相似的水文站的糙率资料类比确定;

i——洪水水面比降,根据河段上洪痕高程推算。

运用公式计算时,结果的精确度主要取决于糙率 n 的选用,因此要对历史洪水时期的糙率变化范围进行仔细研究分析。

3. 历史洪水流量重现期的确定方法

如果在文献记载的 N_1 年内(自文献记载的最远年份至今)能断定所调查到的洪峰流量为最大时,则其重现期可作为 N_1 年,即重现期 $N = N_1$。

如果能断定 N_1 年内有 a_1 次洪水流量大于所调查到的历史洪峰流量,则本次历史洪水流量的重现期按下式计算:

$$N = \frac{N_1}{a_1 + 1} \tag{4-16}$$

如果在 N_1 年内有 a_2 次洪水流量与所调查到的历史洪水量不相上下,而又无法判断它们的大小时,可按下式计算其重现期,因所调查到的洪水流量在 N_1 年的序位可在区间 $1 \sim (a_2 + 1)$ 内变化,采用平均的序次为 $\frac{1}{2}[1 + (a_2 + 1)] = 0.5 a_2 + 1$,故有:

$$N = \frac{N_1}{0.5 a_2 + 1} \tag{4-17}$$

二、设计洪峰流量的推求

1. 直接选配频率曲线法

如果获得的大洪水资料较多(> 3 个)时,可用经验频率公式 $P = \frac{m}{n+1}$ 计算出每个洪水的频率并点绘在海森几率格纸上,然后绘制与经验数据吻合较好的频率曲线。配线时统计参数的确定以与经验点据很好配合为原则,配好线后,应将计算的统计参数与邻近流域相比较,检查其合理性,若发现有明显不恰当处,应适当调整统计参数。频率曲线确定后,可根据设计要求查出一定频率的设计洪水。

2. 洪峰流量的地区综合频率曲线法

这种方法先将水文分区内(常以频率曲线的接近程度来进行分区)各站各种频率的流量换算成模比系数(模比系数是随机变量取值与均值的比值),并点绘在同一海森几率格纸上,然后在图上取各种频率模比系数的中值(或均值)得到洪峰流量的地区综合频率曲线。由于该频率曲线的坐标是相对值,所以,该区内各地都可以适用。

假设调查的历史洪水的洪峰流量为 Q_1,其发生的频率为 P_1,由 P_1 及 P 在综合频率曲线上查找出相应的模比系数 K_1 及 K_P,则设计洪峰流量 $Q_{mp} = \dfrac{K_P}{K_1} Q_1$。

若历史洪水不止一个,则可以采用同样的方法求出几个设计洪峰流量,然后取它们的平均值作为设计洪峰流量。

3. 历史洪水加成法

该方法是在调查的历史洪水的洪峰流量上加上一定的比例或直接将其作为设计洪峰流量。在有比较可靠的历史洪水调查数据,而且其稀遇程度基本能够达到工程设计标准时,此方法具有一定的实用意义。

设计流量往往是利用水文站观测资料或洪水调查资料推算,其流量是根据水文站的观流断面或桥位附近的形态断面计算而得,因而需要换算到桥位断面。

如果水文站测流断面或形态断面距离桥位断面很近,流域面积相差不超过5%时,则推算的设计流量可以不必换算,可直接作为桥位断面的设计流量。如果距离桥位较远,则应进行换算,当流域面积相差不超过20%时,则按下式计算:

$$Q_1 = \left(\dfrac{F_1}{F_2}\right)^n Q_2 \tag{4-18}$$

上式中:Q_1、F_1——水文计算断面的洪水流量和汇水面积;

Q_2、F_2——水文站的实测最大洪水流量和汇水面积;

n——面积指数。

当流域面积相差超过20%时,按上式计算的结果误差较大,应结合实际情况,从多方面分析后确定。

第三节 根据暴雨资料推算

在设计流域实测流量资料不足或缺乏,或者因为人类活动破坏了洪水系列一致性且还原比较困难时,可以采用暴雨资料来推算设计洪水。因为大部分地区的大洪水是由暴雨产生的,所以该方法实际上是运用成因分析方法,以径流形成的产汇流理论为基础的设计洪水推求方法。

一些研究成果表明,对于比较大的洪水,大体上可以认为某一频率的暴雨将形成同一频率的洪水,即假定暴雨与洪水同频率。因此,推求设计洪水就是推求与设计洪水同频率的暴雨。但是这一假设并不是在所有的情况下成立,因此,在桥涵设计中,该种方法用的不多,有时仅作参考。

按照暴雨洪水的形成过程,根据暴雨资料推求设计洪水可分4步进行:

①暴雨资料选样:资料需要满足可靠性、一致性和代表性的要求。

②推求设计暴雨:根据选样利用频率分析法求不同历时指定频率的设计雨量及暴雨过程。

③推求设计净雨:设计暴雨扣除损失就是设计净雨,即所谓的产流计算过程。

④推求设计洪水:应用单位线法等对设计净雨进行汇流计算,即得流域出口断面的设计洪水。

一、暴雨资料的收集、审查和特大暴雨处理

1. 暴雨资料收集

暴雨资料主要向水文、气象部门刊印的《水文年鉴》、气象月报收集;也可在主管部门的网站查阅;或者收集特大暴雨图集和特大暴雨的调查资料。

2. 暴雨资料的审查

暴雨资料的审查有三个方面:可靠性审查、一致性审查和代表性审查。

暴雨资料的可靠性审查,重点应放在特大的雨量记录上。需要时,应查对原始记录,或到现场调查,检查有无错误、漏失等问题。

暴雨资料的代表性,可通过与邻近地区长系列雨量资料,以及本流域或邻近流域实际大洪水资料进行对比分析。注意所选用的资料系列是否偏丰;流域上是否有用来计算面雨量的足够水量的雨量;水文站网分布能否准确反映地理、气象、水文分区等的特性。

暴雨的诸因素受人类活动影响短期内并不明显,因此可以认为雨量系列的一致性基本满足要求。

3. 特大暴雨的处理

暴雨资料系列的代表性与系列中是否包含有特大暴雨有直接关系。一般暴雨变幅不很大,若不出现特大暴雨,统计参数 $\bar{Q}$、C_v 往往偏小。若在短期资料系列中,一旦出现一个罕见特大暴雨,就可使原频率计算成果完全改观。

判断大暴雨资料是否属于特大值,一般可从经验频率点据偏离频率曲线的程度、模比系数 K 的大小、暴雨量级在地区上是否突出,以及论证暴雨的重现期等方面进行分析判断。

特大值处理的关键是确定重现期。由于历史暴雨无法直接考证,特大暴雨的重现期只能通过小河洪水调查,并结合当地历史文献有关灾情资料的记载分析估计。一般认为,当流域面积较小时,流域平均雨量的重现期与相应洪水的重现期相近。

暴雨资料的统计选样一般采用固定时段、采取年最大值法进行选样。设计时段的确定与当地暴雨特性、流域大小、水库调蓄能力与调洪方式有关,一般取1、3、7、15等天数作为设计时段。

设计洪水规范规定,暴雨频率计算的公式可采用期望值公式,频率曲线线形采用皮尔逊Ⅲ型;频率曲线及其统计参数的确定采用适线法。

我国暴雨的 C_s 与 C_v 的比值,一般地区为3.5左右;$C_v > 0.6$ 的地区,约为3.0;$C_v < 0.45$ 的地区,约为4.0。

二、设计暴雨的推求

设计暴雨的计算包括两个方面的内容:

①设计暴雨量的大小。暴雨量的大小和历时长短有关。在同一频率下,降雨历时越长,降雨量越大。历时一般取1天、3天、7天、15天等。

②设计暴雨的时空分布,主要是要把符合设计频率的规定历时内的降雨总量分配到各个时段内去。必要时也对暴雨的空间分布做出处理。

1. 设计雨量

在根据雨量资料推求设计洪水的工作中,设计雨量的确定是最主要的环节。产流与汇流过程的分析计算,对设计洪水成果虽有一定影响,但其影响程度比起设计暴雨来却小多了。

雨量站的实测暴雨资料,是对流域内某些点观测而得的点雨量,通常只能代表某些点的雨量情况,而需要的设计暴雨则是流域的平均雨量,称为面雨量。当流域面积很小时,可直接把流域中心的设计点雨量作为流域的设计面雨量,即认为降雨在全流域是均匀分布的。

对于较大面积的流域,必须研究点雨量与面雨量之间的关系,进而将设计点雨量转化为设计面雨量。

$$x_{面,p} = \alpha \cdot x_{点,p} \tag{4-19}$$

式中:$x_{点,p}$——设计点雨量,mm;

$x_{面,p}$——设计面雨量,mm;

α——点面折减系数,即点雨量与其相应的面雨量的比值。α的确定方法有以下两种方式。

1) 定点定面关系

定点指流域中心点或其附近有长系列点雨量资料的雨量站,定面是把流域作为固定面,建立固定点雨量和固定面雨量之间的关系,称定点定面关系。对于一次暴雨某种时段的固定点雨量,有一个相应的面雨量,在定点定面条件下,点面折减系数为:

$$\alpha = \frac{x_F}{x_0} \tag{4-20}$$

式中:x_F——某时段固定面的暴雨量;

x_0——某时段固定点的暴雨量。

有了若干次某时段暴雨量,则有若干个α值,取其平均值,作为设计计算用的点面折减系数。同样的方法,可求得不同时段的点面折减系数。

2) 动点动面关系

在缺乏暴雨资料的流域上,常以动点动面暴雨点面关系代替定点定面关系。这种关系是按照各次暴雨的中心与暴雨等值线图计算求得,因各次暴雨的中心和暴雨分布都不尽相同,所以称为动点动面关系。

动点动面关系的分析方法:

①在一个水文分区内选择若干次大暴雨资料;

②绘出各场暴雨各种历时的暴雨等雨深线图;

③做出各场暴雨的点面关系;

④取各场暴雨点面关系的平均线作为该区综合的点面关系线。

动点动面暴雨点面关系其实包含了三个假定：

①假定设计暴雨的中心一定发生在流域中心；

②假定设计暴雨的点面关系符合平均的点面关系；

③假定流域周界与设计暴雨的某一等雨深线相重合。

设计面雨量确定后，可将其组成样本，以水文统计的方法推算设计暴雨。具体设计方法可参见本章第一节。

2. 设计暴雨的时空分布

1）设计暴雨时程分配计算

设计暴雨时程分配计算方法主要有典型暴雨同倍比放大法和同频率放大法。

典型暴雨的选取原则，首先要考虑所选典型暴雨的分配过程应是设计条件下比较容易发生的；其次，是对工程不利的。所谓比较容易发生，首先是从量上来考虑，应使典型暴雨的雨量接近设计暴雨的雨量；其次是要使所选典型的雨峰个数、主雨峰位置和实际降雨时数是大暴雨中常见的情况，即这种雨型在大暴雨中出现的次数较多。所谓对工程不利，主要是指两个方面：一是指雨量比较集中。例如7天暴雨特别集中在3天，3天暴雨特别集中在1天等；二是指主雨峰比较靠后。这样的降雨分配过程所形成的洪水洪峰较大且出现较迟，对工程安全将是不利的。为了简便，有时也直接选择单站雨量过程作典型。

常用的选择典型暴雨的方法有：

①从设计流域年最大雨量过程中选择；

②资料不足时，可选用流域内或附近的点雨量；

③无资料时，可查水文手册或各省暴雨径流查算图表，选用地区综合概化的典型暴雨过程。

典型暴雨过程的缩放方法与设计洪水的典型过程缩放计算基本相同，一般均采用同频率放大法，对典型暴雨分段进行缩放。不同时段控制放大时，控制时段划分不宜过细，一般以1日，3日，7日控制。对暴雨核心部分24h暴雨的时程控制，时段划分视流域大小及汇流计算所用的时段而定，一般取3h，6h，12h，24h控制。

2）设计暴雨的地区分布

当流域面积较大需要考虑暴雨空间分布不均匀性时，可以为设计暴雨拟定等雨深线图。通常选用当地的或移用邻近地区的暴雨图为典型，再用同倍比放大的方法求得设计条件下的地区分布图形。

当流域内有较长的暴雨资料时，绘制多次实测大暴雨等雨深线网，统计暴雨中心出现的位置及出现次数。然后，选出雨量大、暴雨中心位置出现在某处次数较多、并对工程安全不利的大暴雨等值线图，作为地区分布的典型。

3. 设计成果的合理性检查

暴雨频率计算成果的合理性分析，除应把各统计历时的暴雨频率曲线绘在一张图上检查，将统计参数、设计值与邻近地区站的成果协调外，还需借助水文手册中的点暴雨参数等值线图、邻近地区发生的特大暴雨记录以及世界点最大暴雨记录进行分析。

三、推求设计净雨

流域出口断面的径流量即设计暴雨中的净雨量。设计暴雨中由于蒸发、入渗、洼蓄、植物截留等因素将会削减降水所形成的径流量。由设计暴雨中扣除这些损失,即可得到设计净雨,也称为产流计算。

设计净雨的计算方法,主要有三种。

1. 径流系数法

某段时间内的径流量与形成该径流量的降雨量的比值,称为径流系数。当流域内有多次实测径流资料时,可以利用流域的平均降雨量和相应的地面径流量求出各次暴雨的径流系数,在推算设计暴雨时,可以采用所计算的各个径流系数的平均值,或者为工程安全考虑,采用各次暴雨的最大径流系数。然后根据设计暴雨推算出设计净雨。

2. 降雨径流相关图法

实践经验得出,在降雨损失中,植物截留量并不大,即使是草类茂密、灌木丛生地区,一次较大的降水,截留损失很难超过 10mm;一次降水的洼蓄损失约 3~5 mm;在降水期间,由于湿度大,蒸发损失亦比较小,因此,上述损失一般忽略不计,通常所计的降水损失主要是土壤的入渗。而土壤的入渗和土壤中降雨前期的含水率有很大的关系。因此,土壤的前期含水量 P_a 就成为影响径流的主要因素。

降雨径流相关图是指流域面雨量与所形成的径流深及影响因素之间的相关曲线,一般以降雨量 $\bar{x}$ 为纵坐标,以相应的径流深 y 为横坐标,以流域前期影响雨量 P_a 为参数,然后按照点群分布的趋势和规律,定出一条以 P_a 为参数的等值线,形成流域的 $\bar{x} \sim P_a \sim y$ 三变量降雨径流相关图。相关图绘好后,要用若干次未用于制作相关图的雨洪资料对图的精度进行检验和修正,以满足精度要求,如图 4-7a) 所示。当降雨资料不多,相关点据较少时,也可以绘制 $(\bar{x}+P_a) \sim y$ 相关图,如图 4-7b) 所示。

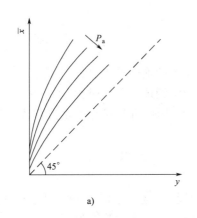
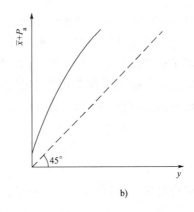

图 4-7　降雨径流相关图

a) $\bar{x} \sim P_a \sim y$ 三变量降雨径流相关图;b) $(\bar{x}+P_a) \sim y$ 相关图

利用根据实测资料推算设计频率的 P_a,再利用上述关系曲线,即得设计净雨量。

3. 初损后损法

初损后损法是将下渗过程简化为初损和后损两个阶段。从降雨开始到出现超渗产流的阶段称为初损阶段,该阶段的损失量 i 为全部降雨量;产流以后的入渗损失称为后损,该阶段的损失常用产流历时内的平均入渗率 μ 来表示。i 和 μ 可以根据雨量站的实测资料推算,由设计暴雨中直接扣除这两部分损失,即得设计净雨。

<h3 style="text-align:center">四、设计流量推求</h3>

设计净雨解决后,下一步的工作就是通过流域汇流计算,将设计净雨转化为流域出口断面流量过程线,即为设计流量过程线。汇流计算,按净雨向流域出口汇集的路径和特性不同,常分为地面汇流和地下汇流两个部分。

由地面净雨进行地面汇流计算,求得出口的地面径流过程。地面汇流计算的方法很多,如单位过程线法、等流时线法等,目前多采用单位过程线法。对某个流域来说,在一个特定的时段内,流域内均匀分布的一个单位净雨量,在流域出口断面形成的地面径流流量过程线,称为该流域的单位过程线。单位过程线是流域的典型过程线,是由实测流量过程中分析而得的一种地面径流过程线,它能反映暴雨和地面径流的关系,可作为暴雨径流过程中汇流计算的一种工具。

单位过程线有两个基本假定:

①时段等长的两次净雨所形成的过程线,底长不变,而且过程线上的流量与净雨量呈正比关系,亦即降雨强度的变化不影响单位过程线的形状,只能使单位过程线整体上下移动;

②两相邻时段的净雨,若时段等长,则所形成的过程线形状相似,而且恰好错开一个时段,过程线上的流量可以叠加,亦即前期和后期的降雨不影响单位过程线的形状。

某个流域的单位过程线,可根据该流域的实测雨量和流量资料求得,一般应利用几次洪水的实测资料进行分析检验,必要时加以修正。求出单位过程线后,可按实际情况分别采用。

由地下净雨进行地下汇流计算,求得出口的地下径流过程。在湿润地区的洪水过程中,地下径流的比重一般可以达到总径流量的20%~30%,但是地下径流的汇流速度远小于地面径流,因此地下径流过程较为平缓。地下径流过程的推求可以采用地下线性水库演算法和概化三角形法等。

将设计净雨转化为设计洪水的步骤大体是:

①拟定地面汇流计算方案。一般采用单位过程线法作汇流计算。

②按拟定的地面汇流计算方案,计算设计地面净雨的地面径流过程。

③选定地下径流汇流计算方案,计算设计地下净雨的地下径流过程。

④将设计的地面径流过程与设计的地下径流过程迭加,即得设计洪水过程线。

<h2 style="text-align:center">第四节 小流域设计洪水</h2>

在桥梁设计中,有时存在着小流域设计洪水的计算问题。小流域通常是指集水面积不超过百平方公里的小河小溪。与大中流域相比,小流域设计洪水计算有如下特点:

①绝大多数小流域没有水文站,缺乏实测资料;

②小流域面积小,自然地理条件趋于单一,拟定计算方法时,允许作适当的简化;

③小流域分布广,数量多,因此拟定的计算方法,在基本保持精度的前提下,应力求简便。

我国在吸收国外先进经验的基础上,对小流域设计洪水的计算方法进行了广泛的研究和实践,积累了丰富的经验,逐步形成了具有我国特色的方法。主要有推理公式法、地区经验公式法、历史洪水调查法和综合单位线法。在桥涵实际工作中,小流域的流量计算多采用推理公式法或经验公式法。

一、推 理 公 式

推理公式是基于暴雨形成洪水的基本原理上的一种方法。我国公路桥涵水文计算公式中,小流域流量计算方法主要有以下两种公式。

1. 径流简化公式

$$Q_p = \Psi_0 \cdot (h-z)^{3/2} \cdot F^{4/5} \cdot \beta \cdot \gamma \cdot \delta \tag{4-21}$$

式中:Q_p——频率为 P 的洪峰流量,m^3/s;

h——径流深度,mm;

z——被植被或洼地滞留的径流深度,mm,选值见附录 4;

F——流域面积,km^2;

β——洪水传播影响洪峰流量的折减系数,按附录 5 选用;

γ——流域内降雨不均匀影响洪峰流量的折减系数,按附录 6 选用;

Ψ_0——地貌系数,按附录 7 选用;

δ——湖泊或小水库调节作用影响洪峰流量的折减系数,按附录 8 选用。

2. 水利科学研究院水文所公式

水利科学研究院水文研究所 1958 年提出小流域设计洪水计算的另一种公式:

$$Q = 0.278 \frac{\Psi \cdot A}{\tau^n} F \tag{4-22}$$

式中:Q——设计洪峰流量,m^3/s;

A——24 小时设计雨力,mm/h;

F——流域面积,km^2;

n——暴雨强度衰减指数,可查有关水文手册;

Ψ——洪峰流量径流系数;

τ——汇流时间,h。

该公式适用于多雨地区,地形条件 300~500km^2 以下;干旱地区为 100~200km^2 以下;公式不能用于溶岩、泥石流及各种人为措施影响严重的地区。

二、经 验 公 式

经验公式是根据某一地区实测资料建立起来的,与所依据资料情况特征有直接关系,具有一定的地域性和局限性,其计算结果的可靠程度取决于所依据资料的精度。目前常用的经验公式的基本形式为

$$Q_P = CF^n \tag{4-23}$$

式中:Q_P——设计洪峰流量,m^3/s;

F——流域面积,km^2;

C、n——随地区及频率而变化的参数和指数,可参见表 4-9。

参数 C、n 经验值　　　　　表 4-9

区域	项目	频率 $P(\%)$					适用范围(km^2)
		0.5	1.0	2.0	5.0	10.0	
山地	C	28.6	22.0	17.0	10.7	6.58	3~2000
	n	0.601	0.621	0.635	0.672	0.707	
平原沟壑	C	70.1	49.9	32.5	13.5	3.20	5~200
	n	0.244	0.258	0.281	0.344	0.506	

第五节　设计洪水位的推求

在桥涵设计中,除了设计流量外,还需要推求桥位断面的设计水位。

根据已有资料绘制设计断面的 Q-H 曲线,从曲线上查得相应设计流量的水位即为设计水位。并需利用上下游调查的历史洪水位、坡度等对所推求的设计水位进行核对。也可利用勘测的水文基线及水文站断面的 Q-H 曲线,查出相应 Q_p 下的水位,以设计洪水坡度(参考历史洪水坡)推求设计断面的设计洪水位——比降法。

当水文站离设计断面很近,且河道的水文条件相差不大,设计断面处有部分水位观测资料时,则设计水位可利用设计断面与水文站的水位相关曲线查得。即以设计流量作为水文站观测流量,从水文站的 Q-H 曲线中,查得相应水位,再以此水位从设计断面与水文站的水位相关曲线查得设计断面相应水位,即设计水位。此水位应以河床、水面比降加以校核。

确定了桥位断面的设计流量和设计水位等水文要素以后,即可进行桥涵的孔径计算。

习题

1. 为什么要计算设计洪水,推求设计洪水的途径有哪些?各种途径的基本思路是什么?
2. 在设计洪水中为什么要考虑历史特大洪水的影响?
3. 如何对设计洪水成果进行合理性分析?
4. 有暴雨资料推求设计洪水的前提假定是什么?
5. 试述由暴雨资料推求设计洪峰流量的步骤。
6. 已知某流域有 17 年实测洪水资料,如下表所示。另调查到 1936 年曾经发生过一次大洪水,根据洪痕推算洪峰流量为 $10000 m^3/s$,取 $\dfrac{C_s}{C_v}=2.5$。试推求 200 年一遇的设计洪峰流量。

年份(年)	1936	1984	1985	1986	1987	1988	1989	1990	1991
洪峰流量(m^3/s)	10000	3900	2840	4470	5260	3390	5180	3890	3490
年份	1992	1993	1994	1995	1996	1997	1998	1999	2000
洪峰流量(m^3/s)	6700	7700	2520	5140	5320	6940	8670	4510	6830

7. 某桥位附近有一水文站,其实测得历年最大洪峰流量见下表,另外还调查到两次历史特大洪水,其中1870年的洪峰流量为13000 m³/s,是1870年到规划时(1981年)间最大的;1935年的流量11600 m³/s是次大值,试推求50年一遇的设计洪峰流量。

年份	1958	1959	1960	1961	1962	1963	1964	1965
洪峰流量(m³/s)	6780	7780	2590	5200	5420	6980	4620	3440
年份	1966	1967	1968	1969	1970	1971	1972	1973
洪峰流量(m³/s)	8000	5850	4380	5200	3800	4860	6640	5800
年份	1974	1975	1976	1977	1978	1979	1980	1981
洪峰流量(m³/s)	4010	2940	4520	5290	3500	5250	3910	3620

第五章　大中桥孔径计算

大中桥孔径计算主要是根据桥位断面的设计流量和设计水位,推算需要的桥孔的最小长度和桥面中心最低高程,为确定桥孔设计方案提供设计依据。合理的桥孔长度首先必须满足设计洪水的顺利宣泄。桥梁的修建使河道受到某种程度的压缩,改变了水流和泥沙运动的天然状态,导致对河床的冲刷,墩台基础周围的局部冲刷则可能危及桥梁的安全。因此,桥梁修建前后桥位河段的水流和泥沙运动的客观规律是进行桥梁合理孔径计算的依据。

大中桥孔径的布置,除进行必要的水力计算外,还应考虑通航情况、技术经济等多种因素综合确定。对于水力水文条件复杂的大桥,可借助水工模型试验,探求合理的桥孔设计方案。

第一节　桥位河段水流图式和桥孔布设原则

一、建桥后桥位河段的水流图式

建桥后桥位河段的水流图式,可作为桥孔长度、桥前壅水、桥下冲刷深度的计算依据,但桥位河段的水流和泥沙运动十分复杂,目前只能在某些假定和试验的基础上,对缓流河段($F_r<1$)提出简化的水流图式。由于只有很少部分峡谷性河段和变迁性河段的桥位,设计洪水的流态接近或达到急流($F_r>1$),而绝大多数的桥位是处于缓流河段。因此,缓流河段的水流图式及其孔径计算方法适用于大多数桥梁的孔径计算。

如图5-1所示,未建桥时,河道内水流形式如图5-1a)所示,图5-1b)、图5-1c)分别为不设导流堤和设导流堤的桥位平面图,图5-1d)为桥位河段的河槽纵断面图,河流的天然河槽宽度为B,桥孔长度为L,桥前的正常水深为h_0。

大中桥位河段多为缓流河段,水流由于受桥孔压缩的影响,桥前水面将呈a_1型曲线,自断面1开始壅高,至桥前一定距离处达到壅水高度最大值ΔZ,当无导流堤时,最大壅高断面2至桥孔的距离约为一个桥孔长度L,收缩断面在桥轴下游断面$3'$处;当有导流堤时,最大壅高断面2在导流堤上游坝端附近,收缩断面在桥位中线断面3处。在断面2至断面3之间,水面有横坡,从岸边泛滥线边界向桥孔倾斜,使水面呈漏斗状。当桥头锥坡填土能起导流作用,或桥头有合理的导流堤时,断面 3 与水流最大挤压断面重合,即断面 3 为收缩断面;当桥头锥坡不起导流作用,又无导流堤时,或导流堤设置不当,不能很好导流时,则收缩断面在桥轴下游断面 3′位置处。自收缩断面至断面 4,水流逐渐扩散,并且在水流收缩段的主流与河岸之间,由于水流的分离现象,桥台上、下游两侧形成回水区,即有立轴副流,至断面 4 水流恢复天然状态。

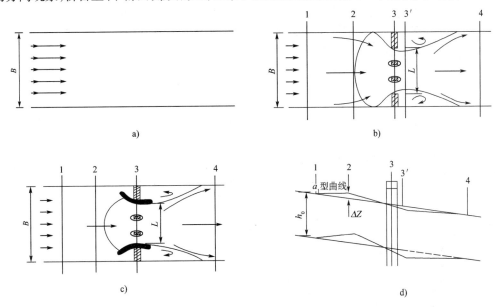

图 5-1 桥位河段的水流图式
a)未建桥时河段水流状况;b)无导流堤时的流水平面;c)有导流堤时的流水平面;d)河流中心纵断面

河流纵向流速随着沿程各断面的过水面积及水面宽度(以及糙率)不同而变。同时,水流的挟沙能力也随流速的大小而异。自断面 1 至断面 2,由于水面壅高,过水面积逐渐加大,水面坡度变缓,流速也逐渐减小,到断面 2 流速最小。由此,从上游挟带来的泥沙,因水流挟沙能力逐渐减小,泥沙逐渐沉积下来,出现淤积。自断面 2 至断面 3,过水面积逐渐减小,断面 3(或断面 3′)过水断面面积最小,水面坡度变陡,流速由小变大,断面 3(或断面 3′)流速最大,挟沙能力随流速的加大而增大。水流中的含沙量从大于水流的挟沙能力逐渐变为小于水流的挟沙能力,由此,在断面 2 至断面 3(或断面 3′)的河段上,从出现淤积量逐渐减少,转变为出现冲刷。自断面 3(或断面 3′)至断面 4,水流逐渐扩散直至恢复天然河宽,流速逐渐变小直至恢复天然河道流速或某一新的与当地条件相适应的流速,挟沙能力也作相应变化,由大变小,河床上冲刷变小至出现淤积,从而又一次达到新的平衡。

二、桥孔布设原则

桥孔布设是桥位确定以后的重要工作,桥孔布设是否合理,可能会对桥梁安全、桥梁两侧引道及桥梁墩台的稳定、桥梁及引道工程投资、桥位两侧防洪排涝、桥梁上、下游若干范围内经济发展等造成直接或间接影响,故应慎重对待。

桥孔设计的主要任务是根据设计洪水、结合河段特性、河床断面形态和地质资料、桥头引线设计,确定桥孔净长、桥面高程和墩台最小埋置深度。

各类河段在桥梁孔径设计中,一般遵循以下原则:

(1)孔径的大小在某种程度上反映出桥梁的过水能力,桥梁的孔径必须保证在设计洪水以内的各级洪水和泥沙的安全通过,并且要满足通航、流冰、流木及其他漂浮物通过的要求。

(2)桥孔布设应适应各类河段的特性及演变特点,避免河床产生不利变形,且做到经济合理。

从河床演变的角度,若孔径小于天然河道宽度太多,桥梁将大量压缩河道,过水面积减小,桥位断面流速相应增加,将引起较大的冲刷,而冲刷将直接影响桥墩基础的埋置深度。同时为使桥位处水流顺畅,以防危及桥梁和河滩路堤,往往需布设导流构造物。由此提高了工程造价。

(3)建桥后引起的桥前壅水高度、流势变化和河床变形,应在安全允许范围内。建桥后,由于桥梁压缩河道,桥前会发生壅水,导致桥前水面升高,在洪水期会危及桥位附近的农田和村镇的安全。

(4)桥孔设计应考虑桥位上、下游已建或拟建的水利工程、航道码头和管线等引起的河床演变对桥孔的影响。

(5)桥位河段的天然河道不宜开挖或改移。开挖、改移河道应具有可靠的技术经济论证。

(6)跨越河口、河湾及海岛之间的桥梁,必须保证在潮汐、海浪、风暴潮、海流及海底泥沙运动等各种海洋水文条件影响下,正常使用和满足通航的要求。

桥孔布设必须考虑河段的特点,一般遵循以下规定:

(1)桥孔布设应与天然河流断面流量分配相适应。在稳定性河段上,左右河滩桥孔长度之比应近似与左右河滩流量之比相当;在次稳定和不稳定河段上,桥孔布设必须考虑河床变形和流量分布变化趋势的影响。桥孔不宜压缩河槽,可适当地压缩河滩。

(2)在内河通航的河段上,通航孔布设应符合《内河通航标准》(GB 50139—2014)的规定,并应充分考虑河床演变和不同水位所引起的航道变化。通航海轮的桥梁桥孔布设应符合《通航海轮桥梁通航标准》(JTJ 311—97)的规定。

(3)主流深泓线上或主航道上不宜布设桥墩。在断层、陷穴、溶洞、滑坡等不良地质地段也不宜布设墩台。

(4)在有流冰、流木的河段上,桥孔应适当放大。

(5)在山区河流的桥孔布设宜符合下列要求。

①峡谷河段宜单孔跨越。桥面高程应根据设计洪水位,并结合两岸地形和路线等条件确定。

②在开阔地段可适当压缩河滩。河滩路堤宜与洪水主流流向正交,否则应增设调治工程。

(6)平原河流的桥孔布设应符合下列要求。

①在顺直微弯的河段,桥孔布设应考虑河槽内边滩下移,主河槽在河槽内摆动的影响。

②在弯曲河段,应通过河床演变调查,预测河湾发展和深泓变化,考虑河槽凹岸水流集中冲刷和凸岸淤积等对桥孔及墩台的影响。

③在河滩较稳定的分汊河段上,若多年流量分配基本稳定,可考虑布设一河多桥。桥孔布设应预计各汊流流量分配比例的变化,并应设置同流量分配相对应的导流构造物。

④在宽滩河段,可根据桥位上下游主流趋势及深泓线摆动范围布设桥孔,并可适当压缩河滩,但应考虑壅水对上游的影响。若河汊稳定又不宜导入桥孔时,可考虑修建一河多桥。

⑤在游荡河段,不宜过多压缩河床,应结合当地治理规划,辅以调治工程,在深泓线可能摆动的范围内,不宜设置桥墩。

(7)山前区河流桥孔布设应符合下列要求。

①对于山前变迁河段,在辅以适当的调治构造物的基础上,可以较大地压缩河滩。桥轴线

应与河岸线或洪水总趋势正交。河滩路堤不宜设置小桥和涵洞。当采用一河多桥方案时,应堵截临近主河槽的支汊。

②在冲积漫流河段,桥孔宜在河流下游狭窄或下游收缩河段跨越。若在河床宽阔、水流有明显分支处跨越,可采用一河多桥方案,并应在多桥间采用相应的分流和防护措施。桥下净空应考虑河床淤积的影响。

第二节 桥孔长度

桥孔长度的确定,应满足排洪和输沙的要求,保证设计洪水及其所挟带的泥沙从桥下顺利通过;应满足桥下天然或人工漂浮物的通过,保证冰凌或竹排、木排从桥下顺利通过;还应满足桥下水面通航的要求,保证船舶或编组的驳船船队从桥下顺利通过,因此,应综合考虑桥孔长度、桥前壅水和桥下冲刷的相互影响。

桥孔长度是指相应于设计洪水位时两桥台前缘之间的水面宽度,常以 L 表示,扣除全部桥墩宽度后的长度,称为桥孔净长度。桥孔最小净长度是指在给定的水文和河床条件下,安全通过设计洪水流量所必需的最小桥孔净长度,以 L_j 表示。

桥梁的净跨径是指在设计水位下,相邻桥梁墩台之间的距离,总跨径等于多孔净跨径之和。

对于设支座的桥梁而言,桥梁的标准跨径是指相邻支座中心间的水平距离(梁式桥、板式桥)。对于不设支座的桥梁,是指上下部结构的相交面之中心间的水平距离(拱式桥、刚构桥、拱涵、箱涵、圆管涵等)。跨径在 50m 以下的桥孔,一般应选用标准跨径。标准跨径有:0.75,1.0,1.25,1.5,2.0,2.5,3.0,4.0,5.0,6.0,8.0,10,13,16,20,25,30,35,40,45,50(单位:m)。设计中直接选用标准跨径的各类标准图,能简化大量的设计计算工作。

桥孔最小净长度的计算方法一般采用冲刷系数法和经验公式法。

一、冲刷系数法

大中桥的桥下河床一般不加护砌而允许有一定的冲刷。由水流连续性原理,$Q = A \cdot v$,由于建桥后桥孔压缩水流,桥下河床将出现冲刷(称作一般冲刷)。随着冲刷后水深的增加,桥下的过水面积逐渐增大,因而桥下流速逐渐降低,河槽的冲刷将相应地减缓,最终趋于停止,河床冲刷停止时的流速,称作冲止流速。1875 年,别列柳伯斯基曾假定:当桥下断面平均流速 v_c 等于天然河槽断面平均流速 v_c 时,桥下冲刷将随之停止,过水断面将不再变形,这一假定为考虑冲刷因素计算桥长提供理论分析依据。

冲刷后的过水面积 $A_{冲后}$ 与冲刷前的过水面积 $A_{冲前}$ 之比称作冲刷系数,用 P 表示。按冲刷系数的定义有:

$$P = \frac{A_{冲后}}{A_{冲前}} (P \geq 1) \tag{5-1}$$

因为 $Q = A_{冲前} v_{冲前} = A_{冲后} v_{冲后}$

所以 $P = \frac{A_{冲后}}{A_{冲前}} = \frac{v_{冲前}}{v_{冲后}}$

根据别列柳伯斯基假定,当设计流量为 Q_s 时,有:

$$Q_s = A_{冲后} v_{冲后} = PA_{冲前} v_s \tag{5-2}$$

所谓冲刷系数法,即以冲刷系数 P 为控制条件推求桥下河槽冲刷前的最小过水面积,从中确定桥孔最小净长度的计算方法,故又称过水面积控制法。各类河段的冲刷系数经验值见表5-1。

各类河段的冲刷系数表　　　　　　　　　　　　　　　　　表5-1

河　流　类　型		冲刷系数	备　　注
山区	峡谷段	1.0～1.2	无滩
	开阔段	1.1～1.4	有滩
山前区	半山区稳定段(包括丘陵区)变迁性河段	1.2～1.4	在断面平均水深≤1m时,才能使用接近1.8的较大值
		1.2～1.8	
平原区		1.1～1.4	

注:1. 采用冲刷系数计算时,应注意使桥前壅水或桥下流速的增大不致危害上下游堤防、农田、村庄和其他水工建筑物以及影响通航放筏等。
　　2. 河网地区河流及人工渠道上的桥孔应尽量减少对水流的干扰。

如图5-2所示,冲刷前桥下的毛过水面积 A_q(即设计水位下冲刷前两桥台间的总面积)由下面三部分组成:

① A_d——冲刷前桥墩、桥台所占的桥下过水面积;

② A_x——冲刷前由墩台侧面涡流(立轴副流)形成滞水区,所阻断的过水面积;

③ A_y——冲刷前桥下实际的过水面积(称作有效过水面积)。

由图5-2分析可知,有效过水面积:

$$A_y = A_q - A_d - A_x \tag{5-3}$$

净过水面积 A_j(指冲刷前的毛过水面积扣除桥墩、桥台的阻水面积后的过水面积)为:

$$A_j = A_q - A_d = A_y + A_x \tag{5-4}$$

修桥后,桥孔压缩水流,引起桥下流速增大,河床冲刷。随着冲刷发展,桥下过水断面逐渐扩大,流速减小。当桥下流速恢复到河槽的天然流速 v_c 时,冲刷停止。桥下断面冲刷前后的变化如图5-2所示。

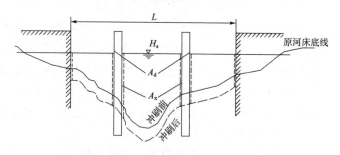

图5-2　冲刷前后桥下断面的变化

设墩台阻水引起的桥下过水面积的折减系数为 λ,桥墩水流侧向压缩系数为 μ,则:

$$\lambda = \frac{A_d}{A_q} \tag{5-5}$$

$$\mu = \frac{A_y}{A_j} \tag{5-6}$$

对于宽浅性河流,可认为各桥墩处的水深近似相等,设两墩中心线间距离为 l,墩宽为 b,λ 可按经验关系计算,即:

$$\lambda \approx \frac{b}{l} \tag{5-7}$$

μ 可按表 5-2 确定。

桥墩水流侧向压缩系数值 μ 表 表 5-2

设计流速 v_s (m/s)	单孔净跨径 L_0 (m)								
	≤10	13	16	20	25	30	35	40	45
<1	1.00	1.00	1.00	1.00	1.00	1.00	1.00	1.00	1.00
1.0	0.96	0.97	0.98	0.99	0.99	0.99	0.99	0.99	0.99
1.5	0.96	0.96	0.97	0.97	0.98	0.98	0.98	0.99	0.99
2.0	0.93	0.94	0.95	0.97	0.97	0.98	0.98	0.98	0.98
2.5	0.90	0.93	0.94	0.96	0.96	0.97	0.97	0.97	0.98
3.0	0.89	0.91	0.93	0.95	0.96	0.96	0.97	0.97	0.98
3.5	0.87	0.90	0.92	0.94	0.95	0.96	0.96	0.96	0.97
≥4.0	0.85	0.88	0.91	0.93	0.94	0.95	0.96	0.96	0.97

注：1. 系数 μ 是指墩台侧面因漩涡形成滞流区而减少过水面积的折减系数。

2. 当单孔净跨径 $L_0 > 45\text{m}$ 时，$\mu = 1 - 0.375 \frac{v_s}{L_0}$，对于不等跨的桥孔可采用各孔 μ 值的平均值。单孔净跨径大于 200m 时，取 $\mu \approx 1.0$。

因为
$$A_j = A_q - \lambda A_q = (1 - \lambda) A_q \tag{5-8}$$

故冲刷前的有效过水面积为：
$$A_y = \mu \cdot A_j = \mu \cdot (1 - \lambda) A_q \tag{5-9}$$

冲刷后的有效过水面积为：
$$PA_y = P\mu \cdot A_j = P\mu \cdot (1 - \lambda) A_q \tag{5-10}$$

设冲刷前后的水位不变，根据水流连续性方程，可得：
$$Q_s = PA_y \cdot v_s = P\mu (1 - \lambda) A_q \cdot v_s \tag{5-11}$$

利用上式，可求得桥下通过设计洪水时所需的最小毛过水面积 A_q：
$$A_q = \frac{Q_s}{\mu(1 - \lambda) P v_s} \tag{5-12}$$

然后在桥位断面图上布设桥孔，当实际设计布设的桥孔设计方案中的毛过水面积大于或等于 A_q 的计算值时，则满足设计要求。

当桥轴线与水流方向斜交时，设水流方向与桥梁轴线的法线方向的夹角为 α，实有的桥下过水面积应以垂直于水流方向的投影面来计算，则：

$$A_q = \frac{Q_s}{\mu(1 - \lambda) P v_s \cos\alpha} \tag{5-13}$$

二、经验公式法

按《公路工程水文勘测设计规范》（JTG C30—2015）规定，可用下述经验公式计算桥孔净长度 L_j。

1. 峡谷河段

对峡谷性河段,不宜压缩河槽,一般按地形布孔,不做桥长计算。

2. 开阔、顺直微弯、分汊、弯曲河段及滩、槽可分的不稳定河段

河槽宽度公式适用于具有明显河槽及河滩的各类河段,包括山区开阔河段和平原区顺直微弯的稳定性河段;平原区分汊、弯曲的次稳定河段;滩槽可分山前区变迁性河段、平原区游荡性河段等不稳定河段。

桥孔最小净长度:

$$L_j = K_q \left(\frac{Q_p}{Q_c}\right)^{n_3} B_c \tag{5-14}$$

式中:L_j——桥孔最小净长度,m;
$\quad Q_p$——设计流量,m^3/s;
$\quad Q_c$——河槽流量,m^3/s;
$\quad B_c$——河槽宽度,m;
$\quad K_q$、n_3——系数和指数,按表 5-3 采用。

K_q、n_3 系 数 表　　　　　　　表 5-3

河 段 类 型	K_q	n_3
开阔、顺直微弯河段	0.84	0.9
分汊、弯曲河段	0.95	0.87
滩、槽可分的不稳定河段	0.69	1.59

3. 宽滩性河段

对于宽滩性河段,考虑桥下河床单宽流量的重新分布而建立桥孔最小净长度公式,也称为单宽流量公式。

桥孔最小净长度:

$$L_j = \frac{Q_p}{\beta q_c} \tag{5-15}$$

$$\beta = 1.19 \left(\frac{Q_c}{Q_t}\right)^{0.10} \tag{5-16}$$

式中:Q_p——设计流量,m^3/s;
$\quad \beta$——水流压缩系数;
$\quad q_c$——河槽平均单宽流量($m^3/s \cdot m$),$q_c = \frac{Q_c}{B_c}$;
$\quad Q_c$——河槽流量,m^3/s;
$\quad Q_t$——河滩流量,m^3/s。

4. 滩槽难分的不稳定河段

基本河宽公式适用于滩槽难分的不稳定河段。对于无明显河岸、滩槽难分的变迁、游荡河段,无法确定河槽宽度 B_c。根据河相关系可以确定基本河宽 B_0,B_0 是一个多年洪水反复作用形成的基本水流宽度。根据我国实桥资料(大中桥孔径设计研究全国实桥调查资料汇编,1976 年,南宁,当时的设计洪水频率为 2%)逐步回归分析得到最优回归方程。

$$B_0 = 16.07\left(\frac{\overline{Q}^{0.24}}{\overline{d}^{0.3}}\right) \tag{5-17}$$

桥孔最小净长度:

$$L_j = C_p \cdot B_0 \tag{5-18}$$

$$C_p = \left(\frac{Q_p}{Q_{2\%}}\right)^{0.33} \tag{5-19}$$

式中:C_p——洪水频率系数;
  B_0——基本河槽宽度,m;
  $\overline{Q}$——年最大流量平均值,m³/s;
  $\overline{d}$——河床泥沙平均粒径,m;
  Q_p——设计流量,m³/s;
  $Q_{2\%}$——频率为 2% 的洪水流量,m³/s。

上述经验公式的计算结果是通过设计洪水时,且与水流方向正交所需要的最小桥孔净长,斜交时应予以换算。

【例 5-1】 某桥跨越宽滩河段,设计流量 $Q_p = 5870 \text{m}^3/\text{s}$,河槽流量 $Q_c = 4580 \text{ m}^3/\text{s}$,河槽宽度 $B_c = 200\text{m}$,试计算桥孔净长。

解: 按宽滩河段计算,由式(5-15)、式(5-16),有:

水流压缩系数 $\quad \beta = 1.19\left(\frac{Q_c}{Q_t}\right)^{0.10} = 1.19 \times \left(\frac{4580}{5870-4580}\right)^{0.10} = 1.35$

河槽平均单宽流量 $\quad q_c = \frac{Q_c}{B_c} = \frac{4580}{200} = 22.9 \text{m}^3/\text{s} \cdot \text{m}$

桥孔最小净长度 $\quad L_j = \frac{Q_p}{\beta q_c} = \frac{5870}{1.35 \times 22.9} = 190\text{m}$

【例 5-2】 某桥位原拟定桥孔净长 $L_{j0} = 350\text{m}$,设计流量 $Q_p = 7340\text{m}^3/\text{s}$,$Q_{2\%} = 4846 \text{ m}^3/\text{s}$,河床颗粒平均粒径 $\overline{d} = 30\text{mm}$。此桥位处属于滩槽难分的不稳定河段,年最大流量平均值 $\overline{Q} = 3550 \text{ m}^3/\text{s}$,试验算所拟定桥长是否合适。

解: 对滩槽难分的不稳定河段,由式(5-17)~式(5-19),有:

洪水频率系数 $\quad C_p = \left(\frac{Q_p}{Q_{2\%}}\right)^{0.33} = \left(\frac{7340}{4846}\right)^{0.33} = 1.147$

基本河槽宽度 $\quad B_0 = 16.07\left(\frac{\overline{Q}^{0.24}}{\overline{d}^{0.3}}\right) = 16.07\left(\frac{3550^{0.24}}{0.03^{0.3}}\right) = 327.3\text{m}$

桥孔最小净长度 $\quad L_j = C_p \cdot B_0 = 1.147 \times 327.3 = 375(\text{m}) > 350\text{m}$

$L_j > L_{j0}$,拟定桥长偏小,取 $L_j = 375\text{m}$。

桥孔设计长度除应满足泄洪、输沙需要的最小桥孔净长外,必须结合桥位地形、桥型方案、通航要求、桥前壅水、冲刷深度、河床地质、墩台形式及尺寸、桥头接线等诸多因素综合考虑。

上列各式计算得桥孔净长度是泄洪输沙要求必须具有的桥孔最小净长度,初步设计阶段桥孔布设方案必须大于以上计算的桥孔最小净长度。工程技术人员应根据现场条件和工作经验,综合分析,采用适当的桥长。

第三节 桥面设计高程

桥面高程是指桥面中心线上最低点的高程,它必须满足桥下通过设计洪水、流冰、流木和通航的要求,并且应该考虑壅水、波浪、水拱、河湾凹岸水面超高等各种因素引起的桥下水位升高以及河床淤积的影响。若此高程设置过大,将使工程投入显著增加;若此高程设置过小,轻则将会影响桥位上游正常通航或造成局部的洪涝灾害,重则可能危及桥梁的安全及桥位下游局部地区的人民生命财产安全,有时甚至制约桥梁上游地区经济的发展。因此,应以地区政治、经济、军事、交通运输业的发展及工程的技术经济合理为基点,综合分析、确定此高程值。

一、桥面高程的确定

1. 不通航河流

(1)按设计水位计算桥面最低高程。如图 5-3 所示,应按下式计算

$$H_{\min} = H_s + \sum \Delta h + \Delta h_j + \Delta h_0 \tag{5-20}$$

式中:$H_{\min}$——桥面最低高程,m;

H_s——设计水位,m;

$\sum \Delta h$——考虑壅水、浪高、波浪壅高、河湾超高、水拱、局部股流壅高(水拱与局部股流壅高只取其大者)、床面淤高、漂浮物高度等诸因素的总和,m;

Δh_j——桥下净空安全值,m,按表 5-4 采用;

Δh_0——桥梁上部构造建筑高度(包括桥面铺装高度),m。

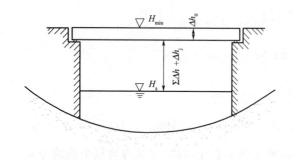

图 5-3 按设计水位计算桥面最低高程

不通航河流桥下净空安全值 Δh_j 表 5-4

桥梁部位	按设计水位计算的桥下净空安全值(m)	按最高流冰水位计算的桥下净空安全值(m)
梁底	0.5	0.75
支座垫石顶面	0.25	0.5
拱脚	按注"1"要求确定	0.25

注:1. 无铰拱的拱脚,可被水淹没,淹没高度不宜超过拱圈矢高的 2/3;拱顶底面至设计水位的净高不应小于 1.0m。
2. 山区河流水位变化大,桥下净空安全值可适当加大。

(2)按设计最高流冰水位计算桥面最低高程。如图 5-4 所示,应按下式计算:

$$H_{\min} = H_{SB} + \Delta h_j + \Delta h_0 \quad (5-21)$$

式中:H_{SB}——设计最高流冰水位,m,应考虑床面淤高;

Δh_j——桥下净空安全值,m,按表 5-4 采用。

当有流冰、流木从河槽桥孔通过时,河槽内桥孔的净跨径不宜小于表 5-5 中的规定,并应大于实地调查的最大流冰、流木的尺寸。

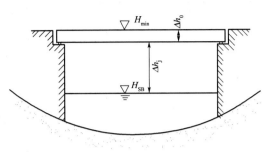

图 5-4 按设计最高流冰水位计算桥面最低高程

流冰、流木河流上桥梁最小净跨　　　　表 5-5

类　型		净　跨　(m)		备　注
		主槽桥孔	边滩桥孔	
流冰	微弱	16	10	冰块 <0.7m 厚 ×50m²
	中等	20	13	冰块 >0.7m 厚 ×50m²
	强烈	40	30	冰块 >1.0m 厚 ×110m²
流木	中等	流木长度 +1m		
	强烈	流木长度 +2m		

注:1. 本表应根据桥址附近调查资料校正。
　　2. 有冰塞或流木堆积的河流,桥跨应根据需要加大。

桥面设计高程不应低于式(5-20)和式(5-21)的计算结果。

2. 通航河流

通航河流的桥面设计高程,如图 5-5 所示,除应满足不通航河流的要求式(5-20)和式(5-21)外,同时应满足设计最高通航水位的要求,应按下式计算:

$$H_{\min} = H_{tn} + H_M + \Delta h_0 \quad (5-22)$$

式中:H_{tn}——设计最高通航水位,m;

H_M——通航净空高度,m。

通航河段桥下净空尺度的规定见图 5-6 和表 5-6、表 5-7;其中通航净空高度 H_M 从设计最高通航水位算起;桥下净宽 B_m 为设计最低通航水位时桥墩之间的净距,如图 5-6 所示。

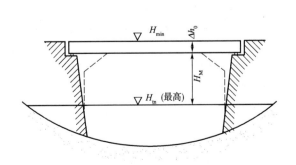

图 5-5 按设计最高通航水位计算桥面最低高程

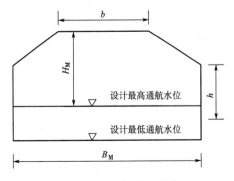

图 5-6 水上过河建筑物通航净空

全国内河航道分级与航道尺度 表5-6

航道等级	驳船吨级(t)	船型尺寸(总长×宽×设计吃水)(m)	船队尺度(长×宽×吃水)(m)	航道尺度(m) 天然及渠化河流 水深	单线宽度	双线宽度	限制性航道 水深	底宽	弯曲半径
Ⅰ	3000	75×16.2×3.5	(1)350×64.8×3.5	3.5~4.0	120	245			1050
			(2)271×48.6×3.5		100	190			810
			(3)267×32.4×3.5		75	145			800
			(4)192×32.4×3.5		70	130	5.5	130	580
Ⅱ	2000	67.5×10.8×3.4	(1)316×32.4×3.4	3.4~3.8	80	150			950
			(2)245×32.4×3.4		75	145			740
		75×14×2.6	(3)180×14×2.6	2.6~3.0	35	70	4.0	65	540
Ⅲ	1000	67.5×10.8×2.0	(1)243×32.4×2.0	2.0~2.4	80	150			730
			(2)238×21.6×2.0		55	110			720
			(3)167×21.6×2.0		45	90	3.2	85	500
			(4)160×10.8×2.0		30	60	3.2	50	480
Ⅳ	500	45×10.8×1.6	(1)160×21.6×1.6	1.6~1.9	45	90			480
			(2)112×21.6×1.6		40	80	2.5	80	340
			(3)109×10.8×1.6		30	50	2.5	45	330
Ⅴ	300	35×9.2×1.3	(1)125×18.4×1.3	1.3~1.6	40	75			380
			(2)89×18.4×1.3		35	70	2.0 / 2.5	70	270
			(3)87×9.2×1.3		22	40	2.0	40	260
Ⅵ	100	26×5.2×1.8	(1)361×5.5×2.0	1.0~1.2			2.5	18~22	105
		32×7×1.0	(2)154×14.6×1.0		25	45			130
		32×6.2×1.0	(3)65×6.5×1.0		15	30	1.5	25	200
		30×6.4(7.5)×1.0	(4)74×6.4(7.5)×1.0		15	30	1.5	28	220
Ⅶ	50	21×4.5×1.75	(1)273×4.8×17.5	0.7~1.0			2.2	18	85
		23×5.4×0.8	(2)200×5.4×0.8		10	20	1.2	20	90
		30×6.2×0.7	(3)60×6.5×0.7		13	25	1.2	26	180

水上过河建筑物通航净空尺度(m) 表5-7

航道等级		天然及渠化河流				限制性河道			
		H_M	B_M	b	h	H	B	b	h
Ⅰ	(1)	24	160	120	7.0				
	(2)		125	95	7.0				
	(3)	18	95	70	7.0				
	(4)		85	65	8.0				

续上表

航道等级		天然及渠化河流				限制性河道			
		H_M	B_M	b	h	H	B	b	h
Ⅱ	(1)		105	80	6.0				
	(2)		90	70	8.0				
	(3)	10	50	40	6.0	10	65	50	6.0
Ⅲ	(1)	18	100	75	6.0				
	(2)		70	55	6.0				
	(3)	10	60	45	6.0	10	85	65	6.0
	(4)		40	30	6.0		55	40	6.0
Ⅳ	(1)		60	50	4.0				
	(2)	8	50	41	4.0	8	80	60	3.5
	(3)		35	29	5.0		45	37	4.0
Ⅴ	(1)		46	38	3.5				
	(2)		38	31	4.5	8	75~77	62	3.5
	(3)	8.5	30	25	5.5,3.5	8.5	38	31	4.5,3.5
Ⅵ	(1)					4	22	18	3.4
	(2)	4	30	24	3.4				
	(3)	6	18	14	4.0	6	28~30	22	3.6
	(4)								
Ⅶ	(1)					3.5	18	14	2.8
	(2)	3.5	14	11	2.8		18	14	2.8
	(3)	4.5	18	14	2.8	4.5	26~30	21	2.8

二、水位以及引起桥下水位升高的因素计算

1. 设计水位 H_s 和设计最高通航水位 H_{tn} 的计算

根据第四章中的内容,可以得出设计流量 Q_{ps} 和通航流量 Q_{tn}。设计流量 Q_{ps} 是与设计洪水频率 P 相应的流量。通航流量 Q_{tn} 是与通航洪水重现期(通航洪水频率的倒数)相应的流量,《内河通航标准》(GBJ 50139—2014)中规定天然河流设计最高通航水位标准见表5-8。

天然河流设计最高通航水位标准　　　　表5-8

航道等级	Ⅰ~Ⅲ	Ⅳ、Ⅴ	Ⅳ、Ⅶ
洪水重现期(年)	20	10	5

由设计流量 Q_{ps} 和通航流量 Q_{tn},利用形态断面法可推出相应的设计水位 H_s 和设计最高通航水位 H_{tn}。

2. 壅水高度

1)桥前最大壅水高度 ΔZ

根据桥位断面处的水流图式(图5-1),最大壅水高度发生在断面2,桥前最大壅水高度 ΔZ

的计算公式为：

$$\Delta Z = \eta(\bar{v}^2 - \bar{v}_0^2) \tag{5-23}$$

式中：η——系数，见表 5-9；

$\bar{v}$——桥下平均流速，m/s，见表 5-10；

$\bar{v}_0$——天然状态下桥下全断面平均流速，m/s：

$$\bar{v}_0 = \frac{\bar{Q}_0}{\bar{A}_0}; \tag{5-24}$$

$\bar{Q}_0$——天然状态下桥下通过的设计流量，m³/s；

$\bar{A}_0$——天然状态下桥下过水面积，m²。

η 系 数 表 表 5-9

河滩路堤阻断流量与设计流量的比值(%)	<10	11~30	31~50	>50
η	0.05	0.07	0.10	0.15

桥下平均流速 $\bar{v}$ 表 5-10

土　质	土　壤　类　别	桥下平均流速
松软土	淤泥、细砂、中砂、淤泥质亚黏土	$\bar{v}_M = \bar{v}_c$
中等土	粗砂、砾石、小卵石、亚黏土和黏土	$\bar{v} = \frac{1}{2}\left(\frac{Q_s^{②}}{A_j^{③}} + \bar{v}_c^{①}\right)$
密实土	大卵石、大漂石	$\bar{v} = \frac{Q_s}{A_j}$

注：①$\bar{v}_c$——河槽的平均流速，m/s。

②Q_s——设计流量，m³/s。

③A_j——桥下的净过水面积，m²。

2) 桥下壅水高度 $\Delta Z'$

桥下壅水高度一般可取桥前最大壅水高度的一半。当河床坚实不易冲刷时，可采用桥前最大壅水高度值；当河床松软易于冲刷时，桥下壅水高度可以不计。

3) 任一断面 A 处壅水高度 ΔZ_A

图 5-7 为壅水曲线示意图，建立坐标系，将壅水曲线近似看作二次抛物线：

$$y = ax^2 \tag{5-25}$$

当 $x = L$ 时，$y = \Delta Z$，代入(5-25)式得：

$$\Delta Z = aL^2$$

则 $a = \dfrac{\Delta Z}{L^2}$ 代入(5-25)式得：

$$y = \frac{\Delta Z}{L^2}x^2 \tag{5-26}$$

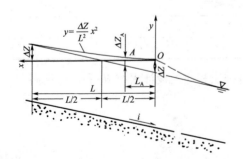

图 5-7　壅水曲线示意图

设 A 处距坐标原点的距离为 L_A，其壅水高度值

$$\Delta Z_A = \frac{\Delta Z}{L^2} L_A^2 + \frac{L_A}{L/2} \cdot \Delta Z \tag{5-27}$$

水面纵坡为 i，如图 5-7 所示，壅水曲线的全长：

$$L = 2\frac{\Delta Z}{i} \tag{5-28}$$

将(5-28)代入(5-27)得：

$$\Delta Z_A = \left(1 - \frac{iL_A}{2\Delta Z}\right)^2 \tag{5-29}$$

式中：ΔZ_A——任一断面 A 处的壅水高度，m；

i——水面比降（均匀流时与河床比降相等），以小数计；

L_A——任意断面 A 至最大壅水断面的距离，m；

ΔZ——桥前最大壅水高度，m。

3. 波浪

1) 波浪高度的计算

如图 5-8 所示，水面受风的作用而呈现起伏波动，并沿风向传播，形成波浪。波面凸起的最高点称为波峰，波面凹下的最低点称作波谷，相邻的波峰与波谷之间的垂直距离称为波浪高度，相邻两个波峰（或两个波谷）之间的水平距离称为波浪长度，波浪传播的距离称为浪程（风距）。

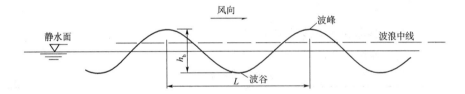

图 5-8 波浪示意图

影响波浪的因素有：风向、风速、风时、风的吹程和水深等，其中最为主要的是风速。汛期洪水时，狂风大作，波浪的高度往往通过调查当地情况决定其数值的大小，或按有关设计规范和手册中的公式确定。

计算桥面高程时，取计算浪高的 $\frac{2}{3}$ 计入。

南京水利科学研究所推荐公式如下：

$$h_{b1\%} = \frac{2.3 \times 0.13 \tanh\left[0.7\left(\frac{g\bar{h}}{\bar{v}_w^2}\right)^{0.7}\right] \tanh\left\{\frac{0.0018\left(\frac{gD}{\bar{v}_w^2}\right)^{0.45}}{0.13\tanh\left[0.7\left(\frac{g\bar{h}}{\bar{v}_w^2}\right)^{0.7}\right]}\right\}}{\frac{g}{\bar{v}_w^2}} \tag{5-30}$$

式中：$h_{b1\%}$——波浪高度，m，1% 表示累计频率，即连续观测的 100 个波浪高度的最大一个；

$\tanh$——双曲正切函数；

$\bar{v}_w$——风速，水面以上 10m 高度处多年测得的洪水期间自记 2min 平均最大风速的平均值，m/s，可按下式换算：

$$\bar{v}_w = \frac{\bar{v}_{wo} - 0.80}{0.88} \tag{5-31}$$

其中，$\bar{v}_{wo}$——计算点设计水位以上 10m 高度处，在洪水期间多年测得的自记 10min 年平均最大风速的平均值，m/s；

$\bar{h}$——沿浪程（风距）的平均水深，m；

D——计算浪程，m；

g——重力加速度。

2）波浪的侵袭高度

如图 5-9 所示，波浪沿斜面的爬高，称为波浪的侵袭高度。当确定河滩路堤或导流堤顶高程时，应计入这一高度。

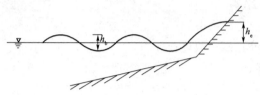

图 5-9 波浪的侵袭高度

$$h_e = K_A K_V h_{b1\%} \cdot R_0 \tag{5-32}$$

式中：h_e——波浪侵袭高度（自静水位起算），m；

K_A——边坡糙渗系数，见表 5-11；

K_V——风速影响系数，见表 5-12；

R_0——相对波浪侵袭高度系数，见表 5-13。即当 $K_A = K_V = h_{b1\%} = 1$ 时的波浪侵袭高度。

当波浪斜向侵袭时，侵袭高度将有所减弱。当边坡 $m > 1$ 和 $\beta \geqslant 30°$ 时，按下式计算：

$$h'_e = \frac{1 + 2\sin\beta}{3} h_e \tag{5-33}$$

式中：β——波浪线与路堤处水边线的夹角；

h'_e——修正后的波浪侵袭高度，m。

边坡糙渗系数 K_A　　　　　　　　　　表 5-11

边坡护面类型	整片光滑不透水护面（沥青混凝土）	混凝土及浆砌片石护面与光滑土质边坡	干砌片石及植草皮	一两层抛石加固	抛石组成的建筑物
K_A	0.0	0.90	0.75~0.80	0.60	0.50~0.55

风速影响系数 K_V　　　　　　　　　　表 5-12

风　速	5~10	10~20	20~30	>30
K_V	1.0	1.2	1.4	1.6

相对波浪侵袭高度 R_0　　　　　　　　　　表 5-13

边坡系数	1.00	1.25	1.5	1.75	2.0	2.5	3.0
R_0	2.16	2.45	2.52	2.40	2.22	1.82	1.50

4. 河湾超高

由于河湾处顺轴副流的影响，造成凹岸高、凸岸低，水位高差按下式计算：

$$\Delta h = \frac{\bar{v}^2 B}{gR} \tag{5-34}$$

式中：Δh——河湾两岸水位超高值，m；

$\bar{v}$——断面平均流速，m/s；

B——河湾水面宽度，m，如滩地有密草、丛林或死水时，该部分水面宽度应予扣除；

g——重力加速度,取 9.81m/s^2;

R——河湾凸凹岸曲率半径的平均值,m。

$$R \approx \frac{R_0 + r_0}{2} \quad (R_0 \text{ 为凹岸曲率半径}, r_0 \text{ 为凸岸曲率半径})$$

桥位处的河湾超高(凹岸水面与凸岸水面的高差)以 $\frac{1}{2}\Delta h$ 计入,实际上即河中心水面与凸岸水面的高差。

5. 河床淤积高度

桥下河床逐年淤积,可使桥下水面随之抬高。确定桥面高程时应予以考虑。

河流淤积,抬高河底的速度极慢,在勘测期间,很难获得淤积历史资料,通常均以调查实测确定。对于山前区宽浅河流,中游有逐年淤高的扩散河段,考虑淤高影响的净空高度 Δh_j 可参照表 5-14 选用。

山前区宽浅河流中游扩散河段桥下净空高度 Δh_j 表 5-14

淤积情况	桥下净空高度 Δh_j (m)	淤积情况	桥下净空高度 Δh_j (m)
建桥前无明显淤积现象	1~2	建桥前有明显淤积现象	2~4

6. 其他

水拱、局部股流壅高、墩前水流冲高可通过实地调查确定。跨海域的桥梁、感潮河口段的桥梁桥下潮汐、波浪高度及其他增水高度计算,参考《桥位设计》(高冬光,2011)。

【例 5-3】 已知某桥位断面及地质钻孔资料如图 5-10 和表 5-15 所示,桥位河段属于山区开阔河段,设计水位 997.061m,设计流量 2074m³/s。河床比降为 5‰,平滩水位为 994.828m,滩槽分界点里程桩号为 K118+565.3m 和 K118+660m,河槽糙率系数 $\frac{1}{n_c}$ 为 35,河滩糙率系数 $\frac{1}{n_t}$ 为 25,河床土层分界点高程为 990m、982m、978m,水流与桥位正交。通过对风向、风速观测资料分析整理,并结合河段的水域地形,得到计算浪程为 600m,沿浪程的平均水深为 2.81m,风速 30m/s。试确定:a. 桥孔长度;b. 桥面高程。

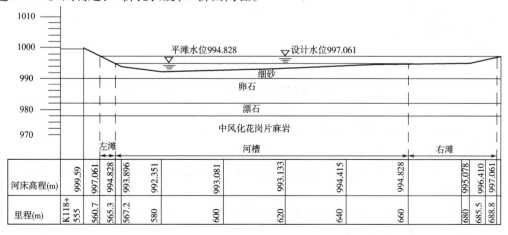

图 5-10 桥位断面图

解: 1)基本数据计算

由桥位断面图可知,设计水位以下的河床断面分为三个部分:

左河滩(K118+560.7～+565.3),河槽(K118+565.3～+660),右河滩(K118+660～+688.8)。河床断面按测点位置可分为10个单元,对应于设计水位,洪水断面水力计算结果见表5-15。

洪水断面水力计算表　　　　表5-15

	单元号	里程(K118+)	河床高程(m)	设计水位时水深	水面宽度(m)	各单元过水面积 $A(m^2)$	面积累计 (m^2)	水面宽度 B 累计(m)	平均水深 $\bar{h}(m)$	最大水深 $h_m(m)$	设计流速 $v(m/s)$	设计流量 $Q(m^3/s)$
左河滩(t1)	1	560.7	997.061	0	4.6	5.14	$A_{t1}=5.14$	$B_{t1}=4.6$	$\bar{h}_{t1}=1.12$	2.23	$v_{t1}=1.90$	$Q_{t1}=9.77$
河槽(c)	2	565.3	994.828	2.233	1.9	5.13	$A_c=336.04$	$B_c=94.7$	$\bar{h}_c=3.55$	4.71	$v_c=5.76$	$Q_c=1934.79$
	3	567.2	993.896	3.165	12.8	50.40						
	4	580	992.351	4.71	20	86.90						
	5	600	993.081	3.98	20	79.08						
	6	620	993.133	3.928	20	65.74						
	7	640	994.415	2.646	20	48.79						
右河滩(t2)	8	660	994.828	2.233	20	42.16	$A_{t2}=50.48$	$B_{t2}=28.8$	$\bar{h}_{t2}=1.75$	2.23	$v_{t2}=2.57$	$Q_{t2}=129.72$
	9	680	995.078	1.983	5.5	7.24						
	10	685.5	996.41	0.651	3.3	1.07						
		688.8	997.061	0	合计		$\sum A=391.65m^2$	$B=128.1m$	$\bar{h}=3.06$			$Q_s=2074.28$

断面平均水深　　　$\bar{h}=\dfrac{\sum A}{B}=\dfrac{391.65}{128.1}=3.06m$

水面宽度大于平均水深的10倍,可以用平均水深代替水力半径来计算流速,由谢才满宁公式 $v=\dfrac{1}{n}\bar{h}^{\frac{2}{3}}i^{\frac{1}{2}}$,可求出各部分的设计流速,见表5-16。

全断面设计流量　　　$Q_s=Q_{t1}+Q_c+Q_{t2}=2074.28m^3/s$

2)桥孔长度的计算

(1)采用经验公式计算。

该桥位河段属山区开阔河段,可用式(5-14)进行计算。

$$L_j=K_q\left(\dfrac{Q_s}{Q_c}\right)^{n_3}B_c=0.84\times\left(\dfrac{2074.28}{1934.79}\right)^{0.9}\times94.7=84.7m$$

此结果是桥下宣泄设计洪水所需要的最小孔径。

(2)采用冲刷系数法计算。

初步拟定,上部结构采用预应力混凝土简支梁,等跨布置跨径30m,下部结构采用双柱式桥墩,并假定墩径1.3m。

查表5-1,选用 $P=1.25$;查表5-2,桥墩水流侧向压缩系数 $\mu=0.95$;

折减系数 $\lambda=\dfrac{b}{l}=\dfrac{1.3}{30}=0.043$;河槽的天然平均流速 v_c 作为设计流速 v_s。

采用式(5-12)可得通过设计流量时所需的桥下最小毛过水面积：

$$A_{qj} = \frac{Q_s}{\mu(1-\lambda)Pv_s} = \frac{2074.28}{0.95 \times (1-0.043) \times 1.25 \times 5.76} = 317\text{m}^2$$

式中：A_{qj}——桥下毛过水面积计算值。

拟定将左岸 0 号桥台前缘置于里程 K118+560m 处，采用 4 跨，跨径 30m，依次向右布置，4 号桥台前缘置于里程 K118+680m，其桥孔净长 $L_j = 4 \times 30 - 5 \times 1.3 = 113.5\text{m}$。

按此方案布置桥孔，没有压缩左河滩，右河滩有部分压缩，里程 K118+680~+688.8 设计为路堤，则压缩的右河滩的过水面积：$A_{t2}' = 8.31\text{m}^2$，

计算桥下实际的毛过水面积 A_{qs}：

$$A_{qs} = \sum A - A_{t2}' = 391.65 - 8.31 = 383.34\text{m}^2$$

式中：A_{qs}——桥下毛过水面积实际值；

A_{t2}'——桥下右河滩被压缩的过水面积。

实际桥孔布置方案的毛过水面积与按设计流量计算所需要的毛过水面积相比，实际值大于计算值，$A_{qs} > A_{qj}$ 且相差不大。此布设方案符合所需要的桥下最下过水面积。

(3) 实际中应综合考虑桥前壅水、桥下冲刷、河道主流摆动幅度，以及技术经济方面的要求，合理确定桥孔。

3) 桥面高程的确定

(1) 壅水高度

按式(5-23)计算，其中河滩路堤阻断的过水面积：$A_D = A_{t2}' = 8.31\text{m}^2$

则河滩路堤阻断流量　　$Q_D = A_D v_{t2} = 8.31 \times 2.57 = 21.36\text{m}^3/\text{s}$

河滩路堤阻断流量与设计流量的比值　　$\dfrac{Q_D}{Q_s} = \dfrac{21.36}{2074.28} = 1\%$

查表 5-9，选用 $\eta = 0.05$。

桥下的净过水面积　　$A_j = (1-\lambda)A_{qs} = (1-0.043) \times 383.34 = 366.86\text{m}^2$

河槽的平均流速　　$\bar{v}_c = 5.76\text{ m/s}$

由桥位断面图可知，根据河床土质组成属中等土，查表 5-10，桥下平均流速：

$$\bar{v} = \frac{1}{2}\left(\frac{Q_s}{A_j} + \bar{v}_c\right) = \frac{1}{2}\left(\frac{2074.28}{366.86} + 5.76\right) = 5.71\text{m/s}$$

天然状态下桥下全断面平均流速：

$$\bar{v}_0 = \frac{\bar{Q}_0}{A_0} = \frac{Q_s - A_{t2}'v_{t2}}{\sum A - A_{t2}'} = \frac{2074.28 - 8.31 \times 2.57}{391.65 - 8.31} = 5.36\text{m/s}$$

桥前最大壅水高度　　$\Delta Z = \eta(\bar{v}^2 - \bar{v}_0^2) = 0.05 \times (5.71^2 - 5.36^2) = 0.194\text{m}$

桥下最大壅水高度取　　$\Delta Z' = \dfrac{1}{2}\Delta Z = 0.097\text{m}$

(2) 波浪高度

采用式(5-30)计算。

$$\frac{g\bar{h}}{\bar{v}_W^2} = \frac{9.81 \times 2.81}{30^2} = 0.030629$$

$$0.7\left(\frac{g\bar{h}}{v_W^2}\right)^{0.7} = 0.06100859 \qquad \tanh\left[0.7\left(\frac{g\bar{h}}{v_W^2}\right)^{0.7}\right] = 0.060933$$

$$\frac{gD}{v_W^2} = \frac{9.81 \times 600}{30^2} = 6.54 \qquad \left(\frac{gD}{v_W^2}\right)^{0.45} = 2.328145$$

$$\frac{g}{v_W^2} = \frac{9.81}{30^2} = 0.0109$$

$$\tanh\left\{\frac{0.0018\left(\frac{gD}{v_W^2}\right)^{0.45}}{0.13\tanh\left[0.7\left(\frac{g\bar{h}}{v_W^2}\right)^{0.7}\right]}\right\} = \tanh\left\{\frac{0.004191}{0.13 \times 0.061}\right\} = \tanh\{0.5285\} = 0.48464503$$

$$h_{b1\%} = \frac{2.3 \times 0.13\tanh\left[0.7\left(\frac{g\bar{h}}{v_W^2}\right)^{0.7}\right]\tanh\left\{\frac{0.0018\left(\frac{gD}{v_W^2}\right)^{0.45}}{0.13\tanh\left[0.7\left(\frac{g\bar{h}}{v_W^2}\right)^{0.7}\right]}\right\}}{\frac{g}{v_W^2}} = 0.81\text{m}$$

根据调查,本河段其他引起水位升高的因素可忽略,则:

$$\sum \Delta h = \Delta z' + \frac{2}{3}\Delta h_2 = 0.097 + \frac{2}{3} \times 0.81 = 0.637\text{m}$$

(3) 桥面最低高程

查表 5-4,桥下净空 Δh_j 取 0.5m,桥梁上部结构高度 $\Delta h_0 = 2.2$m,该河段为不通航河流,且未考虑流冰,故只需计算设计水位控制的桥面最低高程。

按设计水位计算桥面最低高程:

$$H_{\min} = h_s + \sum \Delta h + \Delta h_j + \Delta h_0 = 997.061 + 0.637 + 0.5 + 2.2 = 1000.398\text{m}$$

桥面最低高程为 1000.398m。

【例 5-4】 某桥跨越平原区次稳定性河段。设计流量 $Q_s = 3500$ m³/s,设计水位 $H_s = 63.65$m,天然河槽流量 $Q_c = 3190$ m³/s,河床全宽 $B = 230$m,河槽宽度 $B_c = 108.39$m,设计水位下河槽平均水深 $\bar{h}_c = 9.49$m,河滩平均水深 $\bar{h}_t = 2.61$m,河槽的平均流速 $v_c = 3.13$m/s,河床平均水深 $\bar{h} = 5.85$m,河床平均流速 $\bar{v} = 2.61$m/s,未冲刷前桥下流速 $v'_M = 3.39$m/s;河床土质为粗沙、砾石,$d_{50} = 2$mm;桥位河段为河湾段,中心半径为 430m;桥位河段为 Ⅵ-(1) 级航道;桥位河段无凌汛、流冰。试计算桥孔长度。

解: 该桥位在次稳定河段,有明显的河槽宽度,可按公式(5-14)计算,有:

$$K_q = 0.95, n = 0.87$$

$$L_j = K_q\left(\frac{Q_p}{Q_c}\right)^{n_3} B_c = 0.95 \times \left(\frac{3500}{3190}\right)^{0.87} \times 108.39 = 111.62\text{m}$$

习题

1. 桥梁的修建前后,桥位河段的水流图式发生了什么变化?
2. 设计中桥孔长度的确定主要考虑哪些因素?
3. 桥面最低高程的确定需要考虑哪些因素?
4. 某桥跨越次稳定河段,设计流量 $7560\text{m}^3/\text{s}$,河槽流量 $6950\text{m}^3/\text{s}$,河床全宽 450m,河槽宽度 380m,设计水位下河槽平均水深 5.8m,河滩平均水深 2.5m,试计算桥孔净长。
5. 某宽滩河段,河床断面宽度 1300m,河槽宽度 430m,设计流量 $5620\text{m}^3/\text{s}$,河槽流量 $4300\text{m}^3/\text{s}$,原拟桥孔长度 550m,试验算所拟桥孔是否合适。
6. 某平原区通航河流上拟建一座中桥,已知设计水位高程 $H_s = 307.00\text{m}$,波浪高度 $\Delta h_2 = 0.3\text{m}$。桥前最大壅水高度 $\Delta Z = 0.2\text{m}$,河床为粗砂、砾石等,水拱高度 0.52m,上部结构为简支梁桥,建筑高度 $\Delta h_D = 1.5\text{m}$,设计最高流冰水位为 $H_{SB} = 304.8\text{m}$,桥下净空安全值取值按表 5-4 取值。该河段为Ⅳ级航道,设计最高通航水位为 $H_{tn} = 301\text{m}$,通航净空高度 H_M 取 8.0m。求桥面中心最低高程 $H_{\min}$。

第六章 桥梁墩台冲刷计算

桥下河床的冲刷计算,是确定墩台基础埋深的重要依据。桥梁墩台的冲刷,除河床自然演变冲刷外,还有桥孔压缩水流和墩台阻水所引起的冲刷变形,这一过程是复杂的,现阶段我们采用的计算方法只能将这复杂的过程给出特定条件,分解为河床的自然演变冲刷、桥下一般冲刷、墩台局部冲刷三个独立的部分,并假定这三部分冲刷先后进行,可以分别计算,然后叠加,作为桥梁墩台的最大冲刷深度,从而确定墩台基础埋置深度。

河道中水流驱使床面泥沙运动,泥沙影响水流结构,两者相互依存、相互制约。水流和泥沙相互作用,使河床平面及其过水断面处于不断发展变化之中,即所谓河床的自然演变冲刷。河床演变无论在建桥之前或建桥之后,都在不断地进行着,桥梁设计时必须考虑使用期内可能出现的河床演变。河床的自然演变冲刷包括4种类型:

(1)河流发育成长过程中河床纵断面的变形,如河源段的逐年下切、河口段的逐年淤积。

(2)河流横向移动引起的变形,如边滩下移、河湾发展、移动和裁弯取直等。

(3)河段深泓线摆动引起的冲刷变形。

(4)在一个水文周期内,河槽随水位、流量变化而发生的周期性变形。

对于河床的自然演变冲刷,由于原因复杂,目前尚无可靠的定量分析计算方法,在桥位设计时,一般多通过调查或利用桥位上下游水文站历年实测断面资料分析确定。

除上述河槽自然变形外,当河道经过整治或桥位上下游修建水工建筑物时,也会引起河槽的显著变形,这些变形也应在桥位设计中予以考虑。

第一节 桥下一般冲刷的计算

河上建桥后,由于桥梁压缩水流,致使桥孔上游水流急剧集中流入桥孔,桥下流速梯度很大,床面切应力剧增,引起强烈的泥沙运动,床面发生明显冲刷。随着冲刷的发展,桥下河床加深,桥下过水面积加大,流速逐渐下降,待达到新的输沙平衡状态,或桥下流速降低到冲止流速时,冲刷即停止。桥下河槽的一般冲刷,是指建桥后压缩水流在桥下河床断面内发生的冲刷。一般冲刷深度是指桥下河床在一般冲刷完成后从设计水位算起的某一垂线水深。

一、非黏性土河床的一般冲刷

下面介绍《公路工程水文勘测设计规范》(JTG C30—2015)中推荐的 64-1 修正式和 64-2 简化式。该两个公式的原型经 1964 年我国"桥渡冲刷计算学术会议"推荐后得到广泛应用,通称 64-1 公式和 64-2 公式。近年研究人员用更多的实测资料对原公式作了适当改进,改进后的计算公式分别称为 64-1 修正式和 64-2 简化式。

1. 河槽部分

1) 64-1 修正式

64-1 修正式是根据我国各类河段实测洪水冲刷资料,参照国外同类公式,根据水力学的连续性原理建立的。当一般冲刷停止时,垂线平均流速为 v_z(m/s),即冲止流速;流速降低到冲止流速时,水深达到最大一般冲刷垂线水深 h_p(m),即一般冲刷深度。冲止流速是决定冲刷深度的重要因素。依床面冲刷停止时床面泥沙运动情况不同,冲止流速的性质也不同。若冲止时上游无来沙补给,冲止流速即为泥沙的不冲刷流速。但大多数天然河流总是有泥沙在运动,当断面上输沙达到平衡时,冲刷停止,床面不再下降,这时冲止流速是泥沙输送和交换达到平衡时的天然流速。这种状态下,冲止流速将大于河床泥沙的不冲刷流速,有时可较不冲刷流速大 3~5 倍。

根据水流连续性方程 $Q = Av$,可知:

$$q_s = h_p \times v_z \tag{6-1}$$

于是可得:

$$h_p = \frac{q_s}{v_z} \tag{6-2}$$

式中:q_s——一般冲刷停止时桥下断面最大单宽流量;

h_p——一般冲刷停止时桥下最大水深,出现在最大单宽流量 q_s 处;

v_z——冲止流速。

由上式可知,当求出 q_s 和 v_z 后,即可求得 h_p。对于宽浅式河渠,水力半径 R 可近似按断面平均水深 $\bar{h}$ 计算。

冲刷前,根据谢才-满宁公式,有:

$$q_{\max} = \frac{1}{n} h_{\max}^{5/3} i^{1/2} \tag{6-3}$$

$$\bar{q} = Av = 1 \cdot \bar{h} \cdot \frac{1}{n} \bar{h}^{2/3} i^{1/2} = \frac{1}{n} \bar{h}^{5/3} i^{1/2} \tag{6-4}$$

式中:$q_{\max}$、$\bar{q}$——分别为桥下冲刷前最大单宽流量与平均单宽流量,$m^3/(s \cdot m)$;

$h_{\max}$、$\bar{h}$——分别为桥下冲刷前最大水深与断面平均水深,m。

又因为:

$$\bar{q} = \frac{Q_s}{\mu L_j} \tag{6-5}$$

式中:Q_s——设计流量,m^3/s;

L_j——桥孔净长;

μ——桥墩水流侧向压缩系数,按表 5-2 确定。

所以有:

$$q_{\max} = \bar{q}\left(\frac{h_{\max}}{\bar{h}}\right)^{5/3} = \frac{Q_s}{\mu L_j}\left(\frac{h_{\max}}{\bar{h}}\right)^{5/3} \tag{6-6}$$

冲刷进行时,各垂线的单宽流量重新分配,并且有向深水垂线集中的趋势。冲刷停止后的最大单宽流量 q_s 与 q_{max} 的关系可写为:

$$q_s = A_d q_{max} \tag{6-7}$$

其中

$$A_d = \left(\frac{\sqrt{B_z}}{H_z}\right)^{0.15} \tag{6-8}$$

式中:A_d——单宽流量集中系数,山前变迁、游荡、宽滩河段当 $A_d > 1.8$ 时,A_d 值可采用 1.8;

B_z——造床流量下的河槽宽度,m,对复式河床可取平滩水位时的河槽宽度;

H_z——造床流量下河槽平均水深,m,对复式河床可取平滩水位时的河槽平均水深。

非黏性土河床冲止流速可由下式表示:

$$v_z = E \bar{d}^{1/6} h_p^{2/3} \tag{6-9}$$

式中:E——与最大含沙量的平均值有关的系数,按表 6-1 选用;

$\bar{d}$——河槽泥沙的平均粒径,mm。

E 值表　　表6-1

含沙量 ρ (kg/m³)	<1.0	1~10	>10
E	0.46	0.66	0.86

注:含沙量 ρ 采用历年汛期月最大含沙量的平均值。

将式(6-7)和(6-9)代入式(6-2)得一般冲刷深度:

$$h_p = \frac{q_s}{V_z} = \frac{A_d \dfrac{Q_s}{\mu L_j}\left(\dfrac{h_{max}}{\bar{h}}\right)^{5/3}}{E \bar{d}^{1/6} h_p^{2/3}} \tag{6-10}$$

$$h_p = \left[\frac{A_d \dfrac{Q_s}{\mu L_j}\left(\dfrac{h_{max}}{\bar{h}}\right)^{5/3}}{E \bar{d}^{1/6}}\right]^{3/5} \tag{6-11}$$

基于上式,《公路工程水文勘测设计规范》(JTG C30—2015)给出了 64-1 修正式如下:

$$h_p = \left[\frac{A_d \dfrac{Q_2}{\mu B_{cj}}\left(\dfrac{h_{cm}}{h_{cq}}\right)^{5/3}}{E \bar{d}^{1/6}}\right]^{3/5} \tag{6-12}$$

$$Q_2 = \frac{Q_c}{Q_c + Q_{tl}} Q_p \tag{6-13}$$

式中:h_p——桥下一般冲刷后最大的水深,m;

Q_2——桥下河槽部分通过的设计流量,m³/s,当桥下河槽能扩宽至全桥时取用 Q_p;

Q_p——频率为 $P\%$ 的设计流量,m³/s;

Q_c——天然状态下河槽部分设计流量,m³/s;

Q_{tl}——天然状态下桥下河滩部分设计流量,m³/s;

B_{cj}——桥下河槽部分桥孔过水净宽,m,当桥下河槽扩宽至全桥时,B_{cj} 为全桥桥孔过水净宽;

h_{cm}——河槽最大水深,m;

h_{cq}——桥下河槽平均水深,m。

2) 64-2 简化式

64-2 简化式是一个根据输沙平衡原理建立的公式,因此它仅适用于有推移质运动的非黏性土河床。设 G_1 为上游天然河道的来沙量,G_2 为桥下河槽断面的排沙量。当 $G_1 > G_2$ 时,桥下出现淤积;$G_1 < G_2$ 时,桥下发生冲刷;当 $G_1 = G_2$ 时,桥下冲淤平衡,一般冲刷深度达到最大值。(下标 1 表示上游河道,下标 2 表示下游河道)

推移质的输沙率 g_s 是指单位时间单位河宽通过推移质的质量[kg/(m·s)],其与流速的 4 次方成正比。

则上游天然河道的来沙量:

$$G_1 = g_{s1} \cdot B_1 = \alpha_1 v_1^4 \cdot B_1$$

式中:α_1——上游天然河道比例系数;
v_1——上游天然河道河槽流速,m/s:

$$v_1 = \frac{Q_1}{B_1 \bar{h}_1} \tag{6-14}$$

Q_1——上游天然河道河槽流量,m³/s;
B_1——上游天然河道河槽河宽,m;
$\bar{h}_1$——上游天然河道河槽平均水深,m。

则:

$$G_1 = \alpha_1 \left(\frac{Q_1}{B_1 \bar{h}_1}\right)^4 \cdot B_1 \tag{6-15}$$

桥下断面的排沙量:

$$G_2 = g_{s2} \cdot \mu(1-\lambda)B_2 = \alpha_2 v_2^4 \cdot \mu(1-\lambda)B_2$$

式中:α_2——桥下断面比例系数;
v_2——桥下断面河槽流速(m/s):

$$v_2 = \frac{A_d Q_2}{\mu(1-\lambda)B_2 \bar{h}_2} \tag{6-16}$$

式中: A_d——单宽流量的集中系数;
Q_2——桥下断面河槽通过流量,m³/s;
B_2——桥下断面河槽宽度,m;
μ——桥墩水流侧向压缩系数,按表 5-2 确定;
λ——设计水位下,桥墩阻水总面积与桥下过水面积的比值;
$\bar{h}_2$——桥下断面平均水深,m;
$\mu(1-\lambda)B_2$——有效过水河宽。

则:

$$G_2 = \alpha_2 \left[\frac{A_d Q_2}{\mu(1-\lambda)B_2 \bar{h}_2}\right]^4 \cdot B_2 \tag{6-17}$$

由输沙平衡方程 $G_1 = G_2$,
令 $\bar{h}_2 = h_p$,则:

$$\alpha_1 \left(\frac{Q_1}{B_1 \bar{h}_1}\right)^4 \cdot B_1 = \alpha_2 \left[\frac{A_d Q_2}{\mu(1-\lambda)B_2 h_p}\right]^4 \cdot B_2 \tag{6-18}$$

$$h_p = \left(\frac{\alpha_2}{\alpha_1}\right)^{1/4} \left(A_d \frac{Q_2}{Q_1}\right) \left[\frac{B_1}{\mu(1-\lambda)B_2}\right]^{3/4} \bar{h}_1 \tag{6-19}$$

基于上式,《公路工程水文勘测设计规范》(JTG C30—2015)给出了 64-2 简化式:

$$h_p = 1.04\left(A_d \frac{Q_2}{Q_c}\right)^{0.90} \left[\frac{B_c}{(1-\lambda)\mu B_{cg}}\right]^{0.66} \cdot h_{cm} \qquad (6-20)$$

式中：h_p——桥下一般冲刷后的最大水深，m；
　　　B_c——天然状态下河槽宽度，m；
　　　B_{cg}——桥长范围内的河槽宽度，当河槽能扩宽至全桥时取用桥孔总长度。

64-1 修正式和 64-2 简化式适用于有底沙运动的非黏性河槽，使用时应注意。

2. 河滩部分

建在河滩上的部分桥孔，经调查桥下河滩确无改变为河槽的可能时，应按河滩冲刷公式计算桥下冲刷。非黏性土河滩的一般冲刷深度可采用下式计算：

$$h_p = \left[\frac{\dfrac{Q_1}{\mu B_{tj}}\left(\dfrac{h_{tm}}{h_{tq}}\right)^{5/3}}{v_{H1}}\right]^{5/6} \qquad (6-21)$$

$$Q_1 = \frac{Q_{t1}}{Q_c + Q_{t1}} Q_S \qquad (6-22)$$

式中：Q_1——桥下河滩部分通过的设计流量，m³/s；
　　　h_{tm}——桥下河滩最大水深，m；
　　　h_{tq}——桥下河滩平均水深，m；
　　　B_{tj}——河滩部分的桥孔净长；
　　　v_{H1}——河滩水深 1m 时非黏性土不冲刷流速，m/s，见表 6-2。

水深 1m 时非黏性土不冲刷流速表　　　　　表 6-2

河床泥沙		$\bar{d}$(mm)	v_{H1}(m/s)	河床泥沙		$\bar{d}$(mm)	v_{H1}(m/s)
砂	细	0.05~0.25	0.35~0.32	卵石	小	20~40	1.50~2.00
	中	0.25~0.50	0.32~0.40		中	40~60	2.00~2.30
	粗	0.50~2.00	0.40~0.60		大	60~200	2.30~3.60
圆砾	小	2.00~5.00	0.60~0.90	漂石	小	200~400	3.60~4.70
	中	5.00~10.00	0.90~1.20		中	400~800	4.70~6.00
	大	10.00~20.00	1.20~1.50		大	>800	>6.00

二、黏性土河床的一般冲刷

黏性土河床桥下一般冲刷公式的思路与非黏性土的冲止流速方法相同，也是从式(6-2)出发进行推导的。

平均粒径小于 0.05mm 的泥沙称为黏性土。黏性土颗粒表面的物理化学性质与粗颗粒有很大不同，很细的颗粒在表面形成很薄且结合紧密的薄膜水，使颗粒之间产生一定的黏结力。液性指数 I_L 和孔隙率 e 是反映黏土黏结力大小的指标。孔隙率是土体中孔隙的体积与颗粒的体积之比，液性指数表示为：

$$I_L = \frac{W_0 - W_P}{W_L - W_P} = \frac{W_0 - W_P}{I_P} \qquad (6-23)$$

式中：　I_L——黏性土的液性指数；
W_0、W_L、W_P——黏性土的天然含水率、塑限含水率、液限含水率；

I_p——黏性土的塑性指数。

液性指数和孔隙率越小,黏土的黏结力越大,抗冲能力越强,冲止流速越大。

《公路工程水文勘测设计规范》(JTG C30—2015)中推荐的公式如下:

1. 河槽部分

$$v_z = 0.33\left(\frac{1}{I_L}\right)h_p^{3/5} \tag{6-24}$$

$$h_p = \left[\frac{A_d \dfrac{Q_2}{\mu B_{cj}}\left(\dfrac{h_{cm}}{h_{cq}}\right)^{5/3}}{0.33\left(\dfrac{1}{I_L}\right)}\right]^{5/8} \tag{6-25}$$

式中:A_d——单宽流量集中系数,黏性土河槽取 1.0~1.2;

I_L——冲刷坑范围内黏性土液性指数,适用范围为 0.16~1.19。

2. 河滩部分

$$v_z = 0.33\left(\frac{1}{I_L}\right)h_p^{1/6} \tag{6-26}$$

$$h_p = \left[\frac{A_d \dfrac{Q_1}{\mu B_{tj}}\left(\dfrac{h_{tm}}{h_{tq}}\right)^{5/3}}{0.33\left(\dfrac{1}{I_L}\right)}\right]^{6/7} \tag{6-27}$$

第二节 桥墩的局部冲刷计算

一、桥墩冲刷机理

如图 6-1 所示,流向桥墩的水流受到桥墩的阻挡,使桥墩周围的水流发生急剧变化。桥墩周围的水流结构主要包括墩前向下水流、墩前水面涌波和尺度很大的螺旋形旋涡体系。旋涡体系是一种综合水流结构,其中包括在墩前冲刷坑边缘形成的绕桥墩两侧流向下游的螺旋形旋涡、桥墩两侧水流分离引起的尾流旋涡。旋涡体系在墩后及两侧还不断地由床面附近释放出小旋涡,向水面发展。墩前水流流线接近桥墩头部发生急剧变化,剧烈淘刷桥墩周围,特别是迎水面的河床泥沙,开始产生桥墩头部的局部冲刷坑。随着冲刷坑的不断加深和扩大,水流流速减小,挟沙能力也随之降低。与此同时,冲刷坑内发生了土壤粗化现象,留下了粗粒土壤覆盖在冲刷坑表面上,增大了土壤的抗冲能力和坑底的粗糙度,一直到水流对河床泥沙的冲刷作用与河床泥沙抗冲作用达到

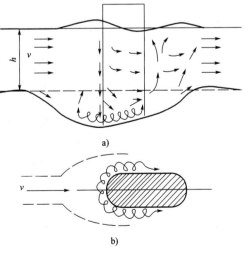

图 6-1 桥墩局部冲刷示意图
a)立面;b)平面

平衡时,冲刷则停止。冲刷坑外缘与坑底的最大高差,称作最大局部冲刷深度。

根据模型试验资料和实测资料可知,对均匀沙床面,当桥墩上游行近流速 v 逐渐增大到一定数值时,桥墩迎水面两侧的泥沙开始冲走,产生冲刷,这时墩前垂线平均流速称为墩旁床沙的始冲流速 v'_0;当桥墩上游行近流速 v 大于床沙的始冲流速 v'_0 而低于床沙起动流速 v_0 时,床面无泥沙运动,桥墩冲刷坑没有上游冲来的泥沙补给,称为清水冲刷。行近流速超过床沙起动流速 v_0,床面泥沙处于运动状态,上游泥沙落入冲刷坑,坑内泥沙得到补给,称为动床冲刷。在清水冲刷阶段,当冲刷坑内流速逐渐趋于泥沙起动流速时,冲刷趋于停止;在动床冲刷阶段,当冲刷坑内泥沙补给率和输出率趋于平衡时,冲刷趋向停止,这种状态称为平衡冲刷。

图 6-2 为根据模型试验和实测资料绘出的冲刷深度与墩前行近流速的关系曲线。从图中可以看出,在清水冲刷($v'_0 < v \leqslant v_0$)阶段,冲刷深度 h_b 随行近流速 v 直线增加;在动床冲刷($v > v_0$)阶段,冲刷深度 h_b 随行近流速 v 呈下凹曲线形式增加;在 $v = v_0$ 处,这两种状态是连续的。

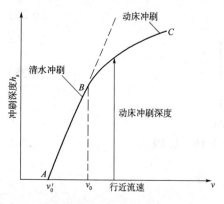

图 6-2 局部冲刷深度与流速的关系曲线

冲刷坑的深度和大小与很多因素有关,除墩前行近流速外,主要的还有桥墩宽度、墩形、水深、床沙粒径等。

二、非黏性土河床桥墩局部冲刷计算

1964 年我国公路、铁路部门根据我国各类河段 52 座桥梁 99 站年的实桥观测资料和模型试验资料,制定了 65-2、65-1 局部冲刷计算公式。实践表明:这两个公式结构较为合理,反映了冲刷深度随行近流速的变化关系,并考虑了底沙运动对冲刷深度的影响,计算数值较为稳定可靠。

《公路工程水文勘测设计规范》(JTG C30—2015)推荐使用 65-2 式和 65-1 修正式:

1. 65-2 式

当 $v \leqslant v_0$ 时,

$$h_b = K_\xi \cdot K_{\eta 2} \cdot B_1^{0.6} h_p^{0.15} \left(\frac{v - v'_0}{v_0} \right) \tag{6-28}$$

当 $v > v_0$ 时,

$$h_b = K_\xi \cdot K_{\eta 2} \cdot B_1^{0.6} h_p^{0.15} \left(\frac{v - v'_0}{v_0} \right)^{n_2} \tag{6-29}$$

$$v_0 = 0.28(\bar{d} + 0.7)^{0.5} \tag{6-30}$$

$$v'_0 = 0.12(\bar{d} + 0.5)^{0.55} \tag{6-31}$$

$$K_{\eta 2} = \frac{0.0023}{\bar{d}^{2.2}} + 0.375 \bar{d}^{0.24} \tag{6-32}$$

$$n_2 = \left(\frac{v_0}{v} \right)^{0.23 + 0.19 \lg d} \tag{6-33}$$

式中:h_b——桥墩局部冲刷深度,m;
K_ξ——墩形系数,查表6-3;
B_1——桥墩计算宽度,m,查表6-3;
h_p——一般冲刷后的最大水深,m;
$\bar{d}$——河床泥沙的平均粒径,mm;
$K_{\eta2}$——河床颗粒的影响系数;
v——一般冲刷后墩前行近流速,m/s;
v_0——河床泥沙起动流速,m/s;
v'_0——墩前河床泥沙的起冲流速,m/s;
n_2——指数。

墩形系数及墩宽计算表　　　　　　　　　　　　　　表6-3

编号	墩形示意图	墩形系数 K_ξ	桥墩计算宽度 B_1
1	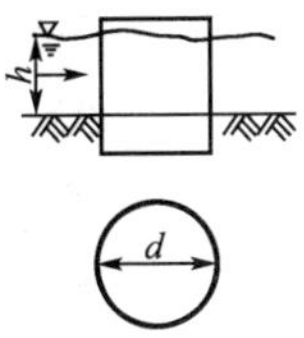	1.00	$B_1 = d$
2	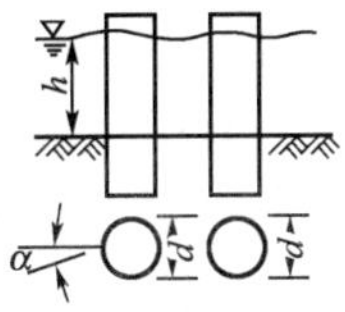	不带联系梁:$K_\xi = 1.00$ 带联系梁: | α | 0° | 15° | 30° | 45° | | K_ξ | 1.00 | 1.05 | 1.10 | 1.15 |	$B_1 = d$
3		(曲线图：K_ξ 随 α 变化，范围约 0.90~1.10)	$B_1 = (L-b)\sin\alpha + b$
4	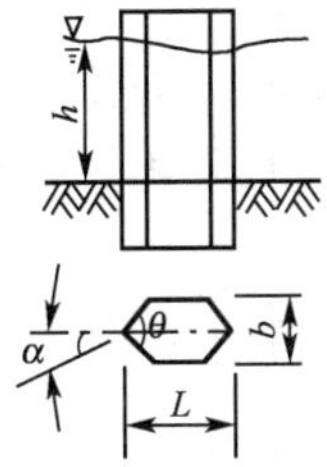	与水流正交时各种迎水角系数 | θ | 45° | 60° | 75° | 90° | 120° | | K_ξ | 0.70 | 0.84 | 0.90 | 0.95 | 1.10 | 迎水角 θ=90°与水流斜交时的系数 K_ξ（曲线图）	$B_1 = (L-b)\sin\alpha + b$ （为了简化可按圆端墩计算）

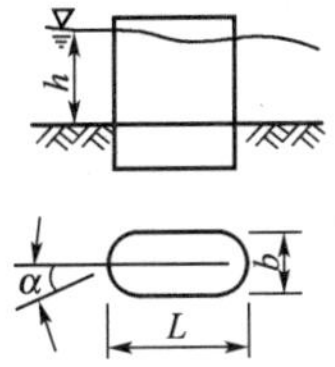

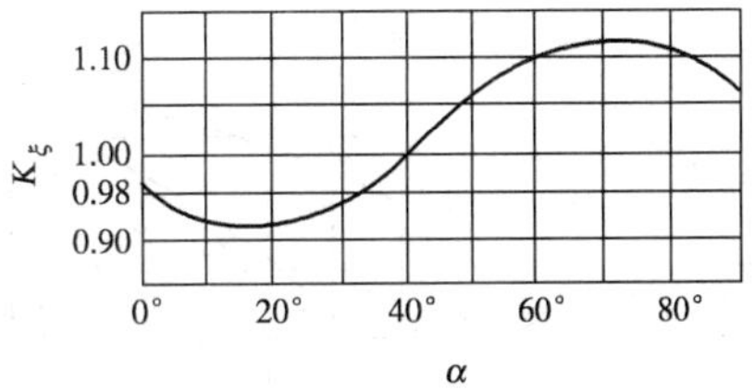

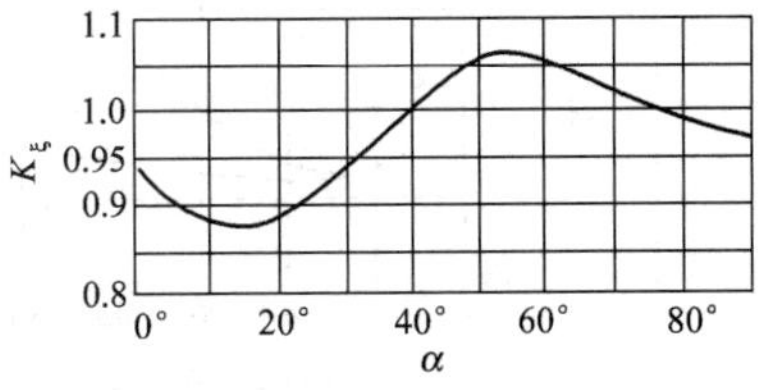

续上表

编号	墩形示意图	墩形系数 K_ξ	桥墩计算宽度 B_1
5	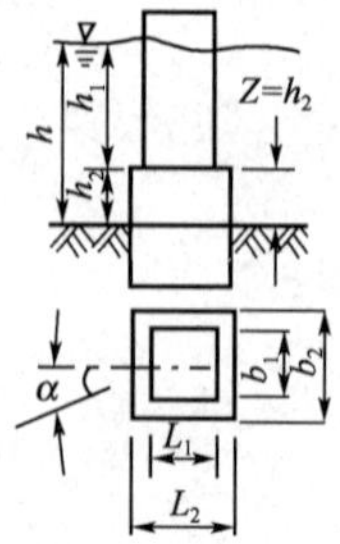 (示意图：带沉井的方形墩，标注 h, h_1, h_2, $Z=h_2$, α, b_1, b_2, L_1, L_2)	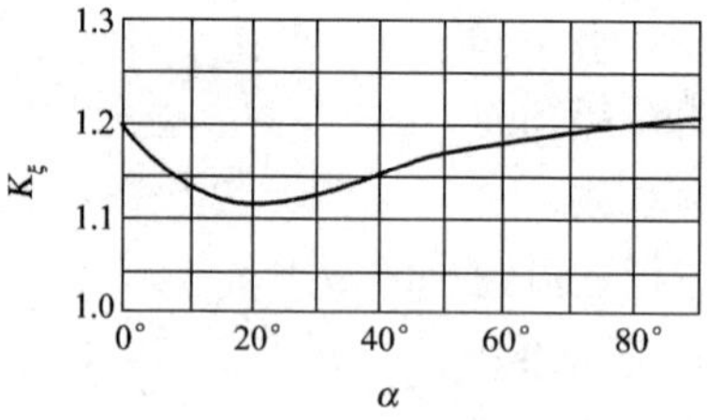 (曲线图：K_ξ 随 α 变化，α 从 0° 到 80°，K_ξ 值约 1.0~1.3)	与水流正交 $$B_1 = \frac{b_1 h_1 + b_2 h_2}{h}$$ 与水流斜交 $$B_1 = \frac{B'_1 h_1 + B'_2 h_2}{h}$$ 其中： $B'_1 = L_1 \sin\alpha + b_1 \cos\alpha$ $B'_2 = L_2 \sin\alpha + b_2 \cos\alpha$
6	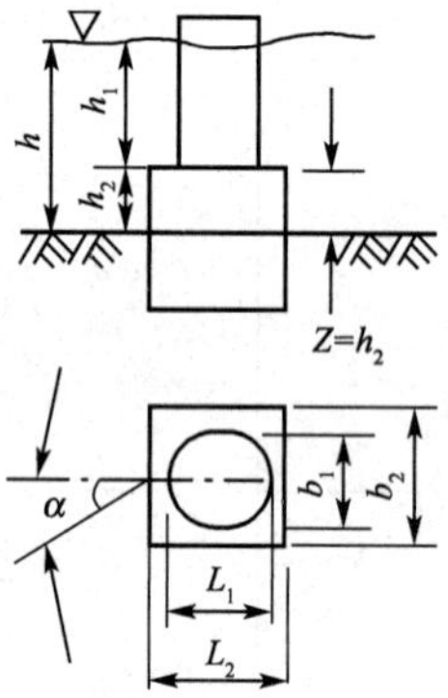 (示意图：圆形墩带方形沉井，标注 h, h_1, h_2, $Z=h_2$, α, b_1, b_2, L_1, L_2)	$K_\xi = K_{\xi 1} K_{\xi 2}$ 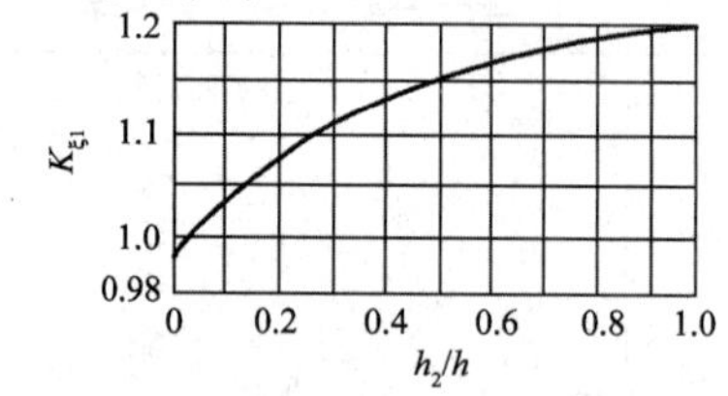 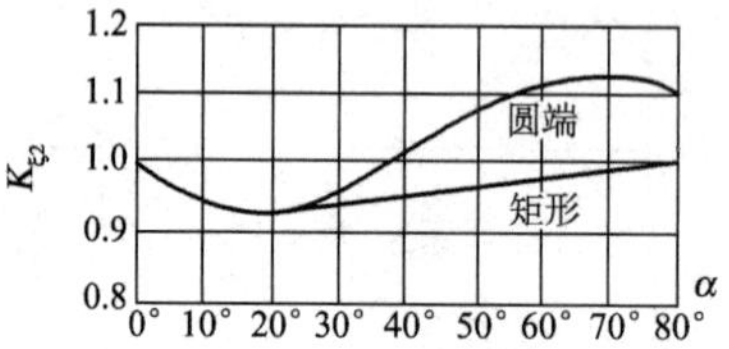 (曲线图1：$K_{\xi 1}$ 随 h_2/h 从 0 到 1.0 变化，值约 0.98~1.2) (曲线图2：$K_{\xi 2}$ 随角度变化，含"圆端"和"矩形"两曲线，0°~80°) 注：沉井与墩身的 K_ξ 相差较大时根据 $h_1 h_2$ 的大小，在两线间按比例定点取值	与水流正交 $$B_1 = \frac{b_1 h_1 + b_2 h_2}{h}$$ 与水流斜交 $$B_1 = \frac{B'_1 h_1 + B'_2 h_2}{h}$$ 其中： $B'_1 = (L_1 - b_1)\sin\alpha + b_1$ $B'_2 = L_1 \sin\alpha + b_2 \cos\alpha$
7	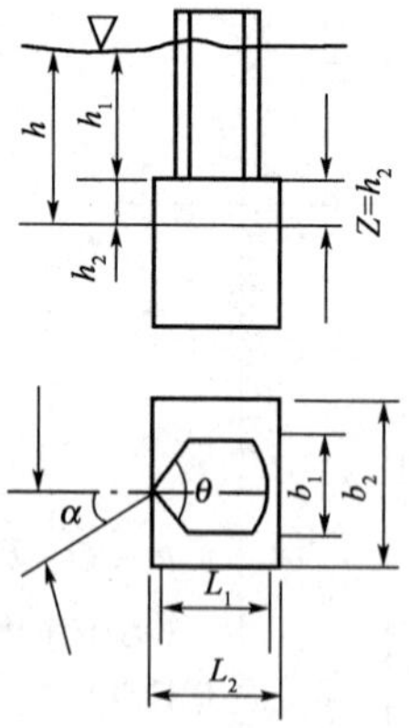 (示意图：尖端形墩带方形沉井，标注 h, h_1, h_2, $Z=h_2$, α, θ, b_1, b_2, L_1, L_2)	与水流正交时 $K_\xi = K_{\xi 1}$ 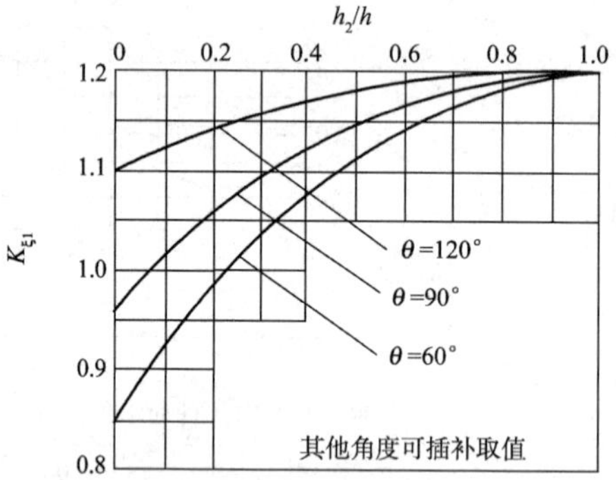 (曲线图1：$K_{\xi 1}$ 随 h_2/h 从 0 到 1.0 变化，三条曲线 $\theta=120°$, $\theta=90°$, $\theta=60°$，值约 0.8~1.2) 其他角度可插补取值 迎水角 $\theta=90°$ 与水流斜交时的 $K_\xi = K_{\xi 1} K_{\xi 2}$ 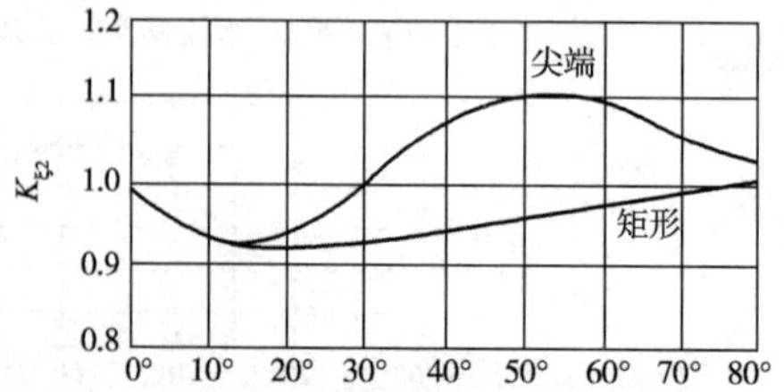 (曲线图2：$K_{\xi 2}$ 随角度 0°~80° 变化，含"尖端"和"矩形"两曲线，值约 0.8~1.1) 注：沉井与墩身的 $K_{\xi 2}$ 相差较大时根据 $h_1 h_2$ 的大小，在两线间按比例定点取值	与水流正交 $$B_1 = \frac{b_1 h_1 + b_2 h_2}{h}$$ 与水流斜交 $$B_1 = \frac{B'_1 h_1 + B'_2 h_2}{h}$$ 其中： $B'_1 = (L_1 - b_1)\sin\alpha + b_1$ $B'_2 = L_2 \sin\alpha + b_2 \cos\alpha$

续上表

编号	墩形示意图	墩形系数 K_ξ	桥墩计算宽度 B_1
8		扩大基础,采用与水流正交时的墩形系数	与水流正交: $B_1 = b$ 与水流斜交: $B_1 = (L-b)\sin\alpha + b$
9		$K_\xi = K'_\xi K_{m\phi}$ K'_ξ——单桩形状系数,按编号(1)、(2)、(3)、(5)墩形确定(如多为圆桩,$K'_\xi = 1.0$ 可省略); $K_{m\phi} = 1 + 5\left[\dfrac{(m-1)\phi}{B_m}\right]^2$,桩群系数; 其中,$B_m$——桩群垂直水流方向的分布宽度; m——桩的排数	$B_1 = \phi$
10		桩承台局部冲刷计算方法: 当承台底面低于一般冲刷线时,按上部实体计算; 承台底面高于水面应按排架墩计算,承台底面相对高度在 $0 \leqslant h_\phi/h \leqslant 1.0$ 时,冲刷深度 h_b 按下式计算: $h_b = (K'_\xi K_{m\phi} \phi^{0.6} + 0.85 K_{\xi 1} K_{h2} B_1^{0.6}) K_{\eta 1}(V_0 - V'_0)\left(\dfrac{V - V'_0}{V_0 - V'_0}\right)^{n_1}$ 式中:$K_{h\phi} = 1.0 - \dfrac{0.001}{(h_\phi/h + 0.1)^3}$——淹没柱体折减系数; $K_{\xi 1} B_1$——按承台底处于一般冲刷线计算; K_{h2}——墩身承台减少系数; $K_{\eta 1}, V_0, V'_0, n_1$ 见65-1式 $K'_\xi, K_{m\phi}$ 见编号(9)	

续上表

编号	墩形示意图	墩形系数 K_ξ	桥墩计算宽度 B_1
11		按下式计算局部冲刷深度 h_b： $$h_b = K_{cd} h_{by}$$ $$K_{cd} = 0.2 + 0.4\left(\frac{c}{h}\right)^{0.3}\left[1 + \left(\frac{Z}{h_{by}}\right)^{0.6}\right]$$ K_{cd}——大直径围堰群桩墩形系数； h_{by}——按编号（1）墩形计算的局部冲刷深度。 适用范围： $$0.2 \leqslant \frac{c}{h} \leqslant 1.0, 0.2 \leqslant \frac{Z}{h_{by}} \leqslant 1.0$$	$B_1 = b$
12		按下式计算局部冲刷深度 h_b： $$h_b = K_\alpha K_{zh} h_{by}$$ $$K_{zh} = 1.22 K_{h2}\left(1 + \frac{h_\phi}{h}\right) + 1.18\left(\frac{\phi}{B_1}\right)^{0.6} \cdot \frac{h_\phi}{h}$$ $$K_\alpha = -0.57\alpha^2 + 0.57\alpha + 1$$ h_{by}——按编号（1）墩形计算的局部冲刷深度； K_{zh}——工字承台大直径基桩组合墩墩形系数； α——桥轴法线与流向的夹角（rad）。 适用范围： $$D = 2\phi$$ $$0.2 < \frac{h_2}{h} < 0.5, 0 < \frac{h_\phi}{h} < 1.0$$ $$\alpha = 0 \sim 0.785$$	B_1

2.65-1 修正式

当 $v \leqslant v_0$ 时，

$$h_b = K_\xi \cdot K_{\eta 1} \cdot B_1^{0.6}(v - v'_0) \tag{6-34}$$

当 $v > v_0$ 时，

$$h_b = K_\xi \cdot K_{\eta 1} \cdot B_1^{0.6}(v_0 - v'_0)\left(\frac{v - v'_0}{v_0 - v'_0}\right)^{n_1} \tag{6-35}$$

$$v_0 = 0.0246\left(\frac{h_p}{\bar{d}}\right)^{0.14}\sqrt{332\bar{d} + \frac{10 + h_p}{\bar{d}^{0.72}}} \tag{6-36}$$

$$v'_0 = 0.462\left(\frac{\bar{d}}{B_1}\right)^{0.06} v_0 \tag{6-37}$$

$$K'_{\eta 1} = 0.8\left(\frac{1}{\bar{d}^{0.45}} + \frac{1}{\bar{d}^{0.15}}\right) \tag{6-38}$$

$$n_1 = \left(\frac{v_0}{v}\right)^{0.25^{0.19}} \tag{6-39}$$

式中：$K_{\eta 1}$——河床颗粒的影响系数；

n_1——指数。

3. 一般冲刷后墩前行近流速 v 的计算

在计算行近流速 v 时，应根据计算一般冲刷时的不同情况，选取下面的公式进行计算。

①对于非黏性土河槽,

按 64-1 修正式计算一般冲刷深度 h_p 时,
$$v = E\overline{d}^{1/6} h_p^{2/3} \tag{6-40}$$

按 64-2 简化式计算一般冲刷深度 h_p 时,
$$v = \frac{A_d^{0.1}}{1.04}\left(\frac{Q_2}{Q_c}\right)^{0.1}\left[\frac{B_c}{\mu(1-\lambda)B_{cg}}\right]^{0.34}\left(\frac{h_{cm}}{h_c}\right)^{2/3} v_c \tag{6-41}$$

式中:v_c——天然河槽的平均流速,m/s;

　　　h_{cm}——天然河槽最大水深,m;

　　　h_c——天然河槽的平均水深,m;

　　　其余符号同(64-1 修正式)。

②对于非黏性土河滩,按 64-1 修正式计算一般冲刷深度 h_p 时,
$$v = v_{H1} h_p^{1/5} \tag{6-42}$$

③对于黏性土河槽,按式(6-25)计算一般冲刷深度 h_p 时,
$$v_z = 0.33\left(\frac{1}{I_L}\right) h_p^{3/5} \tag{6-43}$$

④对于黏性土河滩,按式(6-27)计算一般冲刷深度 h_p 时,
$$v_z = 0.33\left(\frac{1}{I_L}\right) h_p^{1/6} \tag{6-44}$$

三、黏性土河床桥墩局部冲刷深度计算

黏性土河床桥墩局部冲刷深度可按下式计算:

当 $\dfrac{h_p}{B_1} \geq 2.5$ 时,
$$h_p = 0.83 K_\xi B_1^{0.6} I_L^{1.25} v \tag{6-45}$$

当 $\dfrac{h_p}{B_1} < 2.5$ 时,
$$h_p = 0.55 K_\xi B_1^{0.6} h_p^{0.1} I_L^{1.0} v \tag{6-46}$$

式中:I_L——冲刷坑范围内黏性土液性指数,适用范围为 0.16~1.48。

第三节　桥台冲刷计算

一、桥台的冲刷机理

桥台附近的水流由主流区(无旋流动)、下游回流区(有旋流动)和上游滞流区(有旋流动),三部分组成。被束窄的主流导致上游壅水和河道的一般冲刷。急速绕过桥台的水流,在桥台上游边缘与壁面边界层分离,形成强烈的竖轴旋涡体系,并不断地向下游扩散,形成回流区。旋涡中心形成负压,吸起床面泥沙,卷向下游回流区沉淀下来,形成桥台冲刷和回流区淤积,如图 6-3、图 6-4 所示。桥台前缘上游侧,水流与桥台壁面分离处,不断生成旋涡。涡心床面泥沙压强较无旋涡处的压强减小。这里流速最大,床面压强最小,冲刷最深。

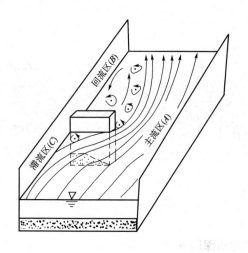
图 6-3 桥台绕流的水流结构

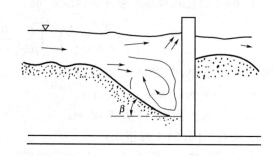
图 6-4 桥台附近床面冲刷

桥台最大冲刷深度应结合桥位河床特征、压缩程度等情况,分析、计算、比较后确定。

二、非黏性土河床桥台冲刷计算公式

1. 交通部科技攻关公式(简称95-1公式)

$$h_s = 1.95 F_r^{0.20} A_Z^{0.50} \cdot C_A \cdot C_\alpha \tag{6-47}$$

式中:h_s——桥台平衡冲刷深度,m,即所给的水力条件下,冲刷的极限深度,自床面平均高程(设计水位减平均水深)算起,包括一般冲刷和局部冲刷深度;

F_r——河道天然状态下的佛汝德数,$F_r = \dfrac{v^2}{gh}$,v 和 h 分别是天然河道平均流速,m/s 和水深,m;

A_Z——桥台、路堤阻水面积,m²,以垂直流向的投影计;宽浅河道 $A_Z = L_D h$;

L_D——桥台路堤阻水长度,m;

h——平均水深,m;

C_A——桥台形状系数,竖直前墙带锥坡或八字翼墙 $C_A = 0.95$;带边坡的前墙,两侧带锥坡或八字翼墙 $C_A = 0.90$;

C_α——挑角系数,α 是上游流向与桥轴的夹角,°,桥轴与水流正交,$\alpha = 90°$,$C_\alpha = 1.0$。桥轴与水流斜交,两岸桥台 α 不同,一岸 $\alpha > 90°$,另一岸 $\alpha < 90°$,如图 6-5 所示,$C_\alpha = \left(\dfrac{\alpha}{90°}\right)^{0.15}$。

式(6-47)由长安大学高冬光等于1995年完成,研究成果通过交通部科技司鉴定,推荐采用。

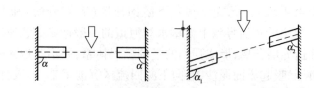
图 6-5 两岸其他与水流的挑角

2. 美国联邦公路局(FHWA)推荐公式

若 $\dfrac{a}{y_1} < 25$,

$$\frac{y_s}{y_1} = 2.15\left(\frac{a}{y_1}\right)^{0.40} F_{r_1}^{0.33} \tag{6-48}$$

若 $\dfrac{a}{y_1} \geqslant 25$,

$$\frac{y_s}{y_1} = 4 F_{r_1}^{0.33} \tag{6-49}$$

式中:y_s——桥台平衡冲刷深度,m,即极限冲刷深度,自平均床面高程算起,包括一般冲刷和局部冲刷;

y_1——上游平均水深,m;

a——路堤阻水长度,m,垂直于流向计;

F_{r_1}——上游水流佛汝德数:

$$F_{r_1} = \frac{v_1}{\sqrt{g y_1}}$$

这两公式是近年来美国应用最普遍的桥台冲刷计算公式。

三、黏性土河床桥台的冲刷计算公式

黏性土河床桥台冲刷深度 h_s,根据桥台附近流速分布、单宽流量分布和由实桥观测资料制定的冲止流速 v_z(式6-24),可得到下列计算公式:

$$h_s = \left[\bar{q} I_L \left(\frac{3}{1-\lambda} + 1.05 e^{1.97\lambda}\right)\right]^{5/8} C_\alpha \cdot C_A \tag{6-50}$$

式中:$\bar{q}$——天然状态下河床单宽流量,$m^3/(s \cdot m)$;

λ——桥台路堤阻水比,$\lambda = \dfrac{L_D}{B}$,L_D 是桥台路堤阻水长度,B 是天然水面宽度;

I_L——黏土的液性指数,本公式的范围为 0.16~1.19。

式(6-50)可在生产中参考使用。

第四节　桥梁墩台基底最小埋深

在洪水的冲刷过程中,河床的自然演变冲刷、一般冲刷和局部冲刷三种冲刷是交织在一起进行的,但是为了便于分析和计算,假定局部冲刷在一般冲刷的基础上进行,将三种冲刷分别计算,然后叠加。

如图 6-6 所示,桥梁墩台设计洪水冲刷线高程就是设计水位高程减去自然演变的冲刷深度 Δh、一般冲刷深度 h_p 和局部冲刷深度 h_b 之和,即

$$H_m = H_s - (\Delta h + h_p + h_b) \tag{6-51}$$

式中:H_m——设计洪水冲刷线高程,m;

H_s——设计水位,m;

Δh——自然演变冲刷深度，m；
h_p——一般冲刷深度（自设计水位算起），m；
h_b——局部冲刷深度（自一般冲刷后的河床高程算起），m。

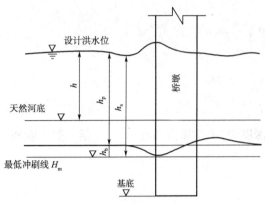

图 6-6　墩台设计洪水冲刷线示意图

桥下河床通常由一层层不同物理力学性质的土质组成，不同土层的抗冲刷能力也不相同，因此就产生了多层土壤构成的河床上冲刷的计算问题。分层土河床的冲刷可采用逐层渐近计算法进行，以两层不同的土壤构成的河床为例说明：

当第二层土壤具有比第一层土壤更大的抗冲刷能力时，如果采用第一层土壤的特征计算的冲刷线位于第一层内时，此冲刷线可以作为冲刷线的采用值；如果使用第一层土壤的特征计算的冲刷线位于第二层内并使用第二层的土壤特征计算的冲刷线位于第一层内时，取一二层的交界处作为冲刷线的采用值。

当第二层土壤的抗冲刷能力比第一层土壤小时，如果使用第一层土壤的特征计算的冲刷线位于第一层内，此时冲刷线到本层底面应留有一定的安全值 B，对挟沙的河槽要求达到 $B \geqslant 0.17 h_p$，对不挟沙的河滩水流要求达到 $B \geqslant 0.147 h_p$，满足上述要求时，计算冲刷线即为采用冲刷线；当安全值 B 不能满足上述要求时，应采用第二层土壤特征计算冲刷线，如果其仍位于第一层内，此计算值可作为冲刷线的采用值，如果计算冲刷线仍位于第二层内，应按上述方法考虑第三层土壤的冲刷可能性。

如图 6-6 所示，对于天然地基上的浅基础（埋置深度 <5m 时），在确定墩台基础的基底高程时，需要考虑的因素很多，如地基的地质条件、当地的地形条件、桥梁的形式、当地的冻结深度（寒冷地区）、地基的承载能力、河流的冲刷深度等。实际设计时，为了确保基础的稳定和安全，多个因素往往需要综合考虑，以确定墩台基础的基底高程。

位于非岩性地基上的浅基础，对于有冲刷的河流，为了防止桥梁墩台基础四周和基底下的土层被水流淘空冲走，不致使墩台基础失去支持而倒塌，基础必须埋置在设计洪水的最大冲刷线以下一定的深度，以保证基础的稳定性。在一般情况下，小桥涵基础底面应设置在设计洪水冲刷以下不小于 1.0m。基础在设计洪水冲刷线以下的最小埋置深度与河床地层的抗冲能力、计算设计流量的可靠性、桥梁的规模等因素有关，当仅考虑冲刷影响时，大中桥在设计洪水冲刷线以下的最小埋置深度见表 6-4。

考虑冲刷时大、中桥梁基底最小埋深安全值　　表 6-4

桥梁类别	总冲刷深度（m）					
	0	≤3	≥3	≥8	≥15	≥20
一般桥梁	1.0	1.5	2.0	2.5	3.0	3.5
技术复杂、修复困难的特大桥及其他重要桥梁	1.5	2.0	2.5	3.0	3.5	4.0

注：1. 总冲刷深度为自河床面算起至设计洪水冲刷线高程之间的高差。
　　2. 表列数字为墩台基底埋入总冲刷深度以下的最小限值，若计算流量、水位和原始断面资料无十分把握或河床演变尚不能获得准确资料时，安全值可适当加大。
　　3. 桥址上下游有已建桥梁或属旧桥改建，应调查旧桥的特大洪水冲刷情况，新桥墩台基础埋置深度应在旧桥最大冲刷深度上酌加必要的安全值。
　　4. 建于抗冲能力强的岩石上的基础，不受上表的限制。

由图 6-6，总冲刷深度等于自然演变冲刷深度 Δh、一般冲刷深度 h_p 和局部冲刷深度 h_b 之和减去天然河床的水深。由此，考虑冲刷影响时，建于非岩石地基上的大中桥梁基底高程的最大值为河槽的最低冲刷线高程减去基底最小埋深安全值。

岩石河床墩台基底最小埋置深度按表 6-5 确定。

岩石地基桥墩冲刷及基底埋深参考数据表　　　　　　　　　　　　　　　表 6-5

岩石特征			调查资料		建议埋入岩面深度（按施工枯水季平均水位至岩面的距离分级）(m)		
岩石类别	极限抗压强度（MPa）	调查到有冲刷的桥渡岩石特征		桥梁座数	各桥的最大冲刷深度（m）	$h<2m$	$h=2\sim10m$	$h>10m$
		岩石名称	特征					
Ⅰ 极软岩	<5	胶结不良的长石砂岩、炭质页岩等	成分以长石为主，石英凝灰碎屑、云母次之；以黏土及铁质胶结，胶结不良，用手可捏成散沙，淋滤现象明显，但岩质均匀，节理、裂隙不发育。其他岩石如风化严重，节理、裂隙发育，强度小于 5MPa，用镐、锹易挖动者	2	0.65~3.0	3~4	4~5	5~7
Ⅱ 软质岩	Ⅱ₁ 5~15	黏土岩、泥质土岩等	成分以黏土为主，方解石、绿泥石、云母次之；胶结成分以泥质为主，钙质铁质次之；干裂现象严重，易风化，处于水下岩石整体性好，不透水，暴露后易干裂成碎块，碎块较坚硬，但遇水后崩解成土状	10	0.4~2.0	2~3	3~4	4~5
	Ⅱ₂ 15~30	砂质页岩、砂质岩互层、砂岩砾岩等	砂页岩成分同上，夹砂颗粒；砂岩以石英为主，长石、云母次之，圆砾石砂粒黏土等组成。胶结物以泥质钙质为主，砂质次之，层理、节理较明显，砂页岩在水陆交替处易干裂、崩解	9	0.4~1.25	1~2	2~3	3~4
Ⅲ 硬质岩	>30	板岩、钙质砂岩、矽质岩、石灰岩、花岗岩、流纹岩、石英岩等	岩石坚硬，强度虽大于 30MPa，但节理、裂隙、层理非常发育，应考虑冲刷、如岩体完整节理、裂隙、层理少，风化很微弱，可不考虑冲刷，但基底也宜埋入岩面 0.2~0.5m	9	0.4~0.7	0.2~1.0	0.2~2.0	0.5~3.0

位于河槽的桥台，桥台基底的高程与桥墩相同。位于河滩上的桥台，若桥位处于稳定性河段，桥台基底的高程可高于桥墩基础；若桥位处于不稳定性河段，河槽在平面上可能发生摆动

时,桥台基底的高程需与桥墩相同。

桥台锥形护坡坡脚的埋置深度应考虑冲刷的影响,当位于稳定、次稳定河段的河滩上,坡脚地面应在一般冲刷线以下至少 0.50m;当桥台位于不稳定河流的河滩上,坡脚底面应在一般冲刷线以下至少 1m。

【例 6-1】 桥位资料同【例 5-1】,上部结构采用 4 孔跨径 30m 的预应力混凝土简支箱梁,下部结构为钻孔灌注桩双柱式桥墩,墩径 1.3m;河床泥沙自上而下为细砂层($\bar{d}_1 = 0.2$ mm)、卵石层($\bar{d}_2 = 30$mm)、漂石层($\bar{d}_3 = 350$mm),含沙量 = 5kg/m³,E 值为 0.66。试计算桥下河床一般冲刷线高程和桥墩局部冲刷线高程。

解: 由桥孔布设和地质资料分析可知,左岸桥台置于里程 560m 处,右岸桥台置于里程 680m 处。

1. 河槽一般冲刷计算

桥位河床属非黏性土河床,分别采用 64-1 修正式和 64-2 简化式,并取其较大值。

1)利用 64-1 修正式(式 6-12)计算一般冲刷深度 h_p

平滩水位为 994.828m,与河床交界点里程为 K118 + 565.3m 和 K118 + 660m,则造床流量(平滩水位时,参见(式 6-8)下的河槽宽度 B_z、过水面积 A_z 计算如表 6-6。

表 6-6

单元号	里程 (K118+)	河床高程 (m)	平滩水位时 水深(m)	水面宽度 (m)	各单元过水 面积 A(m²)	面积累计 (m²)	水面宽度 累计(m)	平均水深 (m)
	565.3	994.828	0					
2	567.2	993.896	0.932	1.9	0.89			
3	580	992.351	2.477	12.8	21.82			
4	600	993.081	1.747	20	42.24	$A_z = 124.57$	$B_z = 94.7$	$H_z = 1.315$
5	620	993.133	1.695	20	34.42			
6	640	994.415	0.413	20	21.08			
7	660	994.828	0	20	4.13			

造床流量下的河槽平均水深 $\quad H_z = \dfrac{A_z}{B_z} = \dfrac{124.57}{94.7} = 1.32\text{m}$

单宽流量集中系数 $\quad A_d = \left(\dfrac{\sqrt{B_z}}{H_z}\right)^{0.15} = \left(\dfrac{\sqrt{94.7}}{1.315}\right)^{0.15} = 1.35$

设计流量 $\quad Q_p = 2074.28\text{m}^3/\text{s}$

桥下河槽部分通过的设计流量 $\quad Q_2 = \dfrac{Q_c}{Q_c + Q_{t1}} Q_p$

上式中的 Q_{t1} 是指天然状态下桥下河滩部分设计流量(本题中包括左河滩和右河滩至 K118 + 680)

$$Q_{t1} = 9.77 + 42.16 \times 2.57 = 118.12\text{m}^3/\text{s}$$

所以

$$Q_2 = \dfrac{Q_c}{Q_c + Q_{t1}} Q_p = \dfrac{1934.79}{1934.79 + 118.12} \times 2074.28 = 1954.93\text{m}^3/\text{s}$$

根据跨径30m,设计流速$v_c = 5.76\text{m/s}$,查表5-2得:

桥墩水流侧向压缩系数　　　　　$\mu = 0.95$

河槽部分桥孔过水净宽　　$B_{cj} = 94.7 - 3 \times 1.3 = 90.8\text{m}$

桥下河槽平均水深　　　　　　$h_{cq} = 3.55\text{m}$

河槽最大水深　　　　　　　　$h_{cm} = 4.71\text{m}$

河槽床面平均高程　　　　　$997.061 - 3.55 = 993.511\text{m}$

细砂层与卵石层分界面高程为990m

卵石层与漂石层分界面高程为982m

细砂层 $\bar{d}_1 = 0.2\text{mm}$

卵石层 $\bar{d}_2 = 30\text{mm}$

采用逐层渐进法试算。

首先假设一般冲刷停止在细砂层,$\bar{d}_1 = 0.2\text{mm}$,则由64-1修正式,桥下一般冲刷后的最大水深:

$$h_p = \left[\frac{A_d \dfrac{Q_2}{\mu B_{cj}}\left(\dfrac{h_{cm}}{h_{cq}}\right)^{5/3}}{E\bar{d}^{1/6}}\right]^{3/5} = \left[\frac{1.35 \times \dfrac{1954.93}{0.95 \times 90.8} \times \left(\dfrac{4.71}{3.55}\right)^{5/3}}{0.66 \times 0.2^{1/6}}\right]^{3/5} = 15.57\text{m}$$

而细砂层层底高程为990m,一般冲刷至细砂层底时最大水深h_p仅为$997.061 - 990 = 7.061\text{m} < 15.57\text{m}$,说明上述假设不成立;

再假设一般冲刷停止在卵石层,$\bar{d}_2 = 30\text{mm}$,则由64-1修正式,桥下一般冲刷后的最大水深:

$$h_p = \left[\frac{A_d \dfrac{Q_2}{\mu B_{cj}}\left(\dfrac{h_{cm}}{h_{cq}}\right)^{5/3}}{E\bar{d}^{1/6}}\right]^{3/5} = \left[\frac{1.35 \times \dfrac{1954.93}{0.95 \times 90.8} \times \left(\dfrac{4.71}{3.55}\right)^{5/3}}{0.66 \times 30^{1/6}}\right]^{3/5} = 9.43\text{m}$$

卵石层层底高程为982m,一般冲刷至卵石层底时最大水深h_p为$997.061 - 982 = 15.061\text{m} > 9.43\text{m}$,说明一般冲刷在卵石层内停止,上述假设成立。

2)利用64-2简化式(式6-20)计算一般冲刷深度h_p

桥长范围内河槽宽度$B_{cg} = 94.7\text{m}$;

$$h_p = 1.04\left(A_d \frac{Q_2}{Q_c}\right)^{0.90}\left[\frac{B_c}{(1-\lambda)\mu B_{cg}}\right]^{0.66} \cdot h_{cm}$$

$$= 1.04 \times \left(1.35 \times \frac{1954.93}{1934.79}\right)^{0.90} \times \left[\frac{94.7}{(1-0.043)\times 0.95 \times 94.7}\right]^{0.66} \times 4.71$$

$$= 6.9\text{m}$$

我们选用一般冲刷深度h_p的较大值9.43m。

2.桥墩局部冲刷计算

计算时我们选用一般冲刷深度h_p的较大值,本例即采用64-1修正式的计算结果9.43m。一般冲刷线高程为$997.061 - 9.43 = 987.631\text{m}$,在卵石层。

1)首先采用式65-2计算局部冲刷深度h_b。

一般冲刷后墩前行近流速　　$v = E\bar{d}^{1/6}h_p^{2/3} = 0.66 \times 30^{1/6} \times 9.43^{2/3} = 5.19\text{m/s}$

河床泥沙起动流速　　$v_0 = 0.28(\bar{d} + 0.7)^{0.5} = 0.28 \times (30 + 0.7)^{0.5} = 1.55\text{m/s}$

墩前河床泥沙的起冲流速 $v_0' = 0.12(\overline{d}+0.5)^{0.55} = 0.12 \times (30+0.5)^{0.55} = 0.79 \text{m/s}$

可知 $v > v_0$，属动床冲刷。

由表6-3 墩形系数及墩宽计算表中1，$K_\xi = 1.00$

$$K_{\eta 2} = \frac{0.0023}{\overline{d}^{2.2}} + 0.375\overline{d}^{0.24} = \frac{0.0023}{30^{2.2}} + 0.375 \times 30^{0.24} = 0.85$$

$$n_2 = \left(\frac{v_0}{v}\right)^{0.23+0.19\lg\overline{d}} = \left(\frac{1.55}{5.19}\right)^{0.23+0.19\lg 30} = 0.54$$

则桥墩局部冲刷深度：

$$h_b = K_\xi \cdot K_{\eta 2} \cdot B_1^{0.6} h_p^{0.15} \left(\frac{v-v_0'}{v_0'}\right)^{n_2} = 1.00 \times 0.85 \times 1.3^{0.6} \times 9.43^{0.15} \times$$

$$\left(\frac{5.19-0.79}{1.55}\right)^{0.54} = 2.45\text{m}$$

2）采用65-1修正式

一般冲刷后墩前行近流速：$v = 5.19\text{m/s}$

河床泥沙起动流速：

$$v_0 = 0.0246\left(\frac{h_p}{\overline{d}}\right)^{0.14}\sqrt{332\overline{d}+\frac{10+h_p}{\overline{d}^{0.72}}}$$

$$= 0.0246 \times \left(\frac{9.43}{30}\right)^{0.14} \times \sqrt{332 \times 30 + \frac{10+9.43}{30^{0.72}}}$$

$$= 2.09\text{m/s}$$

墩前河床泥沙的起冲流速：

$$v_0' = 0.462\left(\frac{\overline{d}}{B_1}\right)^{0.06}v_0$$

$$= 0.462 \times \left(\frac{30}{1.3}\right)^{0.06} \times 2.09$$

$$= 1.17\text{m/s}$$

河床颗粒的影响系数：

$$K_{\eta 1} = 0.8\left(\frac{1}{\overline{d}^{0.45}} + \frac{1}{\overline{d}^{0.15}}\right) = 0.8\left(\frac{1}{30^{0.45}} + \frac{1}{30^{0.15}}\right) = 0.653$$

$$n_1 = \left(\frac{v_0}{v}\right)^{0.25\overline{d}^{0.19}} = \left(\frac{2.09}{5.19}\right)^{0.25\times 30^{0.19}} = 0.648$$

因为 $v > v_0$，所以桥墩局部冲刷深度：

$$h_b = K_\xi \cdot K_{\eta 1} \cdot B_1^{0.6}(v_0 - v_0')\left(\frac{v-v_0'}{v_0-v_0'}\right)^{n_1}$$

$$= 1.00 \times 0.653 \times 1.3^{0.6} \times (2.09-1.17)\left(\frac{5.19-1.17}{2.09-1.17}\right)^{0.648}$$

$$= 1.83\text{m}$$

桥墩局部冲刷深度采用上述两结果中的较大值 2.45m。

局部冲刷线高程为 $997.061 - 9.43 - 2.45 = 985.181\text{m}$，此高程在卵石层内。

习题

1. 桥梁墩台的冲刷计算一般分成哪几部分?
2. 桥下一般冲刷通常如何计算?
3. 墩台的局部冲刷通常如何计算?
4. 墩台最低冲刷线高程如何确定?
5. 墩台基底埋深确定时应考虑哪些因素的影响?
6. 已知桥址断面如图 6-7 所示,设计洪峰流量 $Q_s=6000\text{m}^2/\text{s}$,设计洪水位 93.18m,平滩水位 90.88m,天然情况下主槽的流速 $v_s=2.92\text{m/s}$,汛期含沙量 $\rho=5\text{kg/m}^3$。桥梁与河道正交,采用 24 孔 32m 的预应力混凝土梁。其他有关地质资料及计算数据见表 6-7 和表 6-8,假定建桥后桥下河滩不会改变为河槽,试确定一般冲刷深度。
7. 采用圆端形桥墩,宽 3.10m,横向宽 9.10m,沉井基础,尺寸为 4.6m×10.6m,沉井顶高程为 87.70m,如图 6-8,试分别确定位于河槽、左河滩、右河滩的桥墩的局部冲刷深度,并确定基底的最小埋置高程。

地 质 资 料 表 表 6-7

土层层次	土的名称	土的性质
表层(高程 87.5m 以上)	沙黏土	液性指数 $I_L=0.55$
第二层(87.5~83.0m)	中砂	$\bar{d}=0.32\text{mm}$
第三层(83.0m 以下)	沙夹圆砾	$\bar{d}=6.49\text{mm}$

计 算 数 据 表 表 6-8

类 型	左河滩	河槽	右河滩	合 计
桥下平均水深 $\bar{h}$(m)	2.0	3.82	1.73	
桥下最大水深 h_m(m)	2.3	5.4	2.0	
各部分净孔长 L(m)	181.0	330.8	211.2	723
桥下冲刷前过水面积(m²)	361.8	1260.0	365.2	1987
谢才系数 C	35.0	50.0	20.0	

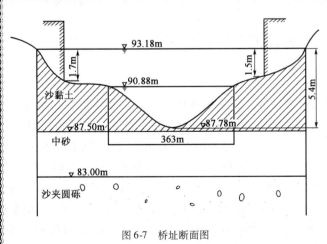

图 6-7 桥址断面图　　图 6-8 桥墩与沉井尺寸(尺寸单位:m)

第七章 调治构造物

第一节 调治构造物的分类

为了保护桥梁墩台和桥头引道的正常运行和桥位附近河段两岸的工农业生产不受灾害,在桥位附近河道上常设置必要的调治构造物。它是桥梁工程的重要组成部分,主要作用为整治河道、调节水流,使水流均匀、顺畅地通过桥孔,消除或减少桥位附近河床和河岸的不利变形,从而有效地确保桥梁安全。

调治构造物的布设是桥位勘测设计中的重要部分,它与桥孔设计有着密切的关系。应根据实际情况,结合河段特性、水文、地形、工程地质、河床地貌、通航要求和地方水利设施等具体情况综合考虑分析,兼顾两岸、上下游、洪水位与枯水位,确定总体布置方案,以不影响河道的原有功能及两岸河堤(岸)、村镇和农田的安全为原则。如遇到情况复杂、难以判别与计算的河段,应先进行水工模型试验来分析验证。

调治构造物的布设应与设计桥孔的大小和位置统一考虑,进行多方案比较,综合考虑,选出比较合适的方案。实践表明:许多桥梁所遭受的水害往往是由于忽视了调治构造物的布设或其布设不合理而造成的。

调治构造物的分类方法有多种,按其对水流的作用分为三类:

1. 导流构造物

这类构造物主要有导流堤、梨形堤、锥坡体等。其主要作用是引导水流均匀平顺地通过桥孔,提高桥孔泄水输砂的能力,以不同的程度扩散与均匀分布桥下河床冲刷,减少其集中冲刷,减缓冲刷进程,从而减少对桥台和引道路堤的威胁。有些工程如果不设置导流堤,被桥头路堤所阻断的水流将斜向(成一定角度)流入桥孔,可加重桥台附近的冲刷,严重时,影响到桥梁墩台和引道堤的正常使用,如图7-1a)所示;图7-1b)为设置

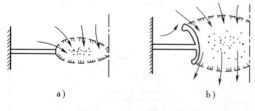

图7-1 桥下河床冲刷示意图
a)无导流堤;b)有导流堤

导流堤后的情况,它缓解了冲刷。

导流构造物的选用见表7-1。

导流构造物的选用 表7-1

分 类	单侧河滩	双侧河滩
导流堤	$Q_t' \geq 0.15Q_s$	$Q_t' \geq 0.25Q_s$
梨形堤	$0.15Q_s > Q_t' \geq 0.05Q_s$	$0.25Q_s > Q_t' > 0.05Q_s$
桥头锥坡	$0.05Q_s > Q_t'$	$0.05Q_s > Q_t'$

注:表中 Q_t' 为河滩被阻流量;Q_s 为设计流量,m^3/s。

2. 挑流构造物

这类构造物主要有各种形式的坝,如丁坝、顺坝、挑水坝等。其作用是将水流导(挑)离桥头引道或河岸,束水归槽,使坝下游的河岸或路基免受水流冲刷,确保路基和河岸的安全。

3. 防护构造物

这类构造物主要是各种形式的堤岸防护、坡面防护和路基防护与加固等工程,其主要作用是避免路基因雨水、流水冲刷、拍击以及温差、湿度变化等因素引起的稳定性丧失,确保路基的稳定。这类构造物的具体特点和设计要求参见《路基路面工程》中的有关章节。

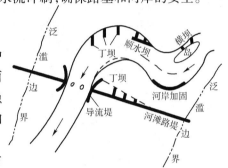

图7-2 调治构造物布置示意图

上述各类调治构造物根据实际情况,既可单独布设,也可以联合布设,如图7-2所示。值得提倡的是,在适宜的河流滩地、坡面上,可采用植物防护的方法来部分或全部替代工程调治构造物。植物防护常采用种草、铺草皮和植树的方法。下面主要介绍导流堤与丁坝。

第二节 导 流 堤

导流堤的设置主要由河滩流量占总流量比例来确定。当被桥头路堤阻断的河滩流量占总流量的15%(单侧河滩)或25%(双侧河滩)以上时,应设置导流堤。当小于5%,加固桥头锥坡即可。处于两者之间时,可修建梨形堤。当水深小于1m,或桥下冲刷前的平均流速小于1m/s时,可不设置导流堤。

导流堤的设计洪水频率一般与桥梁的洪水频率相同。

导流堤有上游堤段与下游堤段组成,上游堤段的头部称为堤端,与桥梁连接处称为堤根。根据导流堤的长短、上游堤端的不同设置位置,可分为封闭式导流堤和非封闭式导流堤两种。

导流堤的导流功能决定了导流堤的平面形状。它一般是曲线,由不同半径的圆弧线组成,也可插入直线段,以与绕流流线吻合较好,堤长适当、设计施工简便的线形为最佳。它有两大类,即椭圆堤与圆曲线组合堤。椭圆堤出现最早,为美国联邦公路总署推荐的标准桥梁导流堤,其上流堤为1/4椭圆(长短轴之比$a/b=2.5$),如图7-3所示。前苏联1972年规范推荐的组合线形(拉苗申柯夫,1955年)导流堤,其上游为椭圆形,下游为圆弧和直线形。我国在工程中应用较多的是圆曲线组合堤(包尔达柯夫,1938年),也曾被前苏联规范推荐。1985年,我国铁道部科学研究院陆浩等提出长度较短的改进圆曲线组合堤,如图7-4所示。

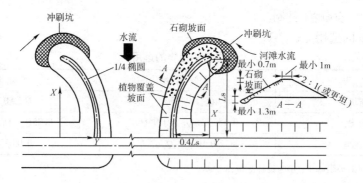

图 7-3 上游椭圆堤

对于圆曲线组合堤（包尔达柯夫），如图 7-5 所示，图中 R 可按下式计算：

$$R = \alpha \lambda L_0 \tag{7-1}$$

式中：L_0——桥孔净长度，m；

λ——系数，按表 7-2 选取；

α——系数，对于单侧河滩，$\alpha = 1$；对于双侧河滩，α 值按表 7-3 选取；其中 Q_2 为较小河滩流量，m^3/s，Q_3 为较大河滩流量，m^3/s。

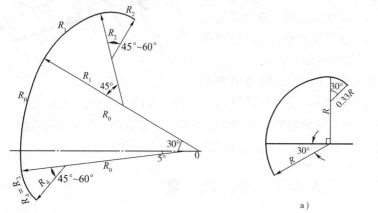

图 7-4 圆曲线组合堤

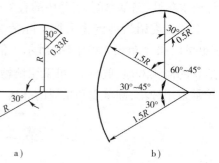

图 7-5 包尔达柯夫线形导流堤的平面形状
a）适用于不通航河流；b）适用于通航河流

λ 系 数 表   表 7-2

自然状态下流入桥孔的流量(%)	50	55	60	65	70	75	80	90	100
λ	1.0	0.9	0.7	0.6	0.5	0.3	0.2	0.1	0

α 系 数 表   表 7-3

Q_2/Q_3	1.0	0.8	0.6	0.4	0.2	0.1	0
α	0.6	0.6	0.7	0.7	0.8	0.9	1.0

而改进圆曲线组合堤的平面轴线是由三个不同半径的圆曲线组成。其基本半径 R_0 为

$$R_0 = \frac{B_{td}}{k}\left(1 + \frac{1-E}{10}\right)\left(\frac{Q_{te}}{Q_{td}}\right)^{7/8} \tag{7-2}$$

式中：B_{td}——导流堤所在一侧河滩宽度 m；

Q_{td}——天然状态的河滩流量，m^3/s；

Q_{te}——导流堤所在一侧的路堤拦阻流量,m^3/s;

k——与桥位河段水流宽深比有关的系数,按表7-4选取;

E——桥孔偏置率(偏置系数),$E = 1 - \dfrac{Q_{xi}}{Q_{da}}$;

Q_{xi}——桥孔两侧河滩中,被阻挡较小一侧的天然流量,m^3/s;

Q_{da}——桥孔两侧河滩中,被阻挡较大一侧的天然流量,m^3/s。

k 系 数 表　　　　表 7-4

B/h	>1000	1000～500	500～200	<200
k	30	25	20	15

$$R_1 = 0.50R_0 \quad 圆心角\ \theta_1 = 45°$$
$$R_2 = 0.25R_0 \quad 圆心角\ \theta_2 = 45° \sim 60°$$
$$R_d = R_2 \quad 圆心角\ \theta_d = 45° \sim 60°$$

上游堤长度:

$$S_{st} = \left(\frac{30°}{180°}\right)\pi R_0 + \left(\frac{45°}{180°}\right)\pi R_1 + \left(\frac{\theta_2}{180°}\right)\pi R_2 = \pi\left(\frac{R_0}{6} + \frac{R_1}{4}\right) + \left(\frac{\theta_2}{180°}\right)\pi R_2 \tag{7-3}$$

下游堤长度:

$$S_{xt} = \left(\frac{5°}{180°}\right)\pi R_0 + \left(\frac{\theta_d}{180°}\right)\pi R_2 = \frac{\pi}{36}R_0 + \left(\frac{\theta_d}{180°}\right)\pi R_2 \tag{7-4}$$

导流堤有时也采用两端带有曲线的直线形导流堤,曲线形的堤水绕堤流动,对通过桥孔水流压缩较大,而直线形的堤旁水流与堤分离,对通过桥孔水流压缩最大,在堤旁形成回流区,在回流区产生泥沙淤积。采用何种形式应结合桥下滩流、河床冲淤状况、水流流向以及调整处理措施等实际情况加以选择。

导流堤的断面形状通常为梯形,其顶宽和边坡系数按表7-5选用。当堤高大于12m或坡脚长期浸水时,需进行专门设计以确保安全。

堤顶宽和边坡系数　　　　表 7-5

堤顶宽(m)		边　　坡		
堤头	堤身	堤头	堤身	
			迎水面	背水面
3～4	2～3	1:2～1:3	1:1.5～1:2	1:1.5～1:1.75

堤顶高程:导流堤在桥轴线处的顶面高程 H_{min} 可按下式计算:

$$H_{min} = H_s + \Delta z + h_e + \sum \Delta h + 0.25m \tag{7-5}$$

式中:H_{min}——导流堤顶面最低高程,m;

H_s——设计水位,m;

Δz——桥前壅水高度,m;

h_e——波浪侵袭高度,m;

$\sum \Delta h$——如局部冲击高、股流自然涌高、河湾超高、河床淤积高等诸因素影响水面高的总和,m。设计时应按实际情况取值。

导流堤各断面顶面高程,可根据桥轴处堤面高程按其在河槽中泓线上的投影位置及水面比降推求。

导流堤端部的局部冲刷可按下式计算：

$$h_s = 1.45 \left(\frac{D_e}{h}\right)^{0.4} \left(\frac{v - v_0'}{v_0}\right) h C_m \tag{7-6}$$

式中：h_s——导流堤端部局部冲刷深度，m；
　　　D_e——上游导流堤头部端点至岸边距离在垂直水流方向的投影长度，m；
　　　h——导流堤端部的冲刷前水深 m；
　　　v——导流堤端部冲刷前的垂线平均流速，m/s，无实测资料时，可用谢才公式计算；
　　　v_0——河床泥沙起流速度，m/s，按式(6-46)计算；
　　　v_0'——堤头泥沙起动流速，m/s，$v_0' = 0.75 \left(\frac{d}{h}\right)^{0.1} v_0$，($d, h$ 同式 6-46)；
　　　C_m——边坡减冲系数，$C_m = 2.7^{-0.2m}$（m 为边坡系数）。

第三节　丁　　坝

丁坝是将水流挑离河岸或路堤的调治构造物。它与河岸或路堤成一定角度伸入水中。其主要作用是改变水流方向，有效地改善流动条件，达到保护路堤或河岸的目的。

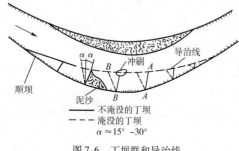

图 7-6　丁坝群和导治线

丁坝通常设置在桥头引道或河岸的一侧，当设置在河流弯道凹岸一侧时，将水流挑离河岸或引道，使泥沙在坝后淤积，从而形成新的水边线，避免河道凹岸或引道冲刷，起到保护作用。若需要防护的路堤或河岸较长，可设置数个丁坝形成丁坝群进行水流调治和河岸防护，将各个坝头的连线设计成一条平滑的曲线或直线，称为导治线，如图 7-6 所示。

丁坝根据其高程可以分为淹没式与非淹没式(或称为漫水丁坝与不漫水丁坝)。淹没式丁坝的坝顶高程略高于常水位，在洪水时，被淹没成为淹没丁坝，它的挑流能力不大，不会过多地阻挡水流，避免坝头过深冲刷。而大部分时间为非淹没式丁坝，其主要作用是调治水流和稳定河床。对于丁坝群，它加速各丁坝间的泥沙淤积。非淹没式丁坝的坝顶高程高出洪水位，其挑流能力强，但坝头冲刷也较严重。

丁坝的长度越大，其挑流能力越强，但是相应的坝头冲刷越深，对上下游甚至对岸的影响也越大，所以在实际工程中应尽量避免过长的丁坝。

丁坝的布置：对于非淹没式，以下挑式为居多，$\alpha = 60° \sim 70°$。上挑式一般设置在平原区或半山前区的宽滩地段，其水流易于摆动，流速较小，促使淤积从而形成新岸。在凸岸且流速较小时，也可以布置成正交丁坝，$\alpha = 90°$。而对于淹没式，一般选取上挑式，$\beta = 100° \sim 105°$。

丁坝的冲刷计算主要是确定丁坝头部局部冲刷深度，常采用以下几种方法。

(1)类比法：参照类似河段已有丁坝的最大冲刷深度进行确定。

(2)按一般公式计算：

当 $\dfrac{l_n}{h} \leq 1$ 时，

$$h_s = 1.45 \left(\frac{l_n}{h}\right)^{0.75} \left(\frac{v - v_0'}{v_0}\right) h C_a C_m \tag{7-7}$$

当 $\dfrac{l_n}{h} > 1$ 时,

$$h_s = 2.15\left(\dfrac{v - v_0'}{v_0}\right) h C_a C_m \tag{7-8}$$

式中:h_s——丁坝头部局部冲刷深度 m,由河床面算起;

　　l_n——丁坝在垂直水流方向上的投影长度 m,正交时 $l_n = 1$;

　　h——丁坝头部冲刷前水深 m;

　　v——丁坝头部冲刷前的垂线平均流速,m/s,无实测资料时,可用谢才公式计算;

　　C_a——丁坝轴线与水流交角 α 的影响系数,$\alpha > 90°$ 为上挑,$\alpha < 90°$ 为下挑,$C_a = (\alpha/90°)^{0.32}$;

　　$v_0 > v_0'$、C_m 符号意义同式(7-6)。

(3)按研究公式计算(由长安大学高冬光、张义青、田伟平完成交通部"八五"攻关课题而得):

$$h_s = 1.95 F_r^{0.20} A_z^{0.50} C_a C_m C_{sm} \tag{7-9}$$

式中:h_s——丁坝头附近最大冲刷深度,m,自平均床面高程算起,包括一般冲刷和局部冲刷;

　　F_r——行进水流的佛汝德数,$F_r = \dfrac{v^2}{gh}$;

　　A_z——丁坝阻水面积,m^2,以垂直于流向的投影面积计,对于宽浅断面 $A_z = L_D h$,L_D 为丁坝长度(垂直水流方向);

　　h——行进水流平均水深,m;

　　C_a——挑角系数,见式(7-8);

　　C_m——边坡减冲系数,$C_m = e^{-0.07m}$(m 为边坡系数);

　　C_{sm}——漫水减冲系数。

对于直河岸丁坝,

$$C_{sm} = 1 - \left(\dfrac{\Delta h}{h}\right)^{0.5} \tag{7-10}$$

对于凹岸丁坝,

$$C_{sm} = 1 - 0.5\left(\dfrac{\Delta h}{h}\right)^{0.5} \tag{7-11}$$

式中:Δh——淹没深度即水面到坝顶的深度;

　　$\dfrac{\Delta h}{h}$——淹没程度,不漫水丁坝 $\Delta h = 0$,$C_{sm} = 1.0$。

习题

1. 调治工程的主要作用是什么?常用的调治构造物有哪些类型?
2. 导流堤与丁坝在调治水流方面有何区别?
3. 导流堤与丁坝在选用时应考虑的哪些因素?
4. 如何合理布置曲线形导流堤?

第八章 桥渡勘测与桥位选择

桥渡勘测的任务在于收集桥渡设计所需的原始资料,其主要内容包括:

①桥位地区的自然条件:涉及地形、地质、水文、气象、地震诸方面;

②各种使用要求:依线路等级及桥渡重要性的高低决定桥面净空、设计洪水频率和车辆荷载等级;注意了解铁道、城建、水利、航运、军事等相关部门要求;

③桥位上、下游附近既有桥梁、水工建筑物的设计、施工与使用管养状况;

④材料供应、投资与工期控制、施工技术条件等。

桥渡勘测工作应按交通运输部所颁《公路工程水文勘测设计规范》(JTG C30—2015)的规定执行。应组织专业测设队伍,制定周密计划与明确分工,注意内、外业有机结合。其获取所需资料的途径有 3 条:

①桥址现场勘测;

②查阅相关工程技术档案与文史档案;

③有关部门调查研究,必要时订立相应协议。

这里主要介绍地形测绘、工程地质勘察和桥位选择的基本概念,有关水文调查方面的内容参阅前面有关章节。

第一节 地形测绘

一、桥位平面图

桥位平面图的主要用途为:

①比选桥位:各桥位方案应包括桥孔位置、引道接线和调治构造物;

②布设形态基线或水文基线,标注各调查历史洪痕点位;

③施工场地总体布置。

桥位平面图应包括所有桥位方案,故测区范围较大,通常要求:

沿河纵向,对山区、丘陵区河段,应测至上游桥位轴线以外 2 倍洪水泛滥宽度和下游桥位轴线以外 1 倍洪水泛滥宽度;对平原区宽滩河段,应测至上游桥位轴线以外 3~5 倍桥长和下游桥位以外 2~3 倍桥长。

顺桥横向,应测至历史最高洪水位以上 2~5m 或洪水泛滥线以外 50m。

测图比例尺一般采用 1:2000 至 1:5000,较大河流可用 1:5000 至 1:20000。

桥位平面图测绘应布置平面控制网,可采用闭合导线或三角网。闭合导线选点比较自由,应与路线上的平面控制点联测闭合。三角网基线长应不小于桥轴线长的 0.7 倍,桥轴线一般与基线一端连接,成为三角网的一条边。控制网点宜选在地势较高、土质坚实稳定处,相互通视好,俯仰角不宜过大,控制网边长以 400~800m 为宜。

桥位三角网精度要求,见表 8-1 规定。

桥位三角网精度 表 8-1

等级	桥轴线控制桩间距(m)	测角中误差(″)	桥轴线相对中误差	基线相对中误差	三角形最大闭合差(″)
二	>5000	±1.0	1/130000	1/200000	±3.5
三	2000~5000	±1.8	1/70000	1/140000	±7.0
四	1000~2000	±2.5	1/40000	1/80000	±9.0
五	500~1000	±5.0	1/20000	1/40000	±15.0
六	200~500	±10.0	1/10000	1/20000	±30.0
七	<200	±20.0	1/5000	1/10000	±60.0

各桥位轴线应埋设控制桩,其间距,依测量设备条件可用光电测距仪或三角网间接测定或用钢尺直接丈量。

桥位水准点应在两岸各设置一个,引道接线部分每 1km 设一个,应设在离路线不远、土质坚固、通视良好、施工时不易破坏处。

桥位水准点高程应以路线控制高程联测。独立的特大、大桥,在桥位附近有国家与其他部门的水准点时,必须联测。水准点高程系统必须与路线高程一致,否则应进行换算。

两岸水准点联测高差不符值不得超过 $±4\sqrt{n}$ 或 $±20\sqrt{L}$(mm),引道接线部分不得超过 $±30\sqrt{L}$(mm),这里,L 为水准点间长度,以公里计,n 为测段间单程测站数。

桥位平面图图幅标注除一般平面图上所有内容外,尚应包括平面控制网与高程控制点、各方案桥位轴线与引道接线、水准点、水文基线与形态基线、调查洪痕点位、最高洪水泛滥线、河岸线、测时水边线、洪水流向、航行迹线等。

二、桥址地形图

桥址地形图系针对选定推荐的桥位方案进行,其施测范围比桥位平面图小,但应满足布置桥孔,引道接线与调治结构物的需要。其纵向以桥位轴线为准,上游测至 2~3 倍桥长,下游测至 1~2 倍桥长;其横向应测至历史最高洪水位(或设计水位)以上 2m 或历史洪水泛滥线以外 50m。

测图比例尺 1:500 至 1:2000,较大河流可用至 1:5000,等高线间距和最大视距长规定见表 8-2。

等高线与视距长规定 表 8-2

测图比例尺	等高距(m)	最大视距长(m)	
		竖直角<12°	竖直角≥12°
1:500	0.25,0.5,1.0	150	80
1:1000	1.0	250	150
1:2000	1.0,2.0	400	300
1:5000	2.0,5.0	450	350
1:10000	5.0,10.0	600	600

桥址地形图应详细绘入对桥位设计有影响的所有地形地物,必要时应测绘河底等高线。应将桥梁上、下部引道接线与调治构造物等平面位置落绘其上并标注桥长、桥面净空、桥中心桩号、各墩台桩位和调治结构线形位置等总体尺寸指标。

三、桥址纵断面图

沿桥位轴线和引道接线中心线进行施测,供设计绘制桥梁上下部结构、引线路基和调治结构的总体布置图使用。

其测绘范围应测至两岸历史最高洪水位以上 2~5m 或路肩设计高程以上,应示出床面形状、地质构造与岩土分层、特征水位如通航水位、常水位、低水位等。

测图比例尺常用 1:100 至 1:1000。

第二节 工程地质勘察

一、任务与方法

工程地质勘察的主要任务为:

①查明桥址地区的工程地质条件,如地层、岩性、地质构造、地震烈度、不良地质现象(断层、溶洞、滑坡等)和地下水位与水质等。对各桥位做出综合工程地质评价。

②通过岩土物理力学性能的原位测试与室内试验,提供设计所需的地基承载力有关数据。

③天然建筑材料调查,包括料场位置、材料品类、特性、储量与开采方法等。

工程地质条件可分为两类:

①简单的工程地质条件:指地貌单元少,地形简单;地层结构简单,基岩顶面起伏小,风化浅,无特殊土层;地质构造较简单,无不良地质现象,地下水对基础无不良影响者。

②复杂的工程地质条件:指地形较复杂,地貌单元多;地层结构复杂,有特殊土层,基岩风化严重,顶面起伏大;地质构造较复杂,有不良地质现象;地下水对基础影响不良者。

工程地质勘察的方法,通常先进行工程地质调查与测绘,以便对桥位地区的工程地质、水文地质情况有较广泛的了解;然后采用地球物理勘探(如电探、震探、声测等)进行面上控制,再通过钻探,配合原位测试与室内试验,进一步查明各桥位方案工程地质条件的优劣。

二、钻探工作要求

钻孔数量与钻深主要取决于桥位工程地质条件和桥的类别,可参考表 8-3 选用。

桥位钻探数量与深度　　　　　表 8-3

桥的类型	工程地质条件简单		工程地质条件复杂	
	孔数(个)	孔深(m)	孔数(个)	孔深(m)
中桥	2~3	8~20	3~4	20~35
大桥	3~5	10~35	5~7	35~50
特大桥	5~7	20~40	7~10	40~120

①钻孔分为控制性与一般性两种,控制性钻孔应占桥位钻孔总数的一半,特大桥应适当增加控制性钻孔。

②覆盖层层次少,厚度大,钻孔深对漂石、卵石层为 8~20m,对砂、砾石层为 20~35m,对软弱黏土层为 35~120m。

③覆盖层较薄,下伏基岩风化层不厚时,控制性钻孔应钻入新鲜基岩内 2~5m。

钻孔应沿桥位轴线布置或在其两侧交错布置,在条件时,可结合桥型方案的墩、台位布置。

钻孔孔径采取原状土样者,不小于 110mm;采取岩芯,对硬质岩和风化破碎岩层,应分别不少于 85% 与 50%。

水质分析,应在河中与钻孔内分别取样进行试验。

三、成 果 整 理

1. 工程地质勘察报告

主要内容包括:
(1) 目的、任务与工作概况;
(2) 桥位地区地形、地貌、地层岩性、地质构造、不良地质现象等工程地质条件说明;
(3) 地震基本烈度和地震动参数的鉴定结论;
(4) 综合评价各桥位的工程地质条件,提出推荐桥位方案;
(5) 天然建筑材料的种类、质量、储量、位置与开采条件说明。

2. 有关图表资料

(1) 桥位工程地质平面图;
(2) 桥位工程地质纵断面图,见图 8-1 示例,如有几个比较桥位,应分别提供;

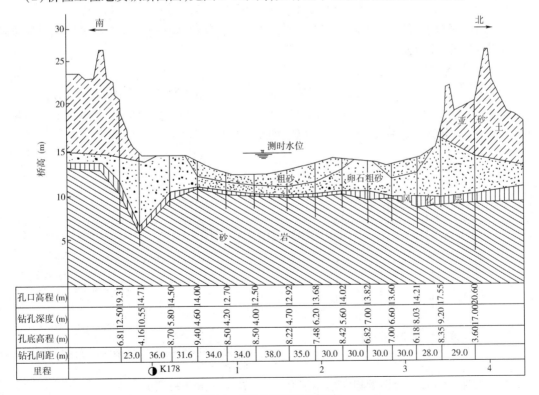

图 8-1 桥位地质纵断面图示例

（3）钻孔地质柱状图；
（4）原位测试、岩土物理力学试验与水质分析报告；
（5）物探成果资料；
（6）天然建筑材料试验成果与料场分布示意图；
（7）其他（如照片、原始记录、岩芯装箱登记表等）。

第三节　桥位的选择

选择桥位是桥渡设计中第一项重要任务。它不仅直接影响桥渡结构工程的安全稳定、使用寿命和技术经济合理性、施工与管理养护的便捷可行性，而且与相关部门如铁路、水利、航运、国防、城建等的协调配合与照护群众利益密切相关。

因此，桥位的选择应当认真贯彻国家有关方针政策，因地制宜，实事求是，综合权衡。

为适应当前公路等级迅速提高的发展趋向，保证线形流畅，车行顺适，中、小桥位应服从路线走向。对大、特大桥，因其技术复杂，桥与路应综合加以考虑，即在不偏离路线总方向的前提下，在较大范围内争取自然条件较好的桥位。

一、水文方面要求

（1）河道顺直，水流通畅，避开河汊、洲岛、支流汇合口、流冰流木阻塞处。
（2）选河槽宽而河滩较窄处，因河槽可通过全断面流量的大部分（≥70%），有利于缩短桥长。
（3）桥位轴线宜与洪水流向正交，便于汛期顺利排洪，减少桥墩阻水与冲刷。
（4）河滩路堤不宜向下游偏转，以免形成水袋回流而威胁路堤安全，如不可避免时应采取相应措施，如图8-2所示。
（5）要尽量适应不同的河段类型。
①山区峡谷河段，因水深流急，应避免在深谷急流中建墩，桥位宜选在可单孔跨越处。
②平原顺直河段，宜选在河槽与河床总走向一致处；而平原弯曲河段，当河弯发展已临近河床岸边时，宜选在比较稳定的弯顶中部处，如图8-3所示。

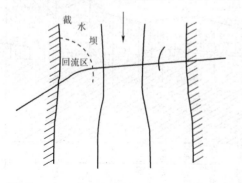

图8-2　水袋封闭示意

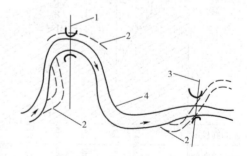

图8-3　平原弯曲河段桥位
1-在河槽弯曲段的桥位；2-未来河床可能的极限位置；3-在河槽直线段的桥位；4-桥位定线时的河床位置

③宽滩性河段宜选择河槽稳定居中、河滩流量较小且地势较高处。
④变迁性河段宜选两岸有约束、河槽相对较稳定的束窄段；漫流性河段应尽量躲开冲积

扇,在扇顶上游或下游收缩段跨越。

⑤游荡性河段,宜选在两岸有固定依托(如岩坎、建筑物或抗冲能力较强的土质等)处,桥轴线应与洪水总趋势正交。

二、地形、地物、地貌方面的要求

(1)桥位宜选在河岸稳固(如有山嘴、高地)处。
(2)两岸有便于布置引道接线的开阔地形,这对山区桥位尤为重要。
(3)尽量避开地面、地下既有重要设施如高压线、光缆、油气管道、重大建筑物等。
(4)适当考虑施工场地布置,材料运输等要求。

三、地质方面的要求

(1)地质构造稳定,避开不良地质现象如活动性断层、溶洞、泥沼、滑坡、泥石流的不利影响。如避开有困难,可采取避重就轻处理,如图 8-4 所示,桥位Ⅱ使断层处于较次要、易处理的引道接线范围,比桥位Ⅰ方案优。

(2)宜选在基岩外露或地基持力层埋深较浅地段。

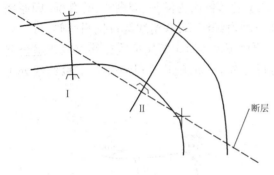

图 8-4 不良地质的避重就轻处理示例

四、经济、环保要求

(1)经济性往往是决定桥位方案取舍的非常重要的因素,应从桥梁上、下部结构、引道路堤与调治结构物所组成的桥渡总体进行分析比较。

(2)应从工程造价 E 和使用费 D(包括管养、维修、运输费等)两者综合评价。显然,E 和 D 都低的桥位方案是应优先选用的。但实际上往往出现如下情况:A 方案 E_A 低,但使用费 D_A 高,而 B 方案 E_B 高,但使用费 D_B 低,这时应计算补偿年限:

$$n = \frac{E_B - E_A}{D_A - D_B} \tag{8-1}$$

补偿年限 n 反映 B 方案因使用费的节约而能把多花的造价投资回收到手的年限的长短。通常当 $n \leq 20$ 年时宜选造价较高而使用费较低的 B 方案,因为从长远看,其经济性优于 A 方案。

实质上,就是将工程造价与 20 年营运期费用相加,两者之和为最少者,为经济性方案。

(3)应考虑桥位方案因工期缩短,提早投入营运所带来的经济效益和方便群众治河造田、防洪、加强交通安全等产生的社会效益。

(4)从环境保护要求出发,要求桥位方案尽量少破坏当地生态环境,注意建桥与绿化(植树种草)的配合,保护文物,降低噪声与空气污染等。

五、其他方面的要求

(1)通航河流上的桥位轴线应与航道主流尽量正交,斜交角小于 5°,桥位应选在航道稳定的顺直河段,码头、锚泊区,应与排筏集散场上游有一定距离。

(2)城镇附近桥位应适应城镇规划的要求,注意相邻桥面交通流的合理分配。应尽量遵循近城不进城原则以减少运输干扰与交通安全隐患。对有防洪要求的城镇,桥位宜选在上游。

(3)水库地区桥位宜尽量采用桥、坝合一方案,否则应选在蓄洪区上游水面较窄、岸坡稳定、泥沙淤积较少地段或在下游溢洪区清水冲刷影响范围以外。

(4)有国防军事要求的桥位应注意位置的隐蔽性和便于防卫,应选用抢修简易快捷的桥型与之配合。与既有旧桥之间应留有足够的安全距,以防止同时炸毁破坏的可能。

(5)地震地区的桥位选择,应按《公路工程抗震设计规范》(JTG B02—2013)规定进行。

【例 8-1】 钱塘江第二大桥桥位选择

钱塘江第二大桥为公路、铁路两用桥,采用平面并列布置,它是连接沪杭、浙赣两大铁路干线与沪杭甬高速公路的重要桥梁工程,总投资 2.4 亿元,为国家"七五"重点建设项目。

该桥桥位选择除考虑桥址自然条件外,还需结合铁路编组站设置,钱塘江航运要求和作为全国旅游名城杭州市的城市发展规划进行分析比较。

勘测时共研究了 4 个桥位,如图 8-5 所示。从上游起依次为潭头、珊瑚沙、既有桥(即原钱塘江大桥)旁和四堡桥位。前两者均在杭州以北三墩设编组站,联络线绕行杭州西侧,过江后在肖山以南的白鹿塘接入正线;既有桥旁桥位在原桥下游 500m 新建单线铁路与双车道公路桥,与既有桥组成上、下行系统;四堡桥位在既有桥下游 13km,配建乔司编组站,其联络线处于杭州市规划区东部边缘,过江后接入肖山站。

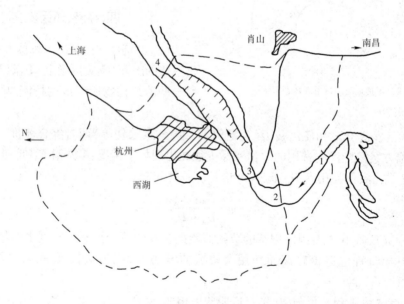

图 8-5 钱塘江第二大桥桥位比较方案图

现将 4 个桥位情况比较如下:

(1)潭头桥位

江面较窄,宽 1170m。

基岩为砂岩,埋深为河床以下 50m,其上有厚约 20m 的砾土层,层位稳定,强度高。

联络线路完全绕行杭州市外,对城市环境影响小,对钱塘江航运干扰小。

铁路绕行近 40km,编组站工程量大,投资最贵,运营费用高。

公路绕行线路过长,不能解决过境交通,需另选建公路桥位。

(2)珊瑚沙桥位

水流平稳,河床稳定,其地质情况与潭头桥位相近,故建桥条件较优。

江面较宽,为1480m。

铁路绕行线比潭头桥位缩短11km。

对西湖风景旅游区向西南发展不利,为杭州市反对。

(3)既有桥旁桥位

江面最窄,为950m,但水深、流速较大。可充分利用现有设施,投资最省,建设速度快,是铁道部最看好的方案。

由于铁路通过杭州市区,对城市的污染、交通干扰将更为严重,更不利于城市规划的合理发展。

(4)四堡桥位

江面最宽,达2000m,但1975年修堤约束后,已减至1300m。

处于城市规划的东部边缘,如在大桥杭州侧联络线预留新客站位置,对废除现有市区内铁路,向新线路过渡创造条件。

公路桥有利于江南萧山区域发展,且过境公路不再穿行市区。

投资较省,为潭头桥位的2/3左右。

基岩为砂岩,胶结物为泥质或铁质,岩性较偌,风化严重,且埋藏较深,位于河床以下51~65m。所幸其上有厚约25m的砾土层,容许承载力$[\sigma]$=450kPa,且土层紧密,可作为基础持力层。

位于钱塘江涌潮区,涌潮强度一年中以八九月份为大,其对结构物的压力与潮涌高度有关,按百年一遇考虑,潮高2.45m,压力值48kPa。涌潮对大桥下部基础的施工带来很大困难,需采取特殊防护措施。

通过综合技术经济比较,经铁道部与杭州市共同协调,最后选定优点较多的四堡桥位。

现将该桥结构设计要点摘录如下:

(1)主要经济指标:

设计流量29800m³/s,设计流速3.46m/s。

设计潮位+7.85m(两岸地面高程+5.5m)。

通航孔梁底高程+13.37m,通航净宽50m,与原钱塘江大桥规定相同。

铁路、公路桥采用平面并列布置,中距16.4m。

桥面净空:铁路双线,宽11m;公路桥全宽19.5m,内设中央分隔带宽1.5m,全封闭,无人行横道。

设计荷载:铁路中—活载。

公路汽—超20,挂—120

(2)结构布置:

该桥正桥,上部结构为45+65+14×80+65+45(m),18跨一联预应力混凝土箱形变高连续梁,全长1340m;下部结构基础为钻孔灌注桩群桩,除9号固定支座墩,基础为9φ2.2m外,其余均为12~14φ1.5m,桩顶承台位于低水面(+1.0m)以下,上为实体墩台。

引桥部分,无论铁路、公路,均为跨径32m的预应力混凝土箱形等高多跨连续梁,下部为φ1.0m钻孔灌注桩,桩长约40m。

习题

1. 桥位平面图与桥址地形图的使用功能,测区范围,测绘内容有何显著不同?
2. 桥位工程地质钻孔数量与深度如何合理确定?
3. 如何根据钻孔地质柱状图绘制桥位地质纵断面图?
4. 桥位选择的基本原则是什么?
5. 你认为城市桥梁桥位的合理选择应如何考虑?

第九章 小桥与涵洞勘测设计

第一节 小桥涵的类型与特点

当公路需要跨越沟谷、河流、人工渠道以及排除路基内侧边沟水流时,常常需要修建各种横向排水构造物,使沟谷、河流、人工渠道穿过路基,保持路基连续并确保路基不受水流冲刷以及侵蚀,从而保证路基稳定。小桥涵是公路上最常见的小型排水构造物,有时为了跨越其他路线或障碍,也需修建小桥涵,它的布设有时还与农田水利有着密切的关系。小桥涵就其单个工程而言,其工程量比较小,费用也低,但它分布于公路的全线,故其工程总量比较大,所占的投资额也相当大,在平原,每公里1~3道;在山区,每公里3~5道,约占公路总投资的20%,为中、大桥的2~4倍左右。由此可见,小桥涵的设计与布置是否合理,对于公路沿线排水,路基的稳定与安全,行车安全,公路投资以及沿线农田水利灌溉及防洪排涝有着很大的影响,应引起公路设计者的重视。

一、小桥涵划分

小桥和涵洞按其多孔跨径总长 L 和单孔跨径 L_0 两项指标来划分,在交通运输部发布的《公路工程技术标准》(JTG B01—2014)中有规定,如表9-1所示。

小桥和涵洞按跨径分类表　　　　表9-1

划分指标 名称	多孔跨径总长 L(m)	单孔跨径 L_0(m)
小桥	$8 \leq L \leq 30$	$5 \leq L_0 < 20$
涵洞	—	$L_0 < 5$

注:1. 单孔跨径系指标准跨径。
　　2. 梁式桥、板式桥的多孔跨径总长为多孔标准跨径的总长;拱式桥为两岸桥台内起拱线间的距离;其他形式桥梁为桥面系车道长度。
　　3. 管涵及箱涵不论管径或跨径大小、孔数多少,均称为涵洞。
　　4. 标准跨径:梁式桥、板式桥以两桥墩中线间距离或桥墩中线与台背前缘间距为准;拱式桥和涵洞以净跨径为准。

小桥涵的标准跨径为:0.75m,1.0m,1.25m,1.5m,2.0m,2.5m,3.0m,4.0m,5.0m,6.0m,8.0m,10.0m,13.0m,16.0m。

二、小桥涵的分类

1. 按结构形式分类

可分为管涵(常为圆管涵)、盖板涵、拱涵、箱涵、拱桥与板桥(又分空心板与实心板)等类型。各种不同形式的桥涵由于采用材料的不同构成多种形式的涵洞或小桥。与此同时,各类桥涵在跨径上有很大的差异。常用的涵洞与小桥的跨径见表9-2。

不同构造形式涵洞与小桥适用跨径(cm)　　　表9-2

构造形式	适用跨径(或直径)	构造形式	适用跨径(或直径)
圆管涵	50、75、100、125、150、200	拱涵	100、150、200、250、300、400
盖板涵	50、75、100、125、150、200、250、300、400	箱涵	200、250、300、400、500
板桥、拱桥	500、600、800、1000、1300、1600	石盖板涵	50、75、100、125

注:跨径50cm的涵洞仅用于农田灌溉区。

2. 按建筑材料分类

(1)木桥涵:木桥涵是以木材为主要承重结构的桥涵,一般为临时性结构物,其他情况较少采用。

(2)石桥涵:石桥涵是以石料为主要承重结构建造的桥涵,为公路中常见的类型。

按其力学性能不同又分为盖板涵、石拱涵、石拱桥等类型。按构成桥涵的砌体有无砂浆,有浆砌和干砌之分。

(3)混凝土桥涵:混凝土桥涵是以混凝土为主要承重结构建造的桥涵。按力学性能不同,又有四铰管涵、混凝土圆管涵、混凝土盖板涵、混凝土拱桥、双曲拱桥之分。

砖、石料和混凝土材料在工程结构物中以承受压力为主,统称圬工材料,由这些材料组成的桥涵叫圬工桥涵。

(4)钢筋混凝土桥涵:钢筋混凝土桥涵是以钢筋混凝土为主要承重结构建造的桥涵。由于钢筋混凝土材料坚固耐用,力学性能好,是高等级公路常采用的类型。

按力学性能不同,又分钢筋混凝土管涵、钢筋混凝土板涵、钢筋混凝土板梁桥、钢筋混凝土箱涵、钢筋混凝土拱涵、钢筋混凝土拱桥、钢筋混凝土双曲拱桥等类型。

(5)其他材料组成的涵洞:除以上4种桥涵外,涵洞由于孔径小,有时也可以采用其他材料建造,如砖、陶瓷、铸铁、钢波纹管、石灰三合土等等。这类涵洞有砖涵、陶瓷管涵、波纹管涵、石灰三合土涵。这类涵洞除特殊情况外,一般很少采用。

3. 按水利特性分类

水流通过涵洞时,因其深度的不同,产生不同的涵洞水力计算图式。因此可分为无压力式、半压力式与压力式三种类型。

(1)无压力式:涵洞入口处的水流深度小于涵洞口的高度,并且在整个涵洞长度范围内水面均不与洞顶接触,水面呈自由水面状态,这种形式的涵洞称为无压力式涵洞,如图9-1a)所示。

(2)半压力式:涵洞入口处的水流深度大于洞口的高度,水流充满洞口,而在涵洞长度范围内,水面都不与洞顶接触,水面呈自由水面状态,这种形式的涵洞称为半压力式涵洞。与无压力式涵洞相比,只是在水流进入洞口时有所不同,如图9-1b)所示。

(3) 压力式:涵洞入口处的水流深度大于洞口高度,并且在涵洞长度范围内都充满水,全长与洞顶接触,水面无自由水面,这种形式的涵洞称为压力式涵洞。

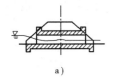 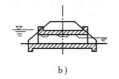 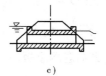

图 9-1 涵洞按水力特性分类
a)无压力式;b)半压力式;c)压力式

4. 按填土高度分类

涵洞按洞顶填土的高度不同分为明涵与暗涵两种。
明涵:洞顶填土高度 <0.5m 时称为明涵。常在低填方与挖方路段采用,如图 9-2a)所示。
暗涵:洞顶填土高度 ≥0.5m 时称为暗涵。常在高填方路段采用,如图 9-2b)所示。

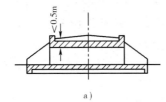 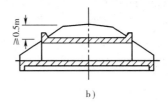

图 9-2 涵洞按填土高度分类
a)明涵;b)暗涵

还有一些分类方法,如按孔数分(单孔、多孔),按洞身形式分(平置式、斜置式、进口指高与不指高),按洞身平面布置分(正交、斜交、曲线),按功能分,例如:排洪、灌溉、交通等。在此不一一叙述。

三、各类小桥涵特点及使用条件

1. 石拱桥(涵)

石拱桥(涵)为山区公路常采用的一种类型。其主要优点是:
①能充分利用天然石料,无需钢材,只需少量水泥,因而造价低;工程费用少;
②施工技术简单,专用设备少;
③结构坚固,自重及超载潜力大,使用寿命长。与板式桥(涵)相比,其不足之处在于:拱式结构需要较大的建筑高度;不能进行工厂预制现场装配;遭受破坏后难于修复;施工时占用劳力较多,工期较长以及对地基要求较高等等,因而在使用范围上受到限制。
石拱桥(涵)通常适用于盛产石料的地区,设计流量一般大于 $10m^3/s$,路堤填土高度在 2~2.5m 以上,跨径等于或大于 2m,地基条件需较好。

2. 石盖板涵

主要优点是:
①就地取材;

②结构坚固;
③建筑高度较小,对地基条件要求不高;
④施工简便、易于修复。缺点为力学性能较差,因而一般仅适用于跨径小于2m,设计流量通常在$10m^3/s$以下的小型涵洞。

3. 钢筋混凝土板桥(涵)

这是无石料地区常采用的一种类型,其主要优点是:
①建筑高度较小,受填土高度限制较小;
②能采用工厂预制,现场装配,施工简便迅速;
③为简支结构,对地基条件要求不高;
④遭受破坏后易于修复。缺点为需用水泥、钢筋等材料,一般造价较高。适用于石料短缺、填土高度受限制以及公路等级较高的情况。由于这类桥涵用钢材较多,在缺乏钢材的情况下,应尽量采用其他类型。

钢筋混凝土板桥(涵)按施工方法的不同还可有预制装配和就地浇筑之分。装配式桥(涵)能在工厂预制,再运至现场安装,具有施工不受气候条件影响、工期短、节省模板等优点,适用于桥涵分布集中并有运输及吊装条件的公路。就地浇筑的桥涵,整体性好,施工不需运输及吊装设备、施工简便,适用于分散或改建的单个桥涵,以及不具备运输及吊装条件的公路。

4. 钢筋混凝土圆管涵

这也是在缺石料地区常采用的一种涵洞类型,其主要优点是:力学性能好,对地基的适应性较强,构造简单,不需墩台,圬工数量少,施工方便,适于工厂预制,便于装配运输,工期较短。受预制吊装条件的限制,一般孔径较小,为$0.5\sim2.0m$,设计流量在$10m^3/s$以下。圆管涵一般采用单孔比较经济,多孔时一般不宜超过3孔。其缺点是清淤困难。适应的填土高度可达15m。

5. 钢筋混凝土箱涵

箱涵是一种闭合式的钢筋混凝土薄壁结构,多用于无石料地区。其主要优点是整体性能好、对地基适应性较强。缺点为用钢量多、造价高,一般多采用现场浇筑施工,施工难度较大,通常适于软地基情况。由于箱涵整体性好、结构坚固、跨度尺寸适中,常用于高速公路人行通道。

6. 双曲拱桥

双曲拱桥可"化整为零"进行施工,因而结构轻,圬工省;只用少量的钢材和木料,造价较低;同时它还具有施工快、工期短、利于装配施工等优点。在无石料地区的小桥可考虑采用这种类型。

7. 泄水隧道

泄水隧道是利用天然地形对弯曲沟谷裁弯取直而设置的一种特殊类型排水建筑物。遇山区深谷或黄土深沟沟谷弯曲,洪水时无堵塞且水流不会冲入原沟槽内,或遇深沟沟底地质不良,基底软弱,而修建高桥或长涵均很昂贵,当地形、地质及水文条件适宜时,常可选用。对地质不良地段,例如松散的流砂地层,特别松散易于坍塌的砂质地层或黄土地层有漏水情况时,须慎重考虑,最好不选用泄水隧道,以免造成施工困难。

泄水隧道的优越性在于:修筑洞身与路基填土互不干扰,便于两侧路堑或隧道弃方弃渣;洞身在原土层内受力较小,洞身圬工较节省,基底应力较小,很少发生洞身下沉或裂缝病害,便于养护维修等。

8. 倒虹吸管涵

倒虹吸管涵常采用下面两种类型。

1)铸铁倒虹吸管涵

铸铁倒虹吸管涵具有管路接头少,防漏性能较好,造价低,施工简便等优点。但孔径较小,通过流量少(一般通过流量 $0.016 \sim 0.260 m^3/s$),不能满足较大灌溉渠道的要求。

2)钢筋混凝土倒虹吸管涵

钢筋混凝土倒虹吸管涵具有通过流量大、接头少、整体性好、渗漏病害较少等优点,但施工较复杂、造价较高、维修困难。尤其养护不便,仅在通过流量较大的干、支渠上不得已时采用。一般钢筋混凝土倒虹吸管有单孔、双孔两种,孔径多为 $0.5 \sim 1.5 m$,适应的流量为 $0.3 \sim 10.0 m^3/s$。

各类涵洞按建筑材料、结构形式及水力特性不同,其适用性和优缺点汇总于表9-3、表9-4和表9-5,以便选择参考。

不同材料涵洞的适用性和优缺点　　　　表9-3

种类		适用性	优缺点
常用	石涵	产石地区,可做成石盖板涵、石拱涵	节省钢筋,水泥经久耐用,造价、养护费用低
	混凝土涵	可现场浇筑或预制成拱涵、圆管涵和小跨径盖板涵	节省钢筋,便于预制,但损坏后修理和养护较困难
	钢筋混凝土涵	用于管涵、盖板涵、拱涵、软土地基上可用箱涵	涵身坚固,经久耐用,养护费用少。管涵、盖板涵安装运输便利,但耗钢量较多,预制工序多,造价较高
	砖涵	用于平原或缺少石料地区。可做成砖拱涵,有时做成砖管涵	便于就地取材,但强度较低;当水流含碱量大时(或冰冻地区)易损坏
其他	陶瓷管涵	陶、瓷产地,定型烧制	强度较高,运输、安装时易碎;造价高,跨径小
	铸铁管涵	工厂化生产的金属定型产品	强度较高,但长期受水影响易锈蚀造价高,跨径小
	钢波纹管涵	小跨径暗涵	力学性能好,但施工管节接头不易处理,易锈蚀;造价高,跨径小
	石灰三合土涵	可做成石灰三合土箧管涵或拱涵	强度较低,造价低;但水流冲刷极易损坏

不同水力性质涵洞的分类与适用性 表 9-4

水力性质	外观描述	适用性
无压力式	进口水流深度小于洞口高度,水流受侧向束挟,进口后不远处形成收缩断面。下游水面不影响水流出口。水流流经全涵保持自由水面	要求涵顶高出水面,涵前不允许壅水或壅水不高
半压力式	水流充满进口,呈有压状态,但进口不远的收缩断面及以后的其余部分均为自由水面,呈无压状态	全涵净高相等,涵前允许一定的壅水高,且略高于涵进口净高
有压力式	涵前壅水较高,全涵内充满水流,无自由水面。一般出口被下游水面淹没,但升高式进水口(流线型),且涵底纵坡小于摩阻坡度时,出口不被下游水面淹没	深沟高路堤,不危害上游农田、房屋的前提下,涵前允许较高壅水
倒虹吸管	进出水口设置竖井,水流充满全部涵身	横穿路线的沟渠水面高程基本同于或略高于路基高程

各种构造形式涵洞的适用性和优缺点 表 9-5

构造形式	适用性	优缺点
管涵	有足够填土高的小跨径暗涵	对基础的适应性及受力性能较好,不需墩台,圬工数量少,造价低
盖板涵	要求过水面积较大时,低路堤上明涵或一般路堤的暗涵	构造较简单,维修容易。跨径较小时用石盖板;跨径较大时用钢筋混凝土盖板
拱涵	跨越深沟或高路堤时设置。山区石料资源丰富,可用石拱涵	跨径较大,承载潜力较大。但自重引起的恒载也较大,施工工序较繁多
箱涵	软土地基时设置,常用于人行通道	整体性强,但用钢量多,造价高施工较困难

第二节 小桥涵勘测

一、目 的

小桥涵勘测的目的是通过桥涵的外业勘测与调查,收集与初步整理出小桥涵设计所需要的水文、水力、地形、地质、气象、环境及农田水利设施等的数据及其他资料,为桥涵设计以及水力计算提供必要的资料与依据。

二、主要内容

根据我国《公路工程水文勘测设计规范》(JTG C30—2015)规定各测设阶段小桥涵勘测的主要内容为:

1. 初测阶段

搜集有关资料,拟定桥涵位置、结构类型、孔径、附属工程的基本尺寸,初步设计工程量等。一般的涵洞可不作外业测量,但小桥以及复杂的涵洞,需进行必要的测量。

2. 定测阶段

在初测的基础上,进行详细调查、测量与分析计算,从而确定其位置、孔径、墩台高度、结构类型、基础埋置深度、附属工程等。小桥涵定测阶段的主要工作内容为：

(1) 拟建小桥(涵洞)地址处和形态断面处的测量与水文勘测；
(2) 工程地质与地貌调查；
(3) 气象资料尤其是洪水暴雨资料的搜集；
(4) 工程所用建筑材料的供源情况调查；
(5) 原有桥涵构造物和水利设施的情况；
(6) 当地对拟建小桥涵的要求等等。

三、准 备 工 作

1. 仪器与工具准备

小桥涵外业勘测主要使用地形测量、水文测验、地质调查等有关仪器和工具，根据收集资料的内容，以及复杂程度不同，所携带的仪器与工具的数量与种类也不尽相同。通常采用的是经纬仪、皮尺、手水准、罗盘仪、地质锤、流速仪等。如采用 GPS 进行定位测量，还应准备相关用户设备，如接收机、无线及微处理终端设备电源等。

2. 资料收集

外业勘测前应做好下列资料的收集工作：

(1) 地形资料：搜集公路沿线 1∶10000 ～ 1∶15000 的地形图，要求能获得必要的流域面积、主河沟平均纵横坡等资料。
(2) 地质资料：收集地质特征资料和区域地质图及土壤资料。地质特征资料主要包括岩石种类及其分布、层理、节理、风化情况，地形地貌，土质类别，地下水、植被及分布情况等。北方地区还应了解当地土壤冰冻层厚度。
(3) 水文资料：收集小桥涵所在处附近水文站历年实测最大流量及其相应的洪水位或历史洪水位高程(痕迹)、沿河沟上下游河床变迁情况等资料。桥涵附近的坝、闸、渠等水利设施的修建情况和水文资料。
(4) 气象资料：收集当地气象站、雨量站以及其他观察站的气象资料，包括年、月平均降雨量，暴雨强度和持续时间，年内最高、最低气温，主导风向和风力等。
(5) 其他资料：对于改建或修复工程，还需收集有关原测设、施工及竣工资料，了解工程的使用养护、水毁等情况，征询对小桥涵工程改建设计的意见等。

第三节 小桥涵位置选择

一、小桥涵位置选择原则

小桥涵位置选择是否恰当，将直接关系到路基的稳定、工程的造价以及以后功能的发挥和维修保养工作。因此应结合线路平、纵剖面和水文、地形、地质条件、道路、灌溉系统等要求加以综合考虑，以免造成不必要的时间以及经济损失。一般应遵循以下原则：

(1) 服从路线走向，逢沟设桥或涵；
(2) 应设在地质条件良好、河床稳定、河道顺直的河段；

（3）适应路线平、纵要求，并与路基排水系统协调一致；

（4）小桥轴线应与河沟流向垂直，涵洞轴线应与水流方向一致，满足流量的宣泄，做到"进口要顺，水流要稳"，不发生斜流、旋涡等现象，以免毁坏洞口、堤坝和农田。

（5）综合考虑各种因素，进行技术经济分析，使主体和附属工程的总工程量最小，造价最低，维修养护费用低。

二、小桥涵设置地点

地点的确定，是小桥涵设置的首要问题，一般情况下，在下列位置需考虑设置小桥或涵洞：

（1）天然河沟与路线相交处，路线上游汇水面积大于 $0.1km^2$ 时，一般设小桥或涵洞；

（2）农田灌溉渠与路线相交处，考虑设置涵洞；

（3）路基边沟排水渠，一般考虑设涵洞；

（4）与其他路线交叉处。如铁路、公路、人行路、农村机耕道及重要管线，如采用主体交叉且路线又从上方通过时，考虑设置小桥或涵洞；

（5）其他设涵情况：

①在平原区，路线通过较长的低洼地带及泥沼地带，为保证路基稳定，避免排水不畅及长期积水的情况，在地面具有天然纵坡的地方设置多道涵洞。如无灌溉和其他需要，涵洞间距一般为 1~2km。

②平原区路线穿过天然积水洼地，考虑设置数道涵洞，以沟通路基两侧水位，平衡水压。

③路线紧靠村镇通过，注意设涵，以排除村镇内地面汇流水。

④山区岩层破碎及塌方地段，雨季时经常有地下水从路基边坡冒出，为使路基边坡稳定，及时疏干地下水，保证路基边坡稳定，结合路基病害整治考虑设置涵洞。

三、小桥涵位置确定

1. 小桥位置的确定

（1）服从路线走向。小桥工程量较大，定位时容许对路线作适当调整并按小桥需要选择跨河桥位。

（2）轴线应与洪水主流方向正交。如不能正交时，应使墩台轴线与水流方向平行，以减小水流对墩台、路基边坡的冲刷。如图9-3所示。

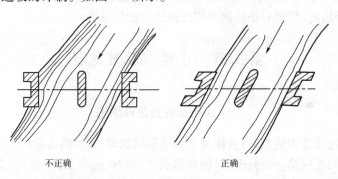

图9-3 斜交桥位

（3）桥位应布设在河道顺直、水流平稳河段。当遇到河湾时，应择位于河湾的上游。如图

9-4 中方案Ⅰ。万一须择位于河湾下游时,桥位应远离河湾,应选择在水面宽度的 1~1.5 倍以外之处。如图 9-4 中方案Ⅲ,图 9-4 中的方案Ⅱ应当避免采用。

(4)桥位应选择在河床地质条件良好、承载力大的河段。应尽量避免在岩溶、滑坡、泥沼以及淤泥沉积地段设置。

(5)桥位应选择在河面宽度小、河滩较窄较高、岔河少的河段。尽量避免在河流有沙洲、河叉汇合口等水流紊乱的河段设桥。如必须通过支流汇合口时,应设置在支流汇合口下游并且远离汇合口,它与汇合口的距离,一般应在河面宽度的 1.5~2.0 倍以上,如图 9-5 所示。

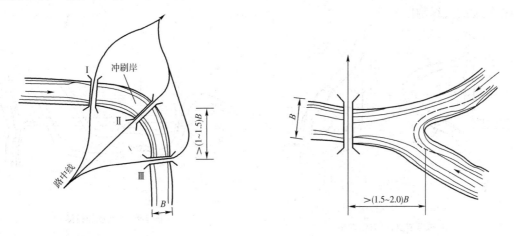

图 9-4　河湾处桥位　　　　　　　　图 9-5　河流汇合口桥位

(6)跨越溪沟时,桥位应尽量选择在大河壅水倒灌影响范围以外;如图 9-6 所示。

(7)桥位应尽量选择在两岸地质条件好、施工时土石方量少、并有利与路线顺利衔接的河岸。

(8)沿溪路线应与桥位设置统筹兼顾,使之有较好的线形。在合适的情况下,可利用河湾、S 形河段以及适当斜交的办法跨河,如图 9-7 所示。

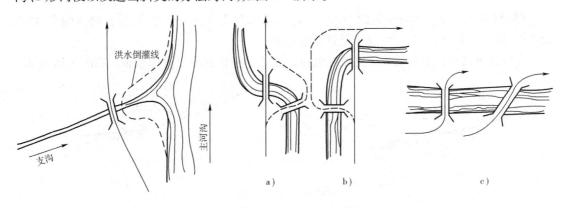

图 9-6　大河倒灌对桥位的影响　　　　图 9-7　桥位与线形配合
　　　　　　　　　　　　　　　　　　a)S 形河段桥位;b)河湾段桥位;c)斜交桥位

2. 涵洞位置的确定

涵洞为穿通路基的过水建筑物,其定位首先要服从路线走向,可以前后作适当移动,选择一个经济合理的位置,以保证水流顺畅,洞内水流均匀稳定,防止涵洞进口处和洞内产生淤积与堵塞,避免涵洞出口处及其下游水流状态的恶化。根据不同的地形情况,择位应注意以下几点:

1)平原地区涵位

(1)沟心设涵。设于河沟中心,一般与路线方向正交,并使其进口对准上游沟心。

(2)灌溉设涵。设于灌溉渠线上,须保证灌溉水流顺畅,避免设涵后出现上游水位壅高积水而淹没村庄,下游出口处对农田产生不利冲刷的现象。

(3)改沟设涵。对于河沟十分弯曲的地段,可以采用截弯取直或者改移河沟的方法设置正交涵,如图9-8所示。当河沟交叉较多,水流紊乱时,可采用改沟整流的办法设正交涵,如图9-9所示。这些措施均需防止破坏现有的耕作和排水系统。对于涵位上游,还应有1.5倍左右河槽宽度的直线沟段长度。

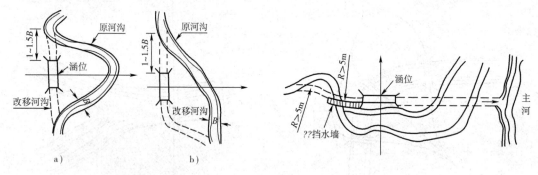

图9-8 平原区改沟设涵
a)截弯取直;b)改沟设涵

图9-9 改沟整流设涵

2)山岭与丘陵地区涵位

(1)顺沟设涵。山区河沟坡陡、水流急、洪水迅猛,冲刷以及水毁比较严重,应顺沟设涵。一般不宜改沟设涵以强求正交。

(2)改沟设涵。对于比较宽浅、纵坡平缓的河沟可考虑改沟设涵。其方法可采用上述图9-8,图9-9中的方法。如果河沟纵坡陡、流量大,改沟后易冲积淤塞,黄土区的河沟则不宜采用改沟的方法。

(3)路基排水涵。涵洞位置的选择应与路基排水系统综合起来考虑,结合路线的平、纵面设计图,进行设位,以下几种情况常设置排水涵洞:

①路线纵坡成凹形的低处或路线纵坡由陡变缓的变坡点应设置排水涵。如图9-10所示。

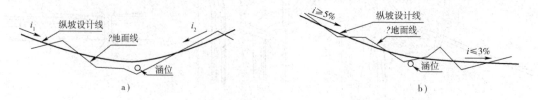

图9-10 纵坡上涵位
a)凹形路线低处涵位;b)急坡末端变坡点涵位

②陡坡急弯处。路线偏角较大时(一般>90°),其平曲线半径小,应在弯道起(止)点附近设涵,如图9-11所示。

③在路基挖方边坡上,旁山内侧截水沟及路基排水沟出口处应设涵,如图9-12所示。

(4)岸坡设涵。对于土质密实、边坡稳定又很深的河沟,可改沟设岸坡涵,以缩短涵洞长度,有利于排水。如图9-13所示。原河沟作片石盲沟,然后填筑路堤。这种措施应做好上下游引水沟、截水坝及防护加固工程,以免水顺老沟冲刷路堤或农田。

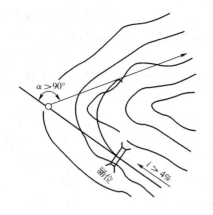

图 9-11　陡坡急弯处设涵　　　　图 9-12　截水沟出口设涵

（5）并沟设涵。当两条溪沟相距很近（山区 100m 以内，丘陵区 200m 以内），汇水面积小（在 $0.03\sim0.05\text{km}^2$ 或以下），纵坡 $i<3\%$，水流速度小，含沙量低时，可进行经济比较分析，通过改沟合并以减少涵洞数量或不设涵洞，常用的几种方式如图 9-14 所示。并沟要注意开挖排水沟或加深、加宽边沟，做好旧河沟堵塞、截水墙及路基的加固工程。

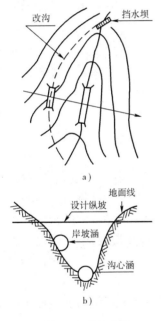

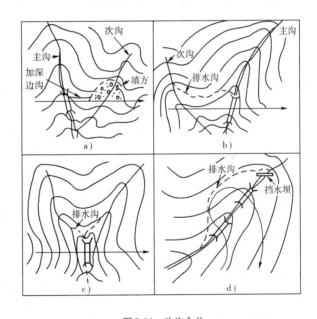

图 9-13　岸坡设涵　　　　　　　　图 9-14　改沟合并
a）平面；b）纵断面　　　　　　　a）填沟设涵；b）单并沟设涵；c）双并沟设涵；d）改沟取消涵洞

（6）改涵为顺沟。路线跨越丘陵地区的山脊线时，在凹形竖曲线（马鞍形底部）处可开挖顺沟而不设涵洞，如图 9-15 所示。但需作设涵与挖沟方案的比较。

（7）必须在河湾处设涵时，涵位应设在水流较集中凹岸的一侧，以利于汇集水流。

（8）涵洞位置应尽量避免在可能出现错动的断层、崩塌、滑坡、岩溶发育等不良地质路段。无法避免时，宜择岩石破碎较轻、地质稳定或堆积层较少的路段。

3）斜交涵位布置

为确保涵下水流顺畅，山区涵洞宜顺沟设置斜交涵位，不宜强求正交，在下述一些条件下宜布置斜交涵。

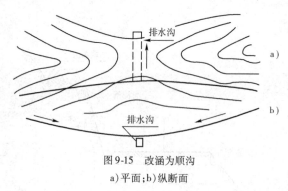

图 9-15　改涵为顺沟
a) 平面; b) 纵断面

(1) 在流速或流量较大的前提下,当河沟水流方向与路线不垂直时,为了使水流畅通,避免形成较严重的涡流现象,减轻对农田、路堤和小桥涵洞及基础的冲刷,宜斜交布置。

(2) 当河沟水流方向与路线不垂直,需设多孔涵洞时,为了避免因采用正交涵洞水流方向不顺,孔(洞)内水流分布不均匀,泥沙沉积,淤塞部分孔(洞)口和孔(洞)身,可采用斜交布置。

(3) 当深窄河沟两岸横向坡度较大,河沟水流与路线不垂直时,为了避免采用正交桥涵引起改沟土石方及防护工程量过大,此时宜将涵洞斜交布置。

设置斜交小桥涵时,应先实测出河沟水流与路线的夹角,然后根据标准图中常用的夹角 α (75°、60°、45°),相近地选用。

当实地水流方向与路线的夹角比 45°小很多时,一般不宜采用夹角 45°以下的斜交小桥涵,可在河沟上下游分别采取改沟、加设导流和调治构造物等方法,增大水流方向与路线相交的夹角。

以上是常见的小桥涵定位,还有一些其他情况下的小桥涵位置的确定,如:水库地区桥涵定位、泥石流地区桥涵定位、灌溉建筑物的桥涵定位、航道和交通桥涵定位以及一涵多用性的定位原则和应用场合,在此不一一叙述,如涉及的话,请参阅有关书籍。

第四节　小桥孔径计算

小桥孔径计算与大中桥不同。大中桥孔径(桥长)计算以冲刷系数作为控制条件,容许河床在建桥后发生一定的冲刷,因此一般采用天然河槽断面平均流速作为设计流速。而小桥一般不允许桥下河床发生冲刷(当允许河床产生冲刷时,其计算与大中桥相同),但允许桥前有较大的壅水高度,考虑桥孔的出流状态,确定桥孔长度。为了压缩桥孔长度,通常采用人工加固办法来提高允许不冲刷流速,但不宜用过大的容许不冲刷流速,以免造成过高的桥前壅水高度,使上游的淹没损失加大。

小桥孔径计算的依据是设计洪水、河床地质、公路纵断面的设计所限制的桥面及两侧引道高程、可能选用的加固类型及由此确定的桥下允许流速等。

计算目的:在满足宣泄设计洪水及保证桥前壅水不至于过高的前提下,通过水力计算以及经济分析比较,确定桥跨长度及桥下河床的加固形式。

一、水流通过小桥的图式

小桥的泄流特性与宽顶堰相似,但小桥一般无坎高,故又称为无坎宽顶堰。可用宽顶堰的理论来分析与计算小桥的水流。水流通过小桥的下部时,由于受桥梁墩台对水流的侧面收缩影响,水流的过流断面变小,使桥前水面产生壅水而抬高,进入桥孔后,流速增加,桥下水面急剧下降,而桥梁下游河床内天然水深对桥下水面产生一定的影响。按照宽顶堰理论,小桥下面有自由出流与淹没出流(非自由出流)两种水力图式。

1. 自由出流

根据实验分析,当下游水深小于或等于临界水深的 1.3 倍时,桥下为临界水流状态,此时下游天然水深不影响桥下水的出流,桥下的过水量仅与桥下临界水深有关,这种形式称为自由出流,如图 9-16 所示。它类似于流水通过不淹没宽顶堰情况。

自由出流的判别标准为: $h_t \leq 1.3 h_k$

式中:h_t——桥下游天然水深,m;

h_k——桥下临界水深,m。

2. 淹没出流(非自由出流)

当桥下游水深大于临界水深的 1.3 倍时,由于桥下游水位的顶托作用,桥下临界水深被淹没,桥下水深即为天然水深,形成非自由出流(淹没出流),如图 9-17 所示。桥下游水深直接影响到桥下水流的宣泄,它使桥下水流速度降低,从而影响到出流量,它比自由出流的出流量要低。这种情况类似于淹没式宽顶堰的情况。

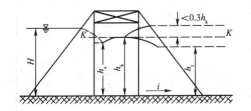

图 9-16 自由出流图式

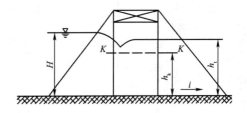

图 9-17 淹没出流图式

淹没出流的判别标准为:$h_t > 1.3 h_k$

二、桥下允许不冲刷流速与桥前允许壅水高度

1. 桥下允许不冲刷流速

在进行小桥设计时,首先考虑小桥所处位置,若天然河段河床土质的允许不冲刷流速,能满足其条件,则河床不必进行加固处理;当设计流速超过天然河床土质的允许不冲刷流速时,则可以通过加大桥梁跨径,增大过水面积,减小桥下流速,使之满足允许不冲刷流速的条件;或者对河床进行加固,增大桥下河床的允许不冲刷流速。

工程实践中,采用何种方案,应根据实施的可能性以及经济性加以综合考虑,确定设计方案。

天然河床土质及人工加固河床的允许不冲刷流速见表 9-6 ~ 表 9-9。

石质土的容许(不冲刷)平均流速表　　表 9-6

编号	土 的 名 称	水流的平均深度(m)			
		0.4	1.0	2.0	3.0
		平均流速(m/s)			
1	砾岩、泥灰岩、页岩	2.0	2.5	3.0	3.5
2	多孔的石灰岩、紧密的砾岩、成层的石灰岩、石灰质砂岩、白云石质石灰岩	3.0	3.5	4.0	4.5
3	白云石质砂岩、紧密不分层的石灰岩、硅质石灰岩、大理石	4.0	5.0	6.0	6.5
4	花岗岩、辉绿岩、玄武岩、安山岩、石英岩、斑岩	15.0	18.0	20.0	22.0

黏性土的容许（不冲刷）平均流速表

表 9-7

编号	土的名称	颗粒成分（%） 小于 0.005(mm)	颗粒成分（%） 0.005~0.050(mm)	土的特性 — 不大密实的土壤（孔隙系数 0.9~1.2），土壤重度在 12.0kN/m³ 以下				中等密实的土壤（孔隙系数 0.6~0.9），土壤重度 12.0~16.6kN/m³				密实的土壤（孔隙系数 0.3~0.6），土壤重度 16.6~20.4kN/m³				极密实的土壤（孔隙系数 0.2~0.3），土壤重度 20.4~21.4kN/m³			
				水流平均深度 (m)															
				0.4	1.0	2.0	3.0	0.4	1.0	2.0	3.0	0.4	1.0	2.0	3.0	0.4	1.0	2.0	3.0
				平均流速 (m/s)															
1	黏土	30~50	70~50	0.35	0.40	0.45	0.50	0.70	0.85	0.95	1.10	1.00	1.20	1.40	1.50	1.40	1.70	1.90	2.10
2	重砂质黏土	20~30	80~70	0.35	0.40	0.45	0.50	0.65	0.80	0.90	1.00	0.95	1.20	1.40	1.50	1.40	1.70	1.90	2.10
3	砂壤的砂质黏土	10~20	90~80	—	—	—	—	0.60	0.70	0.80	0.85	0.80	1.00	1.20	1.30	1.10	1.30	1.50	1.70
4	新沉淀的黄土性土	—	—	—	—	—	—												
5	砂质土	5~10	20~40	根据土中含砂砾大小，按非黏性土的容许（不冲刷）平均流速采用之															

非黏性土的容许(不冲刷)平均流速表

表 9-8

编号	土及其特征 名称	土及其特征 形状	土的颗粒尺寸(mm)	水流平均深度(m) 平均流速(m/s) 0.4	1.0	2.0	3.0	5.0	10 及以上
1	灰尘及淤泥	灰尘及淤泥带细砂、沃土	0.005~0.05	0.15~0.20	0.20~0.30	0.25~0.40	0.30~0.45	0.40~0.55	0.45~0.65
2	砂,小颗粒的	细砂带中等尺寸的砂粒	0.05~0.25	0.20~0.35	0.30~0.45	0.40~0.55	0.45~0.60	0.55~0.70	0.65~0.80
3	砂,中颗粒的	细砂带黏土,中等尺寸的砂带大的砂粒	0.25~1.00	0.35~0.50	0.45~0.60	0.55~0.70	0.60~0.75	0.70~0.85	0.80~0.95
4	砂,大颗粒的	大砂夹杂着砾,中颗粒带黏土	1.00~2.50	0.50~0.65	0.60~0.75	0.70~0.80	0.75~0.90	0.85~1.00	0.95~1.20
5	砾,小颗粒的	细砂带着中等尺寸的砾石	2.50~5.00	0.65~0.80	0.75~0.85	0.80~1.00	0.90~1.10	1.00~1.20	1.20~1.50
6	砾,中颗粒的	大砾带砂带小砾	5.00~10.00	0.80~0.90	0.85~1.05	1.00~1.15	1.10~1.30	1.20~1.45	1.50~1.75
7	砾,大颗粒的	小卵石带砂带砾	10.0~15.0	0.90~1.10	1.05~1.20	1.15~1.35	1.30~1.50	1.45~1.65	1.75~2.00
8	卵石,小颗粒的	中等尺寸卵石带砂带砾	15.0~25.0	1.10~1.25	1.20~1.45	1.35~1.65	1.50~1.85	1.65~2.00	2.00~2.30
9	卵石,中颗粒的	大卵石夹杂着砾	25.0~40.0	1.25~1.50	1.45~1.85	1.65~2.10	1.85~2.30	2.00~2.45	2.30~2.70
10	卵石,大颗粒的	小鹅卵石带卵石带砾	40.0~75.0	1.50~2.00	1.80~2.45	2.10~2.75	2.30~3.10	2.45~3.30	2.70~3.60
11	鹅卵石,小个的	中等尺寸鹅卵石带大卵石	75.0~100	2.00~2.45	2.40~2.80	2.75~3.20	3.10~3.50	3.30~3.80	3.60~4.20
12	鹅卵石,中等的	中等尺寸鹅卵石夹杂着大个的鹅卵石,大鹅卵石夹杂着小的夹杂物	100~150	2.45~3.00	2.80~3.35	3.20~3.75	3.50~4.10	3.80~4.40	4.20~4.50
13	鹅卵石,大个的	大鹅卵石带小漂圆石带卵石	150~200	3.00~3.50	3.35~3.80	3.75~4.30	4.10~4.65	4.40~5.00	4.50~5.40
14	卵石,小个的	中等尺寸漂圆石带卵石	200~300	3.50~3.85	3.80~4.35	4.30~4.70	4.65~4.90	5.00~5.50	5.40~5.90
15	漂圆石,中等的	漂圆石夹杂着鹅卵石	300~400	—	4.35~4.75	4.70~4.95	4.90~5.30	5.50~5.60	5.90~6.00
16	漂圆石,特大的	—	400~500 及以上	—	—	4.95~5.35	5.30~5.50	5.60~6.00	6.00~6.20

注:1. 上列三表(表 9-6,表 9-7,表 9-8)的流速数值不可内插,当水流深度在表列水深值之间时,则流速应采取与实际水流深度最接近时的数值。
2. 当水流深度大于 3.0m(在缺少特别观测与计算的情况下)时,容许流速采用上列三表(表 9-6,表 9-7,表 9-8)中水深为 3.0m 时的数值。

人工加固工程的容许(不冲刷)平均流速表　　　　　表9-9

编号	加固工程种类	水流平均深度(m)			
		0.4	1.0	2.0	3.0
		平均流速(m/s)			
1	平铺草皮(在坚实基底上) 叠铺草皮	0.9 1.5	1.2 1.8	1.3 2.0	1.4 2.2
2	用大圆石或片石堆积,当石块平均尺寸为 $\begin{cases}20\sim30cm\\30\sim40cm\\40\sim50cm\ 及以上\end{cases}$	3.8 — —	3.6 4.1 —	4.0 4.3 4.6	4.3 4.6 4.9
3	在篱格内堆两层大石块,当石块平均尺寸为 $\begin{cases}20\sim30cm\\30\sim40cm\\40\sim50cm\ 及以上\end{cases}$	4.0 — —	4.5 5.0 —	4.9 5.0 6.7	5.3 5.7 5.9
4	青苔上单层铺砌(青苔层厚度不小于5cm) ①用15cm 大小的圆石(或片石) ②用20cm 大小的圆石(或片石) ③用25cm 大小的圆石(或片石)	2.0 2.5 3.0	2.5 3.0 3.5	3.0 3.5 4.0	3.5 4.0 4.5
5	碎石(或砾石)上的单层铺砌(碎石层厚度不小于10cm) ①用15cm 大小的片石(或圆石) ②用20cm 大小的片石(或圆石) ③用25cm 大小的片石(或圆石)	2.5 3.0 3.5	3.0 3.5 4.0	3.5 4.0 4.5	4.0 4.5 5.0
6	单层细面粗凿石料铺砌在碎石(或砾石)上(碎石层厚度不小于10cm) ①用20cm 大小的石块 ②用25cm 大小的石块 ③用30cm 大小的石块	3.5 4.0 4.0	4.5 4.5 5.0	5.0 5.5 6.0	5.5 5.5 6.0
7	铺在碎石(或砾石)上的双层片石(或圆石);下层用15cm 石块,上层用20cm 石块(碎石层厚度不小于10cm)	3.5	4.5	5.0	5.5
8	在坚实基底上的枯枝铺面及枯枝铺褥(临时性加固工程用) ①铺面厚度 $\delta=20\sim25$ cm ②铺面为其他厚度时	— 	1.0 按上值乘以系数 $0.2\delta^{1/2}$	2.5 	
9	柴排: ①厚度 $\delta=50$ cm ②其他厚度时	2.5 	3.0 按上值乘以系数 $0.2\delta^{1/2}$	3.5 	—
10	石笼(尺寸不小于 $0.5m\times0.5m\times1.0m$ 者)	4.0及以下	5.0及以下	5.5及以下	6.0及以下
11	在碎石层上,5号水泥砂浆砌双层片石,其石块尺寸不小于20cm	5.0	6.0	7.5	
12	5号水泥砂浆砌石灰岩片石的圬工(石料极限强度不小于10MPa)	3.0	3.5	4.0	4.5
13	5号水泥砂浆砌坚硬的粗凿片石圬工(石料极限强度不小于30MPa)	6.5	8.0	10.0	12.0
14	20号混凝土护面加固 15号混凝土护面加固 10号混凝土护面加固	6.5 6.0 5.0	8.0 7.0 6.0	9.0 8.0 7.0	10.0 9.0 7.5
15	混凝土水槽表面光滑者 ①20号混凝土 ②15号混凝土 ③10号混凝土	13.0 12.0 10.0	16.0 15.0 12.0	19.0 16.0 13.0	20.0 18.0 15.0
16	木料光面铺底,基层稳固及水流顺木纹者	8.0	10.0	12.0	14.0

注:表列流速值不得用内插法;水流深度在表值之间时,流速数值采用接近于实际深度的流速。

2. 桥前允许壅水高度

桥前允许壅水高度应根据：桥位上游两岸村镇、工厂、设施、农田、水力高程或防洪设防高程以及路线设计高程等因素综合考虑确定。通常允许壅水高程加上规定的安全高度之和必须小于路线所经地区防洪设防高程；但在允许壅水高度与路线（或路面）高程的综合考虑中，可不必强求哪一方必须符合哪一方的要求，且可以通过技术经济评价综合考虑确定，也就是说，既可以以壅水高度确定的桥面或桥前引道高程作为路线纵断面设计中的控制点高程进行路线纵断面设计，也可以以路线纵断面设计所确定的高程作为桥前壅水高程的控制指标进行小桥孔径设计（这类情况通常发生在路线两侧的政治、经济或军事设施对路线高程有特殊要求时）。

三、小桥孔径计算

小桥孔径计算一般采用试算法和查表法（图表法）进行。

试算法：先根据河床实际情况，拟定河床加固类型，确定桥下河床的容许流速，再根据容许流速与设计流量，通过计算确定孔径大小与壅水高度，并与允许的壅水高度进行比较，从而判断是否需要进行调整孔径值，直到满足允许的壅水高度条件为止。

查表法（图表法）：小桥在道路工程中数量多，相应设计计算工作量较大，但小桥的跨径主要与出流形式和桥下流速有关，而出流形式与桥前水深、桥下临界水深、桥下游水深有关。设计单位将常用的小桥孔径计算编制成表格速算孔径，以供设计之用。虽然得出的结果与公式计算略有出入，但已能满足实用的精度。

下面分别介绍这两种方法。

1. 试算法

1) 确定河槽中的天然水深 h_t

河槽天然水深 h_t，可以根据已知的设计流量与河槽特征（糙率 n，河底比降 i 等），采用明渠均匀流公式进行逐步渐近法确定。先假定一个水深，从河槽断面图上求得过水面积 A 和水力半径 R，按下列公式计算出相应的流速 v 和流量 Q：

$$v = \frac{1}{n} R^{2/3} i^{1/2} \tag{9-1}$$

$$Q = Av \tag{9-2}$$

若计算出来的 Q 值与设计流量相差不大（一般不得超过 10%），则所假定的水深即可作为所求的天然水深。否则，重新假定与计算，直到符合要求为止。为了清楚起见，有时将所计算的数据以表格的形式列出，以便于对比。

2) 确定桥下临界水深 h_k

桥下临界水深可按桥下断面的临界函数求得：

$$\frac{A_k^3}{B_k} = \frac{\alpha Q_s^2}{g} \tag{9-3}$$

式中：A_k——临界断面面积，m^2；

B_k——临界断面水面宽度，m；

Q_s——设计流量，m^3/s；

g——重力加速度，取 $9.81 m/s^2$；

α——流速分布系数,小桥取 α = 1。

故任意形状断面的平均临界水深 $\bar{h}_k$

$$\bar{h}_k = \frac{A_k}{B_k} = \frac{\alpha Q_s^2}{g A_k^2} = \frac{\bar{v}_k^2}{g} \tag{9-4}$$

式中:$\bar{h}_k$——平均临界水深,m;

$\bar{v}_k$——平均临界流速,m/s,计算时,采用天然河床或设计铺砌方法所确定的容许(不冲刷)流速 v_{bc};

其余符号意义同前。

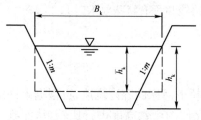

图 9-18 梯形断面临界水深的计算图式

对于矩形断面的桥孔,桥下临界水深就等于平均临界水深 $h_k = \bar{h}_k$。对于宽浅的梯形断面,也可以取 $h_k = \bar{h}_k$。对于深而窄的梯形断面,如图 9-18 所示。临界水深 h_k 可按过水断面面积相等的关系求得。

$$B_k \bar{h}_k = (B_k - 2m h_k) h_k + m h_k^2$$

则

$$h_k = \frac{B_k - \sqrt{B_k^2 - 4m B_k \bar{h}_k}}{2m} \tag{9-5}$$

式中:h_k——临界水深,m;

m——梯形断面的边坡系数;

其他符号意义同前。

临界断面水面宽度 B_k,由式(9-3)计算得:

$$B_k = \frac{A_k^3 g}{\alpha Q_s^2} = \frac{Q_s g}{v_k^3} \tag{9-6}$$

3)确定小桥孔径长度 L

小桥孔径长度须根据其出流形式来加以考虑。

(1)自由出流。

根据宽顶堰的泄流特性,桥下泄流呈急流状态,在计算桥下水面宽度 B 时,须考虑桥台和墩台侧向挤压水流使桥下过水面积减小的影响,一般通过引入挤压系数 ε 来完成。

$$B = \frac{Q_s g}{\varepsilon v_k^3} + Nd \tag{9-7}$$

式中:B——需要的桥下水面宽度,m;

ε——挤压系数,按表 9-10 选取;

N——桥墩个数;(当为单孔桥时,$N = 0$)

d——桥墩宽度,m;

其他符号意义同前。

挤压系数 ε 与流速系数值 ϕ 表 9-10

桥台形状	ε	ϕ	桥台形状	ε	ϕ
单孔桥锥坡填土	0.90	0.90	多孔桥或无锥坡或桥台伸出锥坡以外	0.80	0.85
单孔桥有八字翼墙	0.85	0.90	拱脚淹没的拱桥	0.75	0.80

若桥孔断面为矩形,则桥孔长度 $L = B$;

若桥孔断面为梯形(图 9-19);则桥孔长度为

$$L = B + 2m\Delta h \tag{9-8}$$

式中：L——小桥的孔径长度，m；

m——桥台处锥坡的边坡系数；（矩形时，$m=0$）；

Δh——小桥上部结构底面高出水面的高度，m；

其他符号意义同前。

(2) 淹没出流。

当下游天然水深 $h_t > 1.3h_k$ 时，桥下河槽被下游水流淹没，桥下过水断面的水深为 h，则桥下过水断面平均宽度为：

$$B_0 = \frac{Q_s}{\varepsilon h v_{bc}} + Nd \tag{9-9}$$

式中：B_0——桥下过水断面的平均宽度，m；

v_{bc}——河床的容许（不冲刷）流速，m/s，根据河床的土质或者所加固的类型按表9-6～表9-9 选取；

其他符号意义同前。

若桥孔断面为矩形，则桥孔长度 $L = B_0$；

如果桥孔断面为梯形（图9-20），则桥孔长度为

$$L = B_0 + 2m\left(\frac{1}{2}h + \Delta h\right) \tag{9-10}$$

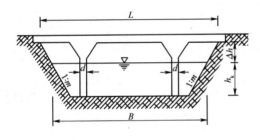

图 9-19 梯形桥孔断面（自由出流）

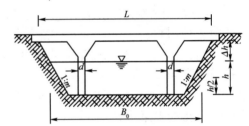

图 9-20 梯形桥孔断面（淹没出流）

桥梁与水流斜交时的桥孔设计长度：当桥梁与水流斜交时，水流以交角 α 流过桥下，此时与水流斜交的桥孔长度 L_α 用下式计算。

$$L_\alpha = \frac{L}{\cos\alpha} \tag{9-11}$$

按上述方法求得的桥孔长度，是一个计算值，应根据计算结果，选用标准跨径 L_0 作为实际桥孔长度，同时作误差分析，如果 $\left|\dfrac{L_0 - L}{L}\right| > 10\%$，还应按标准跨径进行桥孔出流状态的复核，若与原出流状态不符，则应重新选择标准跨径，直至误差小于 10%。

4) 确定桥前水深 H

桥前水深 H 可以通过能量方程来进行计算。

(1) 自由出流时，按下式进行计算：

$$H = h_k + \frac{v_k^2}{2g\phi^2} - \frac{v_H^2}{2g} \tag{9-12}$$

式中：H——桥前水深，m；

ϕ——流速系数,由于水流进入桥孔时的局部阻力而引起的,见表9-10;

v_H——桥前水深为 H 时的桥前流速,m/s;当 $v_H \leq 1.0$ m/s 时,式9-12中的最后一项可以略去不计;当 $v_H > 1.0$ m/s 时,因 v_H 随 H 而变,须用逐步渐进法求解;

其他符号意义同前。

(2)淹没出流时,按下式进行计算:

$$H = h_t + \frac{v^2}{2g\phi^2} - \frac{v_H^2}{2g} \tag{9-13}$$

式中: v ——桥下流速,m/s,根据确定的桥孔长度计算而得。

5)确定路基和桥面最低高程

设计时,考虑建桥压缩河床后引起桥前壅水对路基和桥面高度的影响,所以要对路基和桥面最低高程进行计算,以判断是否满足要求,如图9-21和图9-22所示。

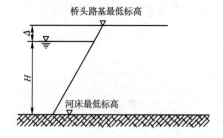

图9-21 桥头路基最低高程示意图

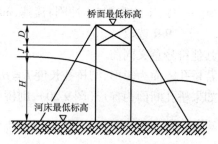

图9-22 桥头最低高程示意图

按图9-21可得:

$$\text{桥头路基最低高程} = \text{河床最低高程} + H + \Delta \tag{9-14}$$

按图9-22可得:

$$\text{桥面最低高程} = \text{河床最低高程} + H + J + D \tag{9-15}$$

式中: H ——桥前水深,m;

Δ ——安全高度,m,至少为0.5m;

J ——桥下净空高度,m,与大中桥相同;

D ——桥梁上部结构高度,m。

2. 查表法(图表法)

利用查表法进行小桥孔径计算的步骤如下:

(1)根据河床天然土质或者加固类型,查表9-6~表9-9,确定允许不冲刷流速 v_{max}。

(2)考虑当地地形、材料供应情况、桥位及施工单位机械配置等因素,确定桥台形式(形状)。

(3)先按自由出流计算,由 v_{max} 与桥台形状,查表9-11,即可得出孔径系数、桥下临界水深 h_k 和桥前水深 H。

(4)用试算法求得桥下游天然水深,并判断水力图式。如为自由出流,则以上计算有效;如为淹没出流,则应重新按"淹没出流"查表9-12进行求解。

(5)计算桥跨长度

先计算水面宽度 B_0:

①自由出流时

自由出流的桥梁孔径系数 μ

表 9-11

流速 (m/s)		2.0	2.25	2.50	2.75	3.00	3.25	3.50	3.75	4.00	4.25	4.50	4.75	5.00	5.25	5.50
孔径系数	桥台形状															
	伸出锥坡以外	1.53	1.08	0.79	0.59	0.45	0.36	0.29	0.23	0.19	0.16	0.13	0.11	0.098	0.085	0.074
	八字翼墙	1.44	1.02	0.74	0.56	0.42	0.34	0.27	0.22	0.18	0.15	0.12	0.10	0.092	0.080	0.070
	锥坡填土	1.36	0.96	0.70	0.53	0.40	0.32	0.26	0.20	0.17	0.14	0.12	0.098	0.087	0.070	0.066
桥下临界水深 h_k (m)		0.41	0.52	0.64	0.77	0.92	1.08	1.25	1.44	1.63	1.84	2.07	2.30	2.55	2.82	3.09
桥前水深 H(m)	桥台形状															
	伸出锥坡以外	0.69	0.88	1.09	1.30	1.56	1.83	2.11	2.43	2.75	3.11	3.50	3.89	4.31	4.76	5.23
	锥坡填土或八字翼墙	0.66	0.84	1.04	1.25	1.49	1.75	2.02	2.33	2.64	2.89	3.35	3.72	4.12	4.56	5.00

注:1. 表中系数系当流量等于 1m³/s 时的孔径系数,河槽断面为矩形或宽或窄的梯形。
2. 当流量不等于 1m³/s 时,表中所查得的孔径系数值以乘以流量的数值才是所求的孔径。

淹没出流的桥梁孔径系数 μ

表 9-12

桥下游水深 h_t (m)	流速 (m/s)		2.00	2.25	2.50	2.75	3.00	3.25	3.50	3.75	4.00	4.25	4.50	4.75	5.00	5.25	5.50
0.5		孔径系数	1.17	1.05	0.94	0.85	0.78	0.72	0.67	0.63	0.59	0.55	0.52	0.50	0.47	0.45	0.43
		桥前水深 (m)	0.75	0.82	0.90	0.98	1.07	1.17	1.28	1.39	1.51	1.64	1.78	1.92	2.08	2.34	2.41
1.0		孔径系数	0.59	0.53	0.47	0.43	0.39	0.36	0.34	0.32	0.30	0.28	0.26	0.25	0.24	0.23	0.21
		桥前水深 (m)	1.25	1.32	1.40	1.48	1.57	1.67	1.78	1.89	2.01	2.14	2.28	2.42	2.58	2.74	2.91
1.5		孔径系数	0.39	0.35	0.31	0.28	0.26	0.24	0.23	0.21	0.20	0.19	0.17	0.16	0.16	0.15	0.14
		桥前水深 (m)	1.75	1.82	1.90	1.98	2.07	2.17	2.28	2.39	2.51	2.64	2.78	2.92	3.08	3.24	3.41
2.0		孔径系数	0.29	0.26	0.24	0.21	0.20	0.18	0.17	0.16	0.15	0.14	0.13	0.13	0.12	0.11	0.11
		桥前水深 (m)	2.25	2.32	2.40	2.48	2.57	2.67	2.78	2.89	3.01	3.14	3.28	3.42	3.58	3.74	3.91
2.5		孔径系数	0.23	0.21	0.19	0.17	0.16	0.15	0.13	0.12	0.12	0.11	0.10	0.10	0.09	0.09	0.09
		桥前水深 (m)	2.75	2.82	2.90	2.98	3.09	3.19	3.28	3.39	3.51	3.64	3.78	3.92	4.08	4.24	4.41
3.0		孔径系数	0.19	0.17	0.16	0.14	0.13	0.12	0.11	0.11	0.10	0.09	0.09	0.08	0.08	0.08	0.07
		桥前水深 (m)	3.25	3.32	3.40	3.48	3.57	3.67	3.78	3.89	4.01	4.14	4.28	4.42	4.58	4.74	4.91
3.5		孔径系数	0.16	0.15	0.13	0.12	0.11	0.10	0.10	0.08	0.08	0.08	0.07	0.07	0.07	0.06	0.06
		桥前水深 (m)	3.75	3.82	3.90	3.98	4.07	4.17	4.28	4.39	4.51	4.64	4.78	4.92	5.08	5.24	5.41
4.0		孔径系数	0.14	0.13	0.12	0.11	0.10	0.09	0.08	0.08	0.07	0.07	0.07	0.06	0.06	0.06	0.05
		桥前水深 (m)	4.25	4.32	4.40	4.43	4.57	4.67	4.78	4.89	5.01	5.14	5.28	5.42	5.58	5.74	5.91

注：1. 表中系数系当流量等于 1m³/s 时的孔径系数，桥台形状为八字翼墙。
2. 若桥台形状不是八字翼墙，则应乘以下列系数：孔径应为孔径系数乘以流量。伸出锥坡以外乘以 1.06，锥坡填土乘以 0.94。

$$B_0 = \mu \cdot Q_s + N \cdot d \tag{9-16}$$

式中：μ——孔径系数。

②淹没出流

$$B_0 = \mu_1 \cdot \mu \cdot Q_s + N \cdot d \tag{9-17}$$

式中：μ_1——桥台形状系数，八字翼墙 $\mu_1 = 1$，伸出锥坡 $\mu_1 = 1.06$，锥坡填土 $\mu_1 = 0.94$。

在得出 B_0 后，确定桥跨长度 L，方法同前述。

(6) 同试算法一样，计算桥头路基及桥面最低高程。

四、计 算 示 例

【例 9-1】 某地区拟建一小桥，其桥位处河床断面如图 9-23 所示，已知路线设计高程为 82.60m，天然水深 $h_t = 1.4$m，设计流量 $Q_s = 25\text{m}^3/\text{s}$，壅水时桥前允许水深为 1.8m。拟建多孔简支钢筋混凝土板式桥，采用单排柱式墩，柱墩直径 $d = 0.60$m，简易桥台，外加锥坡（边坡系数 $m = 1.5$）。河床土质为大颗粒卵石，桥前行近流速 v_H 引起的 $\dfrac{v_H^2}{2g}$ 项可略去不计，试确定小桥孔径。

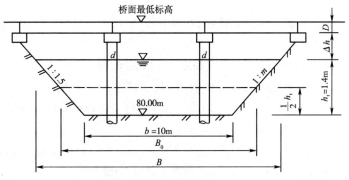

图 9-23 小桥孔径计算断面

解：(1) 确定桥下临界流速 v_k 及临界水深 h_k：

由河床断面图可知，梯形断面平均水深

$$\bar{h} = \frac{A}{B} = \frac{\frac{1}{2}(B+b)h_t}{B} = \frac{\frac{1}{2} \times (10 + 2 \times 1.5 \times 1.4 + 10) \times 1.4}{10 + 2 \times 1.5 \times 1.4} = 1.19\text{m}$$

河床土质为大颗粒卵石，查表 9-8，取中值 $v_{bc} = 2.1\text{m/s}$，选 $v_k = v_{bc} = 2.1\text{m/s}$。

平均临界水深 $\bar{h}_k$：

$$\bar{h}_k = \frac{v_k^2}{g} = \frac{2.1^2}{9.81} = 0.45\text{m}$$

假定桥下为自由出流，并设 3 孔，中墩个数 $n = 2$，查表 9-10，得 $\varepsilon = 0.85$，$\phi = 0.85$，由式 (9-7) 计算桥下水面宽度 B_k：

$$B_k = \frac{Q_s \cdot g}{\varepsilon \cdot v_k^3} + N \cdot d = \frac{25 \times 9.81}{0.8 \times 2.1^3} + 2 \times 0.6 = 34.3\text{m}$$

再由式 (9-5) 计算 h_k：

$$h_k = \frac{B_k - \sqrt{B_k^2 - 4mB_k\bar{h}_k}}{2m} = \frac{34.3 - \sqrt{34.3^2 - 4 \times 1.5 \times 34.3 \times 0.45}}{2 \times 1.5} = 0.46\text{m}$$

(2) 水力计算图式判别：

$$1.3h_k = 1.3 \times 0.46 = 0.60\text{m} < h_t = 1.4\text{m}$$

故桥下水流为非自由出流。

(3) 桥前水深 H：

由式 9-13，并略去 $\dfrac{v_H^2}{2g}$ 项，得：

$$H = h_t + \frac{v^2}{2g\phi^2} = 1.4 + \frac{2.1^2}{2 \times 9.81 \times 0.85^2} = 1.71\text{m} < [H] = 1.8\text{m}$$

(4) 确定小桥孔径：

以式(9-9)计算桥下 $\dfrac{h_t}{2}$ 处水流断面平均宽度 B_0：

$$B_0 = \frac{Q_s}{\varepsilon \cdot h_t \cdot v_{bc}} + N \cdot d_0 = \frac{25}{0.8 \times 1.4 \times 2.1} + 2 \times 0.6 = 11.83\text{m}$$

取 $\Delta_1 = 0.5$，则：$\Delta h = H - h_t + \Delta_1 = 1.71 - 1.4 + 0.5 = 0.81\text{m}$，再以式(9-10)计算孔径长度：

$$L = B_0 + 2m\left(\frac{h_t}{2} + \Delta h\right) = 11.83 + 2 \times 1.5 \times \left(\frac{1.4}{2} + 0.81\right) = 16.36\text{m}$$

选用 3 跨 5m 简支钢筋混凝土板式桥，孔径长度 $L = 5 \times 3 = 15\text{m}$，与计算值相差小于 10%。

(5) 确定桥面最低高程：

查小桥涵标准图，可知上部结构建筑高度 $D = 0.28\text{m}$，则

$$\text{桥面最低高程} = \text{桥前河沟底面高程} + H + \Delta_1 + D$$
$$= 80.00 + 1.71 + 0.50 + 0.28 = 82.49\text{m}$$

桥面最低高程小于路线设计高程(82.60m)。

【例 9-2】 根据例 9-1 资料，已知 $Q_s = 25\text{m}^3/\text{s}$，$v_{bc} = 2.1\text{m/s}$，$h_t = 1.4\text{m}$，柱墩直径 $d = 0.60\text{m}$，桥台前锥坡填土边坡率 $m = 1.5$，试用查表法求小桥孔径。

解：(1) 水力计算图式判别：

先假设桥下水流为自由出流，查表 9-11（内插），当 $v_{bc} = 2.1\text{m/s}$ 时，桥下临界水深 $h_k = 0.45\text{m}$

$$1.3h_k = 1.3 \times 0.45 = 0.59\text{m} < h_t = 1.4\text{m}$$

桥下出流图式为非自由出流。

(2) 小桥孔径确定：

查表 9-12（双向内插），当 $v_{bc} = 2.1\text{m/s}$，桥下水深 $h_t = 1.4\text{m}$ 时，桥前水深 $H = 1.68\text{m}$，孔径系数 $\mu = 0.412$。桥台前锥坡填土 $\mu_1 = 0.94$，3 孔小桥 $N = 2$，以式(9-17)计算，桥下 $\dfrac{h_t}{2}$ 处水流平均宽度 B_0：

$$B_0 = \mu_1 \cdot \mu \cdot Q_p + N \cdot d = 0.94 \times 0.412 \times 25 + 2 \times 0.6 = 10.88\text{m}$$

取 $\Delta_1 = 0.5$，

$$\Delta h = H - h_t + \Delta_1 = 1.68 - 1.4 + 0.5 = 0.78\text{m}$$

利用式(9-10)计算孔径长度：

$$L = B_0 + 2m\left(\frac{h_t}{2} + \Delta h\right) = 10.88 + 2 \times 1.5 \times (1.4 \div 2 + 0.78) = 15.32\text{m}$$

选用 3 跨 5m 简支钢筋混凝土板式桥。通过与例 9-1 对比，可见通过查表计算与公式计算的结果基本一致；两者虽有一定的差异（查表 $L = 15.32\text{m}$，公式 $L = 16.21\text{m}$），但在工程应用中已能满足要求。

第五节　涵洞孔径计算

一、涵洞孔径计算特点

与小桥孔径计算相比，涵洞孔径计算有以下一些特点：

(1)涵洞洞身的长度随路基填土高度的增加而增大，且洞身断面的尺寸对工程量影响较大。计算时，还要求孔径与台高有一定的比例关系，一般为 1∶1～1∶1.5。为此，涵洞孔径计算除确定孔径尺寸外，还须从经济角度来确定涵洞的台高。

(2)孔径小、孔道长，涵底往往有较大的纵坡，水流经过涵洞时所受阻力较大，计算时，要考虑洞身过水阻力的影响。

(3)为了降低工程造价，一般最大限度地减小孔径，故在计算中，需考虑水流充满洞身以及触顶的情况。

(4)采用人工加固河床的方法来提高流速，以缩小孔径。由于河床加固后的允许流速一般都比较高，如计算孔径时仍按允许不冲刷流速控制，根据设计流量计算出涵洞孔径会很小，使得涵前水深增加，它将危及涵洞与路堤的使用安全。故控制涵前水深、满足泄流要求与具有一定合适断面高、宽比例，是涵洞孔径计算的基本要求。

二、水流通过涵洞的图式

根据涵洞出水口是否被下游水面淹没，可将涵洞的水流图式分为自由式出流与淹没式出流。大多数涵洞的出水口没有被淹没，所以常为自由式出流。

根据涵洞进水口的洞口建筑形式与涵洞前水深是否淹没洞口，可将涵洞的水流图式分为无压力式、半压力式和压力式三种。它们的外观描述与适用性见表 9-4。

1. 无压力式

对于进口建筑为普通式（端墙式、八字式、平头式）的涵洞，而涵前水深 $H \leq 1.2 h_T$ 时（h_T 为涵洞洞身净高），或者进口建筑为流线型（喇叭形、抬高式），而涵前水深 $H \leq 1.4 h_T$ 时，水流在流经全洞的过程中均保持自由水面，称为无压力式，如图 9-24 所示。水流在全洞内均不与洞顶接触，下游河槽中的水流也不影响洞内水流的出流。水流在进口处受到侧向挤束，使水流急剧下降，在进口不远处形成一个收缩断面。收缩断面以前的水流与宽顶堰相似，收缩断面后的水流可看作明渠流。在公路工程中，绝大多数的涵洞采用无压力式。

2. 半压力式

当涵洞的进水口建筑为普通式样，涵前水深 $H > 1.2 h_T$，进水口断面全部被淹没，但出水口没有淹没，在进水口断面以后，由于流线急剧收缩出现收缩断面，收缩断面以后涵洞内都具有自由水面（不与洞顶接触），这种形式称为半压力式，如图 9-25 所示。此时洞口呈有压状态，收缩断面以前的水流与闸下出流或水流通过侧壁孔口相似，收缩断面以后的水流属于明渠流。

对于流线型进口，一般不出现半压力式水力图式。

当工程上采用半压力式涵洞时，常使涵底纵坡 $i \geq i_k$（临界坡度）。如果 $i < i_k$，则涵洞收缩

断面以后出现波状水跃,波动的水面不时地与洞顶接触,使收缩断面顶部的压强断续出现真空,水流极不稳定,应避免使用。

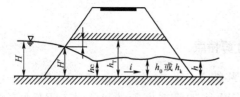

图 9-24 无压力式涵洞水流图式

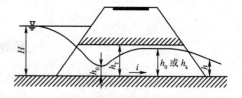

图 9-25 半压力式涵洞水流图式

3. 压力式

压力式涵洞进口完全被水淹没,且整个洞身被水流充满,无自由表面,整个洞身呈有压状态,称为压力式。洞内水流与短管出流相似。又根据下游水面是否完全淹没涵洞出水口将其分为自由式出流(图 9-26)及淹没式出流(图 9-27)两种。

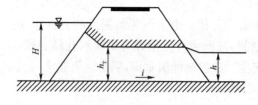

图 9-26 压力式涵洞自由式出流　　　　　　图 9-27 压力式涵洞淹没式出流

压力式满足的条件为:
①进水口建筑物为流线型;
②涵前水深 $H > 1.4 h_T$;
③涵底纵坡 $i < i_w$(涵洞内摩擦坡度)。

i_w 为恰好克服水流摩擦阻力所需要的坡度,可由下式确定:

$$i_w = \frac{Q}{A^2 C^2 R} \tag{9-18}$$

式中:i_w——(洞内)摩擦坡度;
　　　Q——过涵流量,m^3/s;
　　　A——涵洞洞身断面的全部面积,m^2;
　　　C——谢才系数,$m^{1/2}/s$,$C = \frac{1}{n} R^{1/6}$;
　　　R——涵洞洞身断面的水力半径,m。

对于普通进水口涵洞一般不出现压力式水流状态。因为尽管 $H > 1.4 h_T$,且 $i < i_w$,洞内可能局部充满水流,但由于进水口断面突变,水流在挤入洞内时吸进了空气,从而使充满的水流不断被空气破坏,只能符合不稳定的半压力式水流状态。

压力式涵洞,如果 $i > i_w$,水流沿程因重力而获得的功将大于摩擦阻力所消耗的能,洞内水流的流速从进口处开始不断增大直至水流脱离洞顶而形成自由水面,导致泄水能力的降低。

三、孔径计算

1. 无压力式涵洞

一般无压力式涵洞的水面曲线,如图 9-24 所示。当涵洞底坡为临界坡度 i_k 时,洞内水深

为临界水深 h_k；涵洞的底坡 $i > i_k$ 时，洞内水深 $h_0 < h_k$。对于 $i < i_k$ 的涵洞，因为不经济，故很少采用。孔径计算按照自由出流宽顶堰的计算公式，常以进口附近水深恰为 h_k 处（或收缩断面处）的水流断面比能来推算过涵流量与涵前水深，其基本公式为：

$$Q = \varepsilon \phi A_k \sqrt{2g(H_0 - h_k)} \tag{9-19}$$

$$v_k = \frac{Q}{\varepsilon A_k} \tag{9-20}$$

$$H_0 = h_k + \frac{v_k^2}{2g\phi^2} \tag{9-21}$$

$$H = H_0 - \frac{v_0^2}{2g} \tag{9-22}$$

式中： Q——过涵流量（设计洪水流量 Q_s），m^3/s。

h_k, v_k, A_k——涵洞进口附近临界断面的水深，m、流速，m/s 和过水面积，m^2。

H——涵前水深，m。

v_0——涵前行近流速，m/s。

H_0——涵前总水头，m。

ϕ——流速系数，因涵洞进水口的局部水头损失而引起。对箱涵、盖板涵，$\phi = 0.95$；对拱涵、圆管涵，$\phi = 0.85$。

ε——压缩系数，考虑涵洞进水口对水流的侧向压缩，$\varepsilon = \frac{1}{\sqrt{\alpha}}$，其中，$\alpha$ 为流速分布系数，无压力式涵洞一般取 $\alpha = 1$，则 $\varepsilon = 1$；对于拱涵，有升高管节者，取 $\alpha = 1$，则 $\varepsilon = 1$；无升高管节者，取 $\alpha = 1.1$，则 $\varepsilon = 0.96$。

g——重力加速度，取 $9.81 m/s^2$。

根据上述基本公式，对在公路上经常采用的涵洞选定有关数据后，可得到它们相应的孔径计算简化式。

1）圆管涵

$$Q_s = 1.69 d^{5/2} \tag{9-23}$$

$$d = \left(\frac{Q_s}{1.69}\right)^{2/5} \tag{9-24}$$

2）盖板涵及箱涵

$$Q_s = 1.575 B H^{3/2} \tag{9-25}$$

$$B = \frac{Q_s}{1.575 H^{3/2}} \tag{9-26}$$

3）石拱涵

$$Q_s = 1.422 B H^{3/2} \tag{9-27}$$

$$B = \frac{Q_s}{1.422 H^{3/2}} \tag{9-28}$$

式中：d——圆管涵直径，m；

B——涵洞净宽，净跨径，m；

其余符号意义同前。

在实际工程中，由于地形等因素的限制，当涵洞底坡 $i > i_k$ 时，出水口水深 h_0 及流速 v_0 可以按下面明渠均匀流公式进行计算：

$$Q = \frac{1}{n} A R^{2/3} i^{1/2} \tag{9-29}$$

$$v = \frac{1}{n} R^{2/3} i^{1/2} \tag{9-30}$$

设计流量 Q_s、涵洞底坡 i、粗糙系数 n 与涵洞净跨 L_0 均已知，其过水断面 A 与水力半径 R 为水深 h_0 的函数，故可用式 9-29 计算确定 h_0，然后用式 9-30 计算出水口流速 v_0。

利用表 9-13 可以对矩形无压涵洞进行简化计算，表中 h_0 为出水口水深，n 为粗糙系数，K_0 为流量模数，W_0 为流速模数。其相互关系为：

$$K_0 = \frac{Q}{\sqrt{i}} = \frac{1}{n} A R^{2/3} \tag{9-31}$$

$$W_0 = \frac{v}{\sqrt{i}} = \frac{1}{n} R^{2/3} \tag{9-32}$$

矩形无压涵洞的流量特性及流速特性表　　表 9-13

孔径 $L=1.0$m			$L=1.5$m			$L=2.0$m			$L=2.5$m			$L=3.0$m			$L=4.0$m		
h_0	nK_0	nW_0	h_0	nK_0	nW_0	h_0	nK_0	nW_0	h_0	nK_0	nW_0	h_0	nK_0	nW_0	h_0	nK_0	nW_0
0	0	0	0.10	0.030	0.198	0.10	0.040	0.201	0.10	0.051	0.204	0.20	0.188	0.313	0.20	0.256	0.320
0.10	0.019	0.0191	0.20	0.087	0.291	0.20	0.121	0.302	0.20	0.154	0.308	0.40	0.555	0.463	0.40	0.770	0.481
0.15	0.035	0.234	0.25	0.123	0.328	0.30	0.225	0.375	0.30	0.290	0.387	0.60	1.021	0.567	0.60	1.430	0.596
0.20	0.055	0.272	0.30	0.161	0.358	0.40	0.346	0.432	0.40	0.450	0.450	0.80	1.553	0.648	0.80	2.205	0.690
0.25	0.076	0.302	0.35	0.202	0.384	0.50	0.481	0.481	0.50	0.628	0.502	1.00	2.126	0.709	1.00	3.050	0.763
0.30	0.098	0.327	0.40	0.244	0.407	0.60	0.624	0.520	0.60	0.820	0.546	1.10	2.431	0.737	1.20	3.952	0.823
0.35	0.122	0.348	0.45	0.289	0.428	0.70	0.775	0.553	0.70	1.024	0.585	1.20	2.742	0.763	1.40	4.895	0.875
0.40	0.146	0.365	0.50	0.335	0.448	0.80	0.932	0.582	0.80	1.236	0.618	1.30	3.068	0.787	1.60	5.900	0.922
0.45	0.172	0.383	0.55	0.384	0.465	0.90	1.091	0.606	0.90	1.458	0.648	1.40	3.378	0.804	1.80	6.930	0.962
0.50	0.198	0.396	0.60	0.431	0.480	1.00	1.259	0.629	1.00	1.685	0.675	1.50	3.712	0.825	2.00	7.980	0.998
0.55	0.224	0.407	0.65	0.481	0.493	1.10	1.429	0.649	1.10	1.921	0.699	1.60	4.030	0.840	2.20	9.055	1.030
0.60	0.251	0.419	0.70	0.532	0.506	1.20	1.598	0.666	1.20	2.152	0.718	1.70	4.405	0.864	2.40	10.150	1.058
0.65	0.279	0.430	0.75	0.584	0.519	1.25	1.687	0.675	1.30	2.405	0.740	1.80	4.703	0.872	2.60	11.230	1.081
0.70	0.306	0.438	0.80	0.635	0.530	1.30	1.780	0.685	1.40	2.649	0.757	1.90	5.050	0.886	2.70	11.800	1.094
0.75	0.335	0.447	0.85	0.690	0.541	1.35	1.865	0.691	1.50	2.900	0.774	2.00	5.395	0.899	2.80	12.360	1.103
0.80	0.363	0.455	0.90	0.743	0.550	1.40	1.954	0.698	1.60	3.161	0.790	2.10	5.750	0.913	2.90	12.940	1.115
0.85	0.392	0.461	0.95	0.799	0.560	1.45	2.038	0.703	1.70	3.405	0.802	2.20	6.100	0.925	3.00	13.510	1.126
0.90	0.421	0.468	1.00	0.851	0.567	1.50	2.128	0.710	1.80	3.665	0.815	2.30	6.460	0.937	3.10	14.070	1.134
0.95	0.450	0.474	1.05	0.906	0.575	1.55	2.220	0.716	1.90	3.926	0.827	2.40	6.811	0.946	3.20	14.630	1.144
1.00	0.481	0.481	1.10	0.961	0.582	1.60	2.312	0.722	2.00	4.192	0.838	2.50	7.168	0.950	3.30	15.210	1.152
			1.15	1.016	0.589	1.65	2.400	0.727	2.10	4.450	0.847	2.60	7.525	0.966	3.40	15.770	1.160
			1.20	1.072	0.596	1.70	2.489	0.732	2.20	4.725	0.859	2.70	7.876	0.973	3.50	16.390	1.170
			1.25	1.130	0.603	1.75	2.580	0.738	2.30	4.974	0.866	2.80	8.230	0.980	3.60	16.990	1.180
			1.30	1.185	0.608	1.80	2.678	0.744	2.40	5.250	0.875	2.90	8.600	0.988	3.70	17.600	1.190
			1.35	1.242	0.614	1.85	2.772	0.749	2.50	5.270	0.844	3.00	9.000	1.000	3.80	18.170	1.195
			1.40	1.301	0.620	1.90	3.862	0.754							3.90	18.700	1.200
			1.45	1.360	0.625	1.95	2.960	0.759							4.00	19.250	1.204
			1.50	1.415	0.630	2.00	3.050	0.763									

注：表中中间数值可以插入。

2. 半压力式涵洞

其水流图式,如图 9-25 所示。可根据水流穿过侧壁孔口出流公式进行计算。以收缩断面处的比能来推算过涵流量与涵前水深,基本公式为:

$$v_c = \phi \sqrt{2g(H - \varepsilon h_T)} \tag{9-33}$$

$$Q = \varepsilon A \phi \sqrt{2g(H - \varepsilon h_T)} \tag{9-34}$$

式中:v_c——收缩断面处的流速,m/s;

Q——过涵流量 m³/s;

ε——半压力式涵洞的挤压系数,一般采用 0.60;

ϕ——流速系数,流线型洞口为 0.95,普通洞口为 0.85;

H——涵前水深,m,近似地作为涵前总水头;

h_T——涵洞净高,m;

A——涵洞断面的全部面积,m²;

g——重力加速度,取 9.81m/s²。

3. 压力式涵洞

为了充分利用断面,达到缩小孔径的目的,压力式涵洞一般采用进水口升高式(流线型)的洞口建筑,使涵顶与水流线型基本一致。因为涵洞的进出口及全部长度内均充满水流,可按短管出流计算,基本公式为:

$$v = \phi \sqrt{2g[H - l(i_w - i) - h_T]} \tag{9-35}$$

$$Q = A\phi \sqrt{2g[H - l(i_w - i) - h_T]} \tag{9-36}$$

式中:v——涵内流速,m/s;

Q——过涵流量,m³/s;

ϕ——考虑进口局部水头损失的流速系数,流线型洞口为 0.95;

H——涵前水深,m,近似地作为涵前总水头;

h_T——涵洞净高,m;

A——涵洞洞身断面的全部面积;

l——涵洞的长度,m;

i_w——涵洞的摩擦坡度,按(9-18)式计算;

i——涵洞的实际底坡;

g——重力加速度,m/s²。

涵洞处的路基最低高程应至少高出涵前水深(H)50cm。

压力式涵洞由于洞内流速高、压力大,涵前积水较深,因而水流对涵洞和路基的破坏性较大,一般较少采用。如需要设计,应注意以下几点:

①洞身应采用混凝土或钢筋混凝土结构;

②一般只限于采用单孔涵洞;

③上下游洞口外应进行加固处理,以防止不利冲刷;

④洞身接头应紧密牢靠,无漏水、渗水现象;

⑤路堤及涵洞基底应按静水压力及渗透作用验算其稳定性。

一般公路多用无压力式涵洞。当地形、地质、路基条件许可时才采用半压力式或压力式涵洞。在改建工程中，有时为了充分利用原有涵洞，可按压力式或半压力式对原有涵洞的过水能力进行验算。应保证使用时涵洞接缝严密不漏水。

4. 查表法计算

涵洞的设计计算工作量比较大，为了简便起见，根据常用的涵洞类型和成功的经验，制作了一系列标准图的水力计算资料，现摘录部分涵洞水力计算资料作为示例，见表9-15。在使用这些资料时，除了根据上述的基本公式外，还要按照涵洞的实际工作状态，作下述的规定和假设：

(1) 无压力式涵洞进水口处的水面与涵顶之间要保持一个最小净空高度 Δ（图9-24），以防止淹没进水口而改变水流图式。

现行涵洞标准图中采用的 Δ 值规定如下：

① 盖板涵、箱涵：
进水口净高　　　　　　$h < 2.0\text{m}$ 时，$\Delta = 0.10\text{m}$
$h \geq 2.0\text{m}$ 时　　　　　　$\Delta = 0.25\text{m}$

② 砖、石、混凝土拱涵：
涵洞的净高　　　　　　$h_T \leq 1.0\text{m}$ 时，$\Delta = 0.10\text{m}$
　　　　　　　　　　　$h_T = 1.0 \sim 2.0\text{m}$ 时，$\Delta = 0.15\text{m}$
　　　　　　　　　　　$h_T > 2.0\text{m}$ 时，$\Delta = 0.25\text{m}$

根据中华人民共和国行业标准《公路工程水文勘测设计规范》(JTG C30—2015)中，对 Δ 值的规定(表9-14)。

涵洞净空高度　　　　　　　　　　　　　　　　　表9-14

净空高度(m) \ 涵洞类型 \ 进口净高(m)	圆 涵	拱 涵	矩 形 涵
≤3	$\geq \frac{1}{4}h_T$	$\geq \frac{1}{4}h_T$	$\geq \frac{1}{6}h_T$
>3	≥0.75	≥0.75	≥0.5

(2) 从涵前水深 H 到进口水深 H' 的降落系数 β 取 0.87，而 $H' = h_T - \Delta$，所以

$$H = \frac{H'}{\beta} = \frac{h_T - \Delta}{0.87} \tag{9-37}$$

(3) 收缩断面的水深 $h_c = 0.9 h_k$。

(4) 涵前的行近流速 $v_0 \approx 0$，即 $H_0 \approx H$。

(5) 涵洞出口处或收缩断面处的最大允许流速 $v_{\max}$ 规定为：净跨 $L_0 = 0.5 \sim 1.5\text{m}$ 的拱涵、盖板涵，$v_{\max} = 4.5\text{m/s}$；$L_0 = 2.0 \sim 4.0\text{m}$ 的拱涵、盖板涵以及所有的圆管涵，$v_{\max} = 6.0\text{m/s}$。

涵洞的水力计算资料示例见表9-15。

涵洞的水力计算资料（示例） 表9-15

涵洞类型		直径d或跨径L_0(m)	涵内水流状态	涵洞净高h_T(m)	进水口净高(m)	墩台高度(m)	流量(m³/s)	水深(m) 涵前水深H	水深(m) 进水口水深H'	水深(m) 临界水深h_k	水深(m) 收缩断面水深h_c	流速(m/s) 临界流速v_k	流速(m/s) 收缩断面流速v_c	坡度(‰) 临界坡度i_k	坡度(‰) 出水口流速$v_{max}=4.5$m/s时的i_{max}	坡度(‰) 出水口流速$v_{max}=6.0$m/s时的i_{max}	说　明
石盖板涵	无升高管节	0.50	无压	1.00			0.84	1.03		0.66	0.59	2.54	2.80	16	66		流速分布系数$\alpha=1.0$；流速系数$\phi=0.95$；粗糙系数$n=0.016$；降落系数$\beta=0.87$；净空$\Delta=0.10$m
		0.75		1.20			1.71	1.27		0.81	0.73	2.82	3.13	13	40		
		1.00		1.50			3.28	1.61		1.03	0.93	3.18	3.53	11	28		
		1.25		1.80			5.46	1.95		1.25	1.13	3.50	3.89	10	19		
		1.50		2.00			7.75	2.18		1.40	1.26	3.70	4.11	9	15		
	有升高管节	0.75	无压	1.20	1.60		2.70	1.72		1.10	0.99	3.28	3.65	15	32		
		1.00		1.50	2.00		5.12	2.18		1.39	1.25	3.68	4.09	13	21		
		1.25		1.80	2.40		8.60	2.64		1.69	1.52	4.07	4.53	13	15		
		1.50		2.00	2.70		12.30	2.97		1.90	1.71	4.31	4.80	11	12		
钢筋混凝土盖板涵	无升高管节	1.5	无压	1.60			5.3	1.72	1.50	1.08	0.97	3.25	3.61	8	19		流速分布系数$\alpha=1.0$；流速系数：无升高管节$\phi=0.85$；有升高管节$\phi=0.95$；进水口高$h<2$m时，净空$\Delta=0.10$m；进水高度$h\geq 2$m时，净空$\Delta=0.25$m
		2.0		1.80			8.5	1.95	1.70	1.23	1.11	3.47	3.86	7	13		
		2.5		2.00			11.2	2.02	1.75	1.27	1.14	3.52	3.92	6	11		
		3.0		2.20			15.7	2.24	1.95	1.41	1.27	3.70	4.13	5	9		
		4.0		2.40			24.0	2.48	2.15	1.56	1.40	3.90	4.33	5	7		
	有升高管节	1.5	无压	1.60	2.00		7.1	2.01	1.75	1.32	1.19	3.60	4.01	8	15		
		2.0		1.80	2.40		12.9	2.47	2.15	1.62	1.46	3.98	4.42	8	10		
		2.5		2.00	2.70		19.7	2.82	2.45	1.85	1.67	4.27	4.71	7	8		
		3.0		2.20	2.90		26.6	3.05	2.65	2.00	1.80	4.43	4.92	6	6		
		4.0		2.40	3.00		37.3	3.16	2.75	2.07	1.86	4.50	5.00	5	5		
钢筋混凝土圆管涵		0.75	无压				0.74	0.90		0.52	0.47	2.20	2.50	6		91	流速系数$\phi=0.85$；粗糙系数$n=0.013$；半压力式时压缩系数$\varepsilon=0.6$；$h_c=\varepsilon d=0.6d$
		1.00					1.52	1.20		0.70	0.63	2.60	2.90	6		56	
		1.25					2.66	1.50		0.88	0.79	2.90	3.20	5		38	
		1.50					4.18	1.80		1.05	0.95	3.20	3.50	5		27	
		0.75	半压				1.64	2.99		0.74	0.45	3.80	6.00	21		48	
		1.00					2.92	3.12		0.95	0.60	3.80	6.00	13		33	
		1.25					4.57	3.36		1.14	0.75	4.00	6.00	10		25	
		1.50					6.56	3.48		1.32	0.90	4.10	6.00	7		19	
石拱涵 $\left(\dfrac{f_0}{L_0}=\dfrac{1}{3}\right)$	无升高管节	1.0	无压	1.13	0.80		1.64	1.13	0.98	0.67	0.60	2.45	2.73	13	65		流速分布系数$\alpha=1.1$；流速系数$\phi=0.85$；粗糙系数$n=0.020$；涵洞净高$h_T\leq 1.0$m时，净空$\Delta=0.10$m；涵洞净高h_T为$1.0\sim 2.0$m时，净空$\Delta=0.15$m；涵洞净高$h_T>2.0$m时，净空$\Delta=0.25$m
		1.5		1.70	1.20		4.84	1.78	1.55	1.05	0.95	3.06	3.38	11	30		
		2.0		2.17	1.50		8.96	2.21	1.92	1.31	1.18	3.42	3.80	10	21		
		2.5		2.83	2.00		17.43	2.97	2.58	1.76	1.58	3.96	4.41	10	13		
		3.0		3.50	2.50		29.43	3.74	3.25	2.21	1.99	4.44	4.93	9	20		
		4.0		4.33	3.00		55.07	4.69	4.08	2.77	2.49	4.97	5.53	8	13		

四、计算示例

【例 9-3】 已知设计流量 $Q_s = 7.0 \text{m}^3/\text{s}$。由于路基设计高程的限制,涵前水深不能超过 2.5m。试从表 9-15 中选择一座石盖板涵,并进行表中各项水力资料的验算。

解: 1) 石盖板涵的选取

根据设计流量 $Q_s = 7.0 \text{m}^3/\text{s}$,查表 9-15,选用无升高管节的石盖板涵:其净跨 $L_0 = 1.5$m,净高 $h_T = 2.0$m,能通过的流量为 7.75m^3,这样选取偏于安全,其相应的流速分布系数 $\alpha = 1.0$;流速系数 $\phi = 0.95$;粗糙系数 $n = 0.016$。

2) 各项水力资料验算

(1) 涵前水深 H

由式(9-37)计算得:
$$H = \frac{h_T - \Delta}{0.87} = \frac{2.0 - 0.10}{0.87} = 2.18\text{m}$$

(2) h_k, Q, v_k 和 i_k

由式(9-21)得:
$$H_0 = h_k + \frac{v_k^2}{2g\phi^2} = h_k\left(1 + \frac{1}{2\phi^2}\right) = h_k\left(\frac{1+2\phi^2}{2\phi^2}\right)$$

所以
$$h_k = \left(\frac{2\phi^2}{1+2\phi^2}\right)H_0 = \frac{2\times0.95^2}{1+2\times0.95^2}\times2.18 = 1.40\text{m}(其中, H_0 = H = 2.18\text{m})$$

由式(9-19)计算得:
$$Q = \varepsilon\phi A_k\sqrt{2g(H_0-h_k)} = 1\times0.95\times1.5\times1.4\times\sqrt{2\times9.81\times(2.18-1.40)} = 7.80\text{m}^3/\text{s}$$

由式(9-20)计算得:
$$v_k = \frac{Q}{\varepsilon A_k} = \frac{7.8}{1\times1.5\times1.4} = 3.71\text{m/s}$$

由谢才-满宁公式可得:
$$i_k = \left(\frac{nv_k}{R_k^{2/3}}\right)$$

其中:
$$R_k = \frac{A_k}{\chi_k} = \frac{1.5\times1.4}{2\times1.4+1.5} = 0.49\text{m}$$

$$i_k = \left(\frac{0.016\times3.71}{0.49^{2/3}}\right)^2 = 0.009 = 9‰$$

(3) h_c 和 v_c

$$h_c = 0.9h_k = 0.9\times1.40 = 1.26\text{m}$$

$$v_c = \frac{v_k}{0.9} = \frac{3.71}{0.9} = 4.12\text{m/s}$$

(4) 出口流速到达最大允许流速($v_{\max} = 4.5\text{m/s}$)时的最大纵坡 $i_{\max}$ 出水口的水深为:

$$h_0 = \frac{Q}{L_0 v_{\max}} = \frac{7.8}{1.5\times4.5} = 1.16\text{m}$$

则:
$$R = \frac{L_0 h}{2h+L_0} = \frac{1.5\times1.16}{2\times1.16+1.5} = 0.46\text{m}$$

$$i_{\max} = \left(\frac{nv_{\max}}{R^{2/3}}\right)^2 = \left(\frac{0.016\times4.5}{0.46^{2/3}}\right)^2 = 0.015 = 15‰$$

以上验算结果,与表 9-15 第五行所列的数据基本相同。说明选择得比较合适。

【例 9-4】 某公路上拟设置一个半压力式的钢筋混凝土圆管涵,已知设计流量 $Q_s = 1.6\text{m}^3/\text{s}$,涵前最大允许水深 $H = 1.5\text{m}$,底坡 $i = 0.01$。试确定管径 d 和涵内流速 v_c。

解: 参照表 9-15,选用圆管涵 $d = 1.0\text{m}$,采用八字式洞口,则 $\varepsilon = 0.60$,$\phi = 0.85$。故:

$$A = \frac{1}{4}\pi d^2 = \frac{1}{4} \times 3.14 \times 1^2 = 0.785\text{m}^2$$

由公式(9-34)得:
$$H = \left(\frac{Q}{\varepsilon \phi A}\right)^2 \frac{1}{2g} + \varepsilon h_T$$
$$= \left(\frac{1.6}{0.60 \times 0.785 \times 0.85}\right)^2 \times \frac{1}{2 \times 9.81} + 0.60 \times 1$$
$$= 0.81 + 0.60 = 1.41\text{m} < 1.5\text{m}(\text{允许})$$
$$\frac{H}{h_T} = \frac{1.41}{1.0} = 1.41 > 1.2 \text{(确为半压力式涵洞)}$$

涵内流速则为:
$$v_c = \frac{Q}{\varepsilon A} = \frac{1.6}{0.60 \times 0.785} = 3.4\text{m/s}$$

第六节 小桥及涵洞的构造

一、小桥组成

小桥一般由桥跨结构(上部结构)、下部结构和附属工程组成。桥跨结构是在线路中断时跨越障碍的主要承重结构,其中有承重结构和桥面系统;下部结构有桥墩和桥台,桥墩和桥台支承桥跨结构并将恒载与活载传至地基。设置于河中的承重结构称为桥墩,小桥的桥墩一般为圆柱形;设置在桥两端(岸)的承重结构称为桥台,常用的桥台为 U 形;附属工程有桥头路堤、锥形护坡、护岸工程及调治构造物等。图 9-28 与图 9-29 为梁式桥与拱桥概貌。这方面的详细内容参见《桥梁工程》,在此略去。

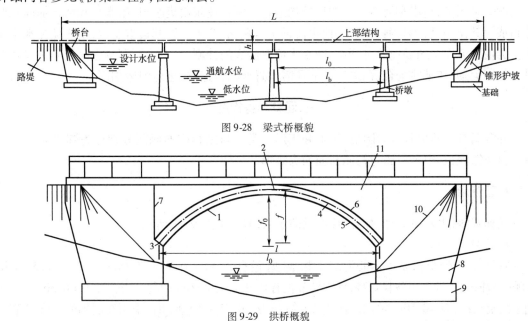

图 9-28 梁式桥概貌

图 9-29 拱桥概貌

1-拱圈;2-拱顶;3-拱脚;4-拱轴线;5-拱腹;6-拱背;7-变形缝;8-桥墩;9-基础;10-锥坡;11-拱上结构

二、涵洞组成

涵洞组成的主体为洞身和洞口两大部分,如图9-30所示。其附体工程有:锥体、河床加固铺砌、路堤护坡、改沟渠道及其护砌、路堤边坡检查台阶等。

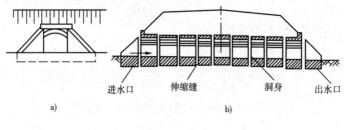

图9-30 涵洞组成
a)洞口;b)纵断面

1. 洞身

洞身是形成过水孔道的主体,其作用是泄水承重,既要保证水流通过,同时直接承受洞顶填土压力和车辆活载等压力,并将其传递给地基。故设计时,既要保证必要的孔径以满足设计流量的通过,又要求本身坚固而且稳定。

洞身通常由承载结构(如拱圈、盖板等)、涵台、基础以及防水层、沉降缝、构造缝等组成。钢筋混凝土箱涵及圆管涵为封闭结构,涵台、盖板、基础联成整体,其涵身断面由箱节或管节组成。涵洞底坡一般为 $i = 0.4\% \sim 6.0\%$,其最小坡度 $i_{min} \geq 0.4\%$,以利于排水。沉降缝及构造缝的缝宽一般为 $2 \sim 3$cm,沉降缝间距为 $2 \sim 6$m,可据地基情况而定;构造缝间距取决于涵洞管节长度,其缝宽不得小于 0.5cm,以利于填缝施工。

2. 洞口

洞口是洞身、路堤和河道三者的连接构造物。洞口建筑由进水口、出水口和河床加固三部分组成。其作用是:①与河道顺接,使水流进出口顺畅;②确保路基边坡稳定,使之免受水流灾害。为使水流安全顺畅地通过涵洞,减小水流对涵底的冲刷,需对涵洞洞身底面及其进口底面进行加固铺砌,在某些场合,在进出口前还需设置调治构造物,进行河床加固。

三、涵洞洞身构造

涵洞洞身截面形状常为圆形、拱形和矩形三类。与之相应的涵洞分别称为圆管涵、拱涵、盖板涵及箱涵,其中盖板涵与箱涵断面均为矩形。

1. 圆管涵

又称圆涵,主要由管身、基础、接缝及防水层组成,如图9-31所示。

1)管身

管身为主体部分,常由钢筋混凝土构成,管径有 0.50m、0.75m、1.00m、1.25m、1.50m 和 2.00m 6种;管身常采用预制安装,预制管节长有 0.50m 及 1.00m 两种。当管径 $D < 0.50$m 时,常用素混凝土;当 $D = 0.50$m 时,采用单层钢筋;当 $D = 0.75 \sim 2.00$m 时,采用双层钢筋。管身壁厚随管径大小与填土高度而异,见表9-16。单孔及双孔圆管涵管身断面如图9-32所示。

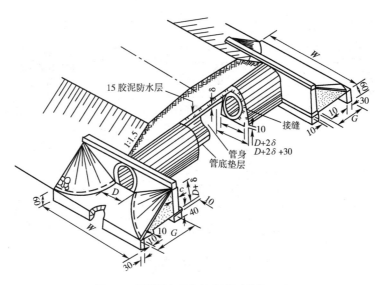

图 9-31 圆管涵各部分组成(尺寸单位:cm)

管涵管壁厚度参考表　　　　　　　　　表 9-16

D(cm)	50	75	100	125	150	200
δ(cm)	6	8	10	12	14	15

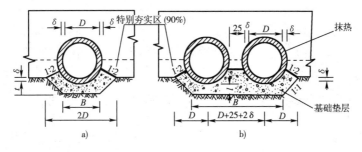

图 9-32 圆管涵构造图(尺寸单位:cm)
a)单孔;b)双孔

2)基础

根据地基强度不同有以下几种类型：

混凝土式浆砌片石基础:采用在土质较软的地基上,厚度 20cm,基础顶面用素混凝土做成人字斜面,使管身和基础连在一起。如图 9-33a)所示。

垫层基础:在砂砾、卵石、碎石及密实均匀的黏土或砂土地基上,可采用砂砾石做垫层基础,如图 9-32 所示。垫层厚度 t 视土质情况而定。卵石、砾石、粗中砂及整体、岩层基础,$t=0$;亚砂土、黏土及破碎岩石,$t=15$cm;在干燥地区的黏土、亚黏土、亚砂土及细砂地,$t=30$cm。

混凝土整层:在岩石基础上,可不做基础,仅在圆管下铺一层垫层混凝土,其厚度一般大于 5cm。如图 9-33b)所示。

3)接缝及防水层

圆管涵多采用预制现场拼装施工,为防止漏水,须做成接缝防水处理。常采用平口接头填缝

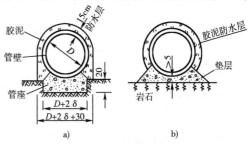

图 9-33 圆管涵基础(尺寸单位:cm)
a)软弱地基;b)混凝土平整层

和企口接头填缝,如图 9-34 与图 9-35 所示。

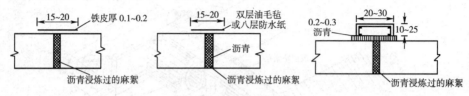

图 9-34 平口接头缝(尺寸单位:cm)

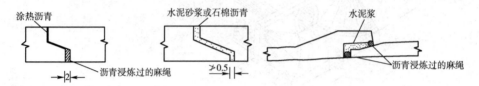

图 9-35 企口接头缝(尺寸单位:cm)

2. 拱涵

拱涵根据使用材料不同可分为石拱涵、砖拱涵和钢筋混凝土拱涵,这里主要介绍石拱涵的构造,它主要由拱圈、护拱、拱上侧墙、涵台、基础、铺底、沉降缝及排水设施等组成,如图 9-36 所示。

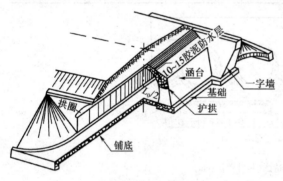

图 9-36 石拱涵构造

1) 拱圈

拱圈为拱涵的承重结构部分,如图 9-37 所示,可由石料、混凝土、砖等材料构成,形状常有圆弧和悬链线两种,工程上常采用等厚的圆弧拱。常用矢跨比为 $\frac{1}{2}$、$\frac{1}{3}$、$\frac{1}{4}$,一般不少于 $\frac{1}{4}$。矢跨比小于 $\frac{1}{6}$ 的称坦(圆)拱,坦拱仅在建筑高度有限制时采用。

拱涵的常用跨径为 100cm、150cm、200cm、250cm、300cm 和 400cm。拱圈厚度一般为 25~35cm,或从有关标准图上查得。

2) 护拱

主要作用是保护拱圈,防止荷载冲击。通常用白灰砂浆或水泥砂浆砌片石构成,护拱高度一般为矢高之半,如图 9-38 所示。

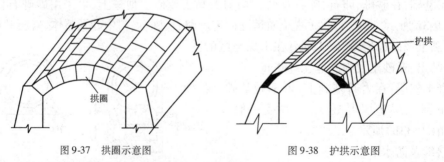

图 9-37 拱圈示意图   图 9-38 护拱示意图

3) 涵台、拱上侧墙

涵台与拱上侧墙,如图 9-39 所示。涵台一般做成背坡为 4∶1 的重力石涵台,台高一般为

50～400cm,台顶宽为45～140cm,台身底宽为70～260cm,墩身宽为50～140cm。拱上侧墙一般亦做成重力式挡墙形式,背坡和涵台相同,侧墙的高度为50～200cm,侧墙的顶宽为40～50cm。涵台与拱上侧墙多用砂浆砌块片石构成。

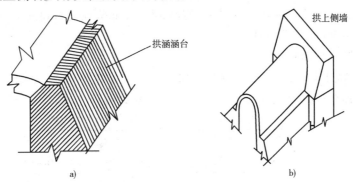

图9-39　涵台和拱上侧墙构造
a)拱涵涵台构造;b)拱涵拱上侧墙构造

4)基础、铺底

基础的作用是扩散地基应力,其形式有整体式与分离式两种。整体式基础是指两涵台基础连为一体的情形,多用于地基比较软弱的地段;分离式基础是指每个涵台底面各有自己的基础,适用于地基强度比较高的场合。由于涵洞一般不允许冲刷,因此,应有铺底。铺底一般采用浆砌片石或者采用混凝土,其范围从进水口端部至出水口端部,进出水口铺底两端还应设置截水墙以保护铺底。

5)排水设施、防水层与沉降缝

排水设施设于拱背及台背,目的是排除路基渗水,使拱圈免受水的侵蚀,确保路基和拱圈稳定,在北方及干燥少雨地区可不设排水设施。为了防止拱涵泄水通道内的水流渗入路堤而影响路基稳定。一般应在拱顶及护拱的上端设置防水层,同时设置排水设施。如图9-40所示。沉降缝的设置与下述的盖板涵沉降缝设置相同。

3. 盖板涵

盖板涵为简支构造物,按盖板材料不同分为石盖板涵和钢筋混凝土涵,主要由盖板、涵台、基础、洞身铺底、伸缩缝及防水层等部分组成,如图9-41所示。

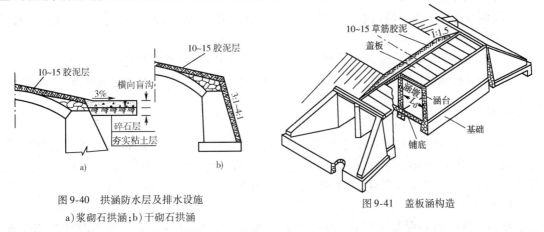

图9-40　拱涵防水层及排水设施
a)浆砌石拱涵;b)干砌石拱涵

图9-41　盖板涵构造

1) 盖板

它为涵洞的承重结构部分。有石盖板和钢筋混凝土盖板两种。当石料丰富、跨径在 2m 以下,一般采用石盖板。其厚度随填土高度和跨径不同而异,一般为 15~40cm,盖板石的石料,应严格选择,石料标号应在 40 号以上。当跨径大于 2m 或在无石料地区时,宜采用钢筋混凝土,其厚度为 8~30cm,跨径为 1.50~6.0m。

2) 涵台、基础、洞身铺底

一般用浆砌(或干砌)块、片石或混凝土修筑。基础厚度一般为 60cm,铺底厚度一般为 30cm。盖板涵的涵台(墩)宽度 $a(b)$,涵台(墩)基础宽度 $a_1(b_1)$,可参考表 9-17。

盖板涵涵台(墩)及基础宽度值(cm)　　　　表 9-17

盖板种类	涵台(墩)基础材料	涵台宽 a	涵墩宽 b	涵台基础宽 a_1	涵墩基础宽 b_1
石盖板	块石	40	40	50~60	60~80
钢筋混凝土盖板	块石	40~120	40~80	60~140	80~130
	混凝土	30~70	40~80	50~100	80~130

3) 沉降缝及防水层

涵洞沿洞身长度方向应分段设置沉降缝,以防止不均匀沉降而引起涵身断裂。

沉降缝的设置要求为:

(1) 沉降缝沿洞身每隔 3~6m 设一道,具体位置需结合地基土质变化情况及路堤高度而定。

(2) 涵洞与急流槽、端墙、翼墙洞口等结构分段处应设置沉降缝,以使洞口沉降不致影响洞身。沉降缝应贯穿整个断面(包括基础),缝宽约 2~3cm。

(3) 凡地基土质发生变化、基础埋置深度不同或基础地基压力发生较大变化以及基础填挖交界处,均应设置沉降缝。

(4) 凡采用填石抬高基础的涵洞,都应设置沉降缝,其间距不宜大于 3m。

(5) 置于均匀岩石地基上的涵洞,可不设置沉降缝。

(6) 斜交正做涵洞,沉降缝隙与涵洞中心线垂直;斜交斜做涵洞,沉降缝与路中心线平行,但拱涵、管涵的沉降缝应与涵洞中线垂直。

涵洞防水层的设置要求:

(1) 各式钢筋混凝土涵洞的洞身及端墙,在基础面以上,凡被土掩埋部分的表面,均涂两层热沥青,每层厚 1~1.5mm。

(2) 混凝土及石砌涵洞(包括端、翼墙)被土掩埋部分的表面,只需将圬工表面做平,无凹入存水部分,可以不设防水层。

(3) 钢筋混凝土明涵,采用 2cm 厚防水砂浆或 4~6cm 厚防水混凝土。

(4) 石盖板涵盖板顶可用 10~15cm 厚草筋胶泥做防水层,并将表面做成拱形,以利排水。

4. 箱涵

箱涵为整体闭合式钢筋混凝土框架结构,主要由钢筋混凝土涵身、翼墙、基础、变形缝等部分组成,如图 9-42 所示。它具有良好的整体性和抗震性能,常用于铁路与铁路和公路与公路其建筑高度受限时的交叉口处,由于箱涵施工较困难,造价高,常常在软土基上采用。

1) 涵身

箱涵涵身由钢筋混凝土组成,涵身断面一般为长方形或正方形。常用跨径为 200cm、

250cm、300cm、400cm、500cm。箱涵壁厚一般为22～35cm,箱涵内壁面4个折角处往往做成45°的斜面,以增大转角处的刚度,其尺寸为5cm×5cm。

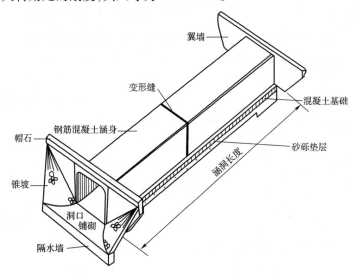

图 9-42　钢筋混凝土箱涵各组成部分

2）翼墙

翼墙在涵身靠洞口侧的两端,与涵身连成整体,为钢筋混凝土薄壁结构。壁厚一般为31～41cm。翼墙主要用于涵身与进出口锥坡的连接,支挡路基填土。当采用八字墙洞口时,可不做翼墙。

3）基础

箱涵基础一般为双层结构。上层为混凝土结构,厚10cm,下层为砂砾石垫层,厚度为40～70cm。厚度尺寸的确定应与基础埋深同时考虑。在接近洞口两端洞身2m范围内的砂砾垫层应该在冰冻线以下不少于25cm。其余区段的设置深度可视地基土冻胀情况和当地施工经验确定。

4）变形缝

变形缝均设在洞身中部,连同基础变形缝设置一道。用4cm×6cm的槽口设于顶、底板的上面和侧墙的外面。过水箱涵底板变形缝的顶面可不设油毡,而在填塞沥青麻絮后再灌热沥青即可。

四、涵洞洞口构造

涵洞的进水口与出水口称为涵洞的洞口,位于涵洞的两端。其形式多样、构造多变、十分灵活。可根据涵洞类型、河沟水流特点、地形及路基断面形式因地制宜地选择好洞口形式,做好进出水口处理,以确保涵洞及路基稳定和水流顺畅。

涵洞洞口类型很多,有八字式、端墙式、跌水井、扭坡式、走廊式、流线型等,其中以八字式、端墙式、跌水井为最常用的形式,下面介绍这三种形式的洞口。

1. 八字式洞口

1）正八字式洞口

正八字式洞口由敞开斜置的八字墙构成,常用于路线与涵洞正交的场合,如图9-43所示。

八字式洞口为重力式墙式结构,其特点是:构造简单,施工方便,造价较低,建筑结构比较美观。适用于河沟平坦顺直,无明显河槽,且沟底与涵底高差不大的场合。当墙身高度大于 5m 时,其圬工体积较大,采用不够经济。墙身的砌筑对石料的形状与规格要求较高,一般需要用块片石搭配料石砌筑。

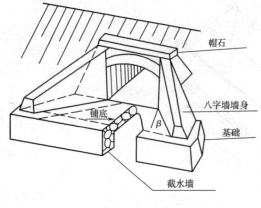

为了缩短翼墙长度,减少墙身数量并使涵洞与沟槽顺接,常将翼墙末端做成矮墙嵌入式八字墙,如图 9-44 所示。

八字翼墙墙身与路中线垂线方向的夹角称为扩散角(图 9-43 中的 β)。按水力条件考虑并实验,进口水流扩散角成 13°为宜,出口水流扩散角不宜大于 10°,但为了便于集纳水流和减小出口翼墙末端的单宽流量,减小冲刷,扩散角多

图 9-43 八字式洞口

采用 30°。扩散角过大,可使近翼墙处产生涡流,导致冲刷加大。

当 $\beta=0°$ 时,八字墙墙身与涵轴线平行,称为直墙式洞口,如图 9-45 所示。主要适用于涵洞跨径与河沟宽度基本一致,无需集纳与扩散水流或仅为疏通两侧农田灌溉的场合。这种形式的洞口翼墙短、洞口铺砌少、比较经济。

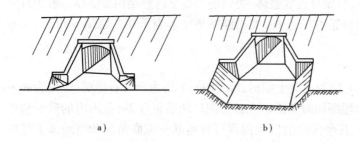
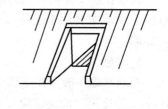

图 9-44 嵌入式八字墙
a)接小锥坡;b)接水渠

图 9-45 直墙式洞口

2)斜八字式洞口

当涵洞与路线斜交时,宜采用斜交八字墙洞口形式。有两种做法:

(1)斜做洞口(斜交斜做洞口)

斜交涵洞斜洞口是指涵洞进出口洞口、洞墙端部断面(即洞口帽石方向)与路线方向平行时的洞口形式,即为斜做洞口,如图 9-46 所示。

斜做洞口的翼墙斜度 β_1,β_2 应根据地形和水流条件确定。图 9-46 中的 θ 角为水流扩散角,即沿涵轴线方向翼墙向外侧的张角;φ 角为涵轴线方向的垂线与路中线的夹角(即涵洞的斜度)。当 $\theta<\varphi$ 时叫"反翼墙",此时 $\beta_2=\varphi-\theta$;当 $\theta>\varphi$ 时叫"正翼墙",此时 $\beta_1=\varphi+\theta$。根据分析,在正翼墙情况下,β_1 越大,翼墙的工程数量亦越大,因此应尽量使 β_1 不超过 60°;在反翼墙情况下,当 $\beta_2=0°$,即 $\varphi-\theta=0°$ 时,翼墙工程数量最小,最经济。

(2)正做洞口(斜交正做洞口)

当洞口帽石方向与涵轴线方向垂直时,即构成正做洞口,如图 9-47 所示。

这种洞口的翼墙一般采用正翼墙,其较长一侧的翼墙称为大翼墙,较短者称为小翼墙。大翼墙的 β 角越小越经济;小翼墙的 $\beta=\varphi$ 时最为经济。斜交正做洞口的洞身与正交涵洞洞身

相同,设计、施工比斜做洞口方便。但洞身比斜做时要长,工程数量亦有所增加。

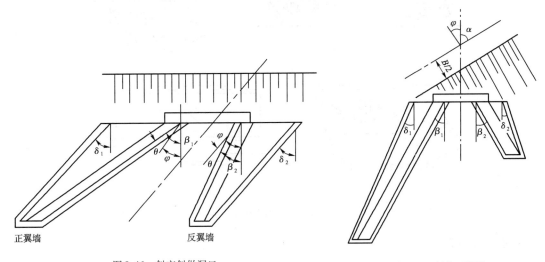

图 9-46　斜交斜做洞口　　　　　　　图 9-47　斜交正做洞口

正做洞口的端墙和帽石可做成台阶式或斜坡式,如图 9-48 所示。

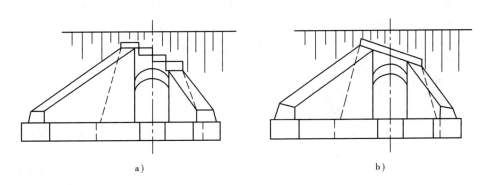

图 9-48　斜交正做洞口帽石处理方式
a)台阶；b)斜坡式

2. 端墙式洞口

在涵台两端修一垂直于台身并与台身同高的矮墙叫端墙(又叫一字墙)。在端墙外侧,可用砌石的椭圆锥坡、天然土坡、砌石护坡或挡土墙与天然沟槽和路基相连接,构成各种不同形式的端墙式洞口,如图 9-49 所示。图 9-49a)、9-49b)仅适用在沟床稳定、土质坚实的场合。图 9-49c)适用于洞口有人工渠道或不受冲刷影响的岩石河沟上。在图 9-49c)所示的沟底设置小锥坡构成图 9-49d),以改善水流状况。图 9-49e)仅在洞口路基边坡设有直立式挡墙时才采用。

端墙配锥坡形护坡洞口是最常用的一种洞口。它的使用条件与八字墙相类似。但它的水流条件比八字墙洞口水流条件要好些,常应用于宽浅河沟或孔径压缩较大的场合。当墙高较高时(一般大于 5m),其稳定性和经济性比八字墙好,故它更适宜作为涵台较高的涵洞。另外,其灵活性也比八字墙好,能够适应不同的路基边坡。

当涵洞与路线斜交时,锥坡洞口一般多用斜交正做洞口,如图 9-50 所示。其端墙亦可做成斜坡式或台阶式。

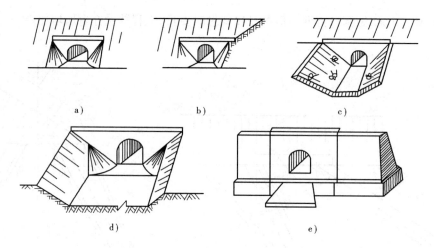

图 9-49　端墙式洞口

3. 跌水井洞口

当天然河沟纵坡度大于 50% 或路基纵断面设计不能满足涵洞建筑高度要求，涵洞进口开挖大以及天然沟槽与洞口高差较大时，为使沟槽或路基边沟与涵洞进口连接，常采用跌水井洞口。其形式可有边沟跌水井洞口与一字墙跌水井洞口两种，如图 9-51、图 9-52 所示。前者主要适用于内侧有挖方边沟涵洞的进水口，后者适用于一般陡坡沟槽跌水。

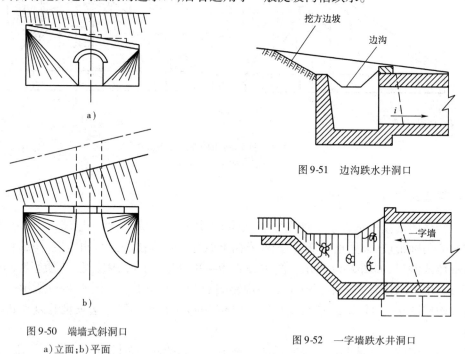

图 9-50　端墙式斜洞口
a) 立面；b) 平面

图 9-51　边沟跌水井洞口

图 9-52　一字墙跌水井洞口

其他一些洞口形式（如锥坡式、平头式、扭坡式、走廊式、流线型等）的构造，在此不一一赘述。可参阅有关书籍。常见的洞口形式的适用性及优缺点归纳汇总于表 9-18。

五、涵洞基础

涵洞基础按构造形式可分为单独基础、整体基础、实体基础；按材料可分为砖基础、石料基础、混凝土基础;按荷载条件可分为刚性基础和柔性基础。设计时,应根据水文、地质、材料及施工条件,参照规范与标准以及已有的经验,合理地选用基础形式。下面介绍单独基础、整体基础和实体基础。

常见洞口形式的适用性与优缺点　　　　　　　　表 9-18

洞口形式	适 用 性	优 缺 点
八字式	平坦顺直,纵断面高差不大的河沟。配合路堤边坡设置,广泛用于需收纳、扩散水流处	水力性能较好,施工简单,工程量较小
直墙式	涵洞跨径与沟宽基一致,无需集纳与扩散水流的河沟、人工渠道	水力性能良好,工程量少。在山区能配合急流槽、消力池使用,应用不广泛
端墙式	平原地区流速很小,流量不大的河沟、水渠	构造简单、造价低,但水力性能较差
锥坡式	宽浅河沟上,对水流压缩较大的涵洞,常与较高、较大的涵洞配合	水力性能较好,能增强高路堤的洞口、洞身稳定性,但工程量较大
跌水井式	沟槽纵坡较大,涵洞进口为挖方,以及天然沟槽与进口高差较大的涵洞进口	水力性能较好,具有消能、集水、降坡的功能。井内沉淀泥沙应经常清理
扭坡式	涵身迎水面坡度与人工水渠、河沟侧向边坡不一致时采用	水力性能较好,水流对涵洞冲刷小。施工工艺较复杂
平头式	水流过涵洞侧向挤束不大,流速较小。洞口管节需大批使用,可集中生产时采用	节省材料,工艺较复杂,水力性能稍差
走廊式	需收纳、扩散水流的无压力式涵洞。涵洞孔径选用偏小时采用	水力性能较好,工程量比八字式多,施工较麻烦
流线型	需通过流速、流量较大的水流。路幅较宽,涵身较长,大量使用时	充分发挥涵洞孔径的宣泄能力,水力性能好。但施工工艺复杂、材料用量较多

1. 单独基础

是指单独修筑在各支柱下的基础,在地基强度较高时采用,板梁式涵有时选用。如图 9-53 所示。

2. 整体基础

在地基土质不均匀处,为了防止不均衡沉降和局部破坏,在涵洞跨径较小时,因其基础相距很近,为了施工上的便利,往往在涵墙下不分别砌筑基础而采用联合基础,亦称为整体基础。如图 9-54 所示。

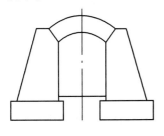

图 9-53　单独基础　　　　　　　　　　　图 9-54　整体基础

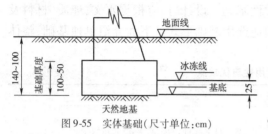

图 9-55 实体基础(尺寸单位:cm)

3. 实体基础

一般是采用圬工或钢筋混凝土矩形基础,能承受较大荷载,其尺寸通常是由上部结构的大小而定,这种基础当地基承载力较大时使用。如图 9-55 所示。

第七节 涵洞进出口河床的处理

涵洞的水流速度比较大,易引起冲刷,特别是出水口,容易引起涵洞的病害。在工程实践中,由于对涵洞进出水口的处理不当,而造成涵洞容易受水流冲刷而引起破坏的教训不少,因此必须做好涵洞进出水河床的处理或加固,以确保涵洞的安全,使路基和下游农田免遭水害。

涵洞进出口河床的处理方法,应考虑河沟和涵洞的纵坡,根据土质条件和流速确定加固类型。

一、进水口河床加固处理

1. 缓坡进水口河床加固

(1)在河沟纵坡小于 10%、河沟顺直、纵坡平缓的情况下,一般在翼墙前作 1m 长的干砌片石铺砌加固,如图 9-56a)所示。对于流速较小,孔径较大的多孔涵洞,为减少铺砌数量,也可采用 U 形铺砌形式,如图 9-56b)所示。

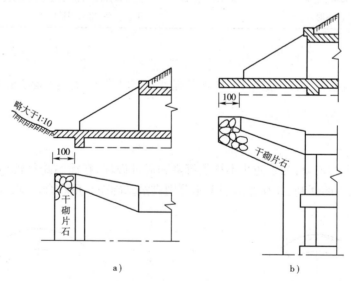

图 9-56 平缓河床进口铺砌(尺寸单位:cm)
a)整体铺砌;b)U 形铺砌(局部铺砌)

(2)当涵前天然河沟纵坡为 10%~40%时,进口处沟槽开挖的纵坡可取 1:4~1:10。除了岩石地质外,一般开挖后,河沟的沟底和边坡以及路基边沟,均需进行铺砌加固。其加固的类型视水流速度而定。由于涵前沟底纵坡较陡,而洞身纵坡平缓,水流在进口处突然变缓易产生水跃,应在进口段设置一段缓坡,为缓坡涵进口的加固形式,其长度约为 $L_0 \sim 2L_0$(L_0 为涵洞孔径),如图 9-57a)所示。当洞内纵坡较大时,水流呈急流状态,涵底纵坡与河沟坡度基本可以平顺连接,可以设置陡坡涵洞,这时就不必设置缓坡段,如图 9-57b)所示。

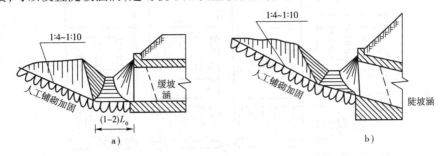

图 9-57 进水口沟底及沟槽加固
a)缓坡涵;b)陡坡涵

2. 陡坡进水口河床加固

当涵前河沟纵坡大于 50%,其水流速度相当大,涵洞进口处需要设跌水井或急流槽与天然河沟连接,以削减水流动能,达到减缓流速的目的。上游沟槽开挖的坡度,应根据河沟土质情况而定,一般采用 1:1 ~ 1:2。为了加固河槽,跌水井与河槽连接处可采用吊沟或 U 形断面急流槽形式,如图 9-58 与图 9-59 所示。采用吊沟形式时,其断面一般为梯形断面,沟槽为非岩石土基时,应对沟槽内壁进行铺砌加固,对于 U 形断面急流槽,槽底宽度应与涵洞孔径相等,两侧边墙厚一般采用 40cm,为了确保急流槽稳定,槽底每隔 150 ~ 200cm 加设一道防滑墙。有时为了减缓槽内流速,还在槽底加设人工加糙措施,加糙类型如图 9-60 所示。

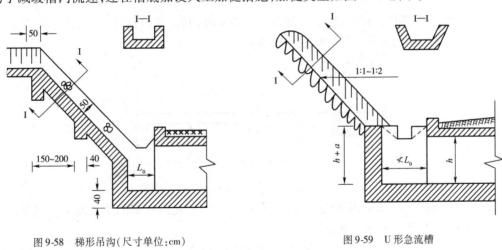

图 9-58 梯形吊沟(尺寸单位:cm)   图 9-59 U 形急流槽

二、出水口河床加固处理

小桥与涵洞通常对天然河床有较大的压缩,使上游形成较高的壅水,造成洞内流速增大,桥涵出口处的流速一般都大于河沟的天然流速,导致出口处产生不利的冲刷,对于涵洞,常在出口产生水害。据分析,涵洞出口处产生冲刷的原因有:

①出口处水流速度大于土壤允许不冲刷流速。

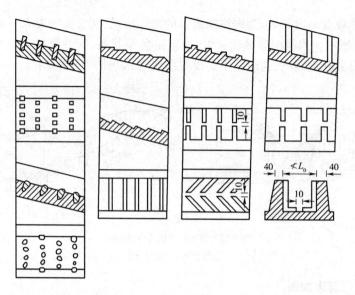

图 9-60　人工加糙图式(尺寸单位:cm)

②当出口流速大于临界流速时,水流处于急流状态。如果下游沟槽的坡度小于临界坡度,则天然河沟中的水流处于缓流状态,水流由洞内的急流要变为天然河沟中的缓流,在出口处形成水跃,使水流紊动性增加,水流在竖直面内产生旋流,造成冲刷。

③出口水流流向与河床形成某一交角时,出口水流在转向时对沟槽壁造成局部冲刷。因此,为了保证涵洞下游河床、路基边坡和农田的安全,应对涵洞出水口河床进行加固防护。

1. 缓坡涵洞(洞底坡度小于5%)**出水口河床加固处理**

(1)当河沟纵坡小于15%,涵洞的底坡小于5%时,其出水口流速不大,出水口常采用延长铺砌、加深截水墙的处理方法,如图9-61所示。

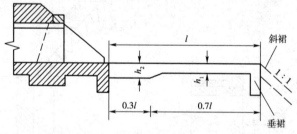

图 9-61　延长铺砌加深截水墙

影响铺砌加固长度 l 的因素较多,它与河床土质、洞口建筑端部的单宽流量 q 以及下游水流状态有关,可参照表 9-19 计算而得。

涵洞出口沟床的加固长度　　　　表 9-19

河床土质	加固长度	
	当出口未淹没时(自由式出流)	当出口被淹没时(淹没式出流)
亚黏土和亚砂土	$2.5q^{0.7}$	$1.7q^{0.7}$
重亚黏土和密实的亚砂土	$2.2q^{0.7}$	$1.4q^{0.7}$
卵石,砾石	$1.7q^{0.75}$	$1.1q^{0.75}$
大卵石	$1.1q^{0.75}$	$0.7q^{0.75}$

注:表中 q 为洞口建筑端点的单宽流量。$q = Q/B(\mathrm{m^3/s/m})$,$Q$ 涵洞的设计流量,B 通过流量时对应的水面宽度。

加固厚度 h_1，可根据出口流速、加固铺砌的类型与材料确定。采用单层片石铺砌，厚度通常为 20～30cm，下设 10cm 碎石垫层。亦可参照表 9-9 确定。

加固厚度 h_2，根据涵洞出口的水深（一般采用临界水深 h_k）与加固段的水深，按式 (9-38) 计算而定。其原因是：水流在涵洞出口处产生扩散，水深急剧下降，水流与一般等流速情况不同，此时加固工程要受到自下而上的静水压力，根据涵洞出口处水深与加固工程表面水深的差值就能确定这项压力。此压力应小于加固工程的重量，否则加固工程会因上浮而破坏。

$$h_2 = \frac{\rho_1}{\rho_2 - \rho_1}(h_k - h) \tag{9-38}$$

式中：ρ_1——水的密度，取 1000kg/m³；

　　　ρ_2——加固石块或混凝土的密度，取 2650kg/m³；

　　　h——加固工程的平均水深，m；

　　　h_k——洞内临界水深，m。

加厚段的长度一般为加固全长的 30%，但不小于 1.5m。

加固工程末端的截水墙可有垂裙（亦称隔水墙、拦水墙）及斜裙（亦称斜坡、防淘斜坡）两种形式。截水墙埋置深度及厚度见表 9-20 与表 9-21。

垂裙埋置深度表　　　　　　　　　　　　　　　　　　表 9-20

出口流速(m/s)	1.0	2.0	3.0	4.0	5.0	6.0
垂裙埋置深度(m)	0.50	0.90	1.32	1.70	2.00	2.20

垂裙厚度表　　　　　　　　　　　　　　　　　　表 9-21

垂裙埋置深度(m)	<1.2	1.2～1.5	1.5～1.8	1.8～2.1	≥2.2
垂裙厚度(m)	0.4	0.5	0.6	0.7	0.8

（2）在无压力式涵洞下游，为了减少水流冲刷和保证河床稳定，在涵洞出口八字墙或锥坡范围内设置挑坎，使水流出涵后即被上坎上挑，从而抬高水位，增加表面流速，大大地减小了底部流速，消弱了水流的扩散能力和扩散方向上的旋涡，上坎以后，平台及下坎具有保持出水口水位、消减水流冲刷能量和缩短出水口水跃长度的作用。随后下坎又再次把冲刷位置挑离铺砌层末端，减少了冲刷。同时，由于下坎后的回流反而使铺砌层末端变冲刷为淤积，经大量实验证明出口处采用挑坎是一种经济实用的防冲刷防护措施。挑坎对水流的作用如图 9-62 所示。三级挑坎的一般布置尺寸如图 9-63 所示。

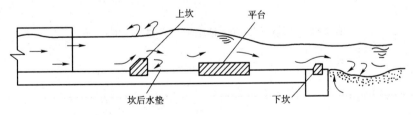

图 9-62　挑坎对水流的作用

2. 陡坡涵洞（涵洞底坡大于 5%）出水口河床加固处理

当天然河沟的纵坡大于 15%，一般涵洞底坡大于 5%，其出水洞口河沟应根据地形、地质和水力条件，采用急流槽、消力池消力槛、人工加糙及多级跌水等设施对河床作适当处理，以达到消能和降低流速的目的,各种消能措施,既可单独使用,也可组合使用。图 9-64 为几种不同的布置形式:图 9-64a)为设有跌水、缓流井、消力槛的出口布置;图 9-64b)为设有跌水、急流槽的出口布置;图 9-64c)为设有急流槽、缓流井、消力槛的布置;图 9-64d)为设有多级跌水、消力槛的布置;图 9-64e)为台阶式加糙急流槽的布置。以上各种出口布置均按敞开角为 30°扩大八字翼墙与涵身进行衔接。

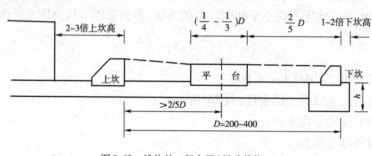

图 9-63 挑坎的一般布置(尺寸单位:cm)

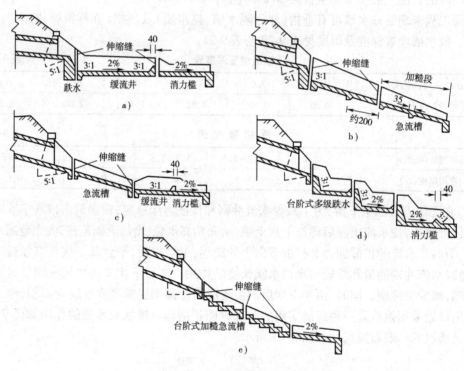

图 9-64 陡坡涵洞出口消能设施的组合加固(尺寸单位:cm)

习题

1. 小桥与涵洞位置选择的原则与区别?
2. 小桥涵勘测的主要内容?

3. 小桥的水流图式有几种,孔径计算的主要步骤是什么?

4. 涵洞的特点是什么,水流图式有几种?

5. 涵洞形式有哪些?如何选用?

6. 涵洞进出口河床加固处理的目的是什么?常用的方法有哪些?

7. 某公路线路上拟建一座小桥,已知流量 $Q_s = 8\text{m}^3/\text{s}$,河床允许不冲刷流速 $v_{bc} = 2.5\text{m/s}$,河底高程为 100m,如果桥台为伸出锥坡,净空高度 $\Delta h = 0.5\text{m}$,试求小桥底面的最低高程。

8. 某桥跨越一过水断面近似为矩形的小河,设计流量 $Q_s = 30\text{m}^3/\text{s}$,天然水深 $h_t = 0.69\text{m}$,河宽为 15m,线路与水流正交;采用单孔、桥台有锥体填土的小桥,拟采用 0.15m 厚碎石反滤层上加 0.25m 厚干砌片石铺砌加固河床,试确定此小桥的孔径及桥前水深。

9. 在某公路上拟设计一个无压力式的钢筋混凝土圆管涵洞,已知设计流量 $Q_s = 0.9\text{m}^3/\text{s}$,底坡 $i = 0.002$,入口为八字翼墙。求圆涵管直径 d。

10. 拟建一个半压力式圆管涵,进水不升高。已知设计流量 $Q_s = 2.4\text{m}^3/\text{s}$,涵前允许最大水深为 2.5m,圆管涵的糙率 $n = 0.013$,允许流速 $v_{bc} = 6.0\text{m/s}$,试用查表法选择圆管涵的管径,并进行水力计算。

11. 某公路拟设计一个压力式钢筋混凝土圆管涵洞,已知设计流量 $Q_s = 2.2\text{m}^3/\text{s}$,$i_w = i$,求涵管直径 d、摩擦坡度 i_w 和涵内流速 v_0。

附 录

附录1　海森概率格纸的横坐标分格表

$P(\%)$	由中值(50%)起的水平距离	$P(\%)$	由中值(50%)起的水平距离
0.01	3.720	7	1.476
0.02	3.540	8	1.405
0.03	3.432	9	1.341
0.04	3.353	10	1.282
0.05	3.290	11	1.227
0.06	3.239	12	1.175
0.07	3.195	13	1.126
0.08	3.156	14	1.080
0.09	3.122	15	1.036
0.10	3.090	16	0.994
0.15	2.967	17	0.954
0.2	2.878	18	0.915
0.3	2.748	19	0.878
0.4	2.652	20	0.842
0.5	2.576	22	0.774
0.6	2.512	24	0.706
0.7	2.457	26	0.643
0.8	2.409	28	0.583
0.9	2.366	30	0.524
1.0	2.326	32	0.468
1.2	2.257	34	0.412
1.4	2.197	36	0.358
1.6	2.144	38	0.305
1.8	2.097	40	0.253
2	2.053	42	0.202
3	1.881	44	0.151
4	1.751	46	0.100
5	1.645	48	0.050
6	1.555	50	0.000

附录2 皮尔逊Ⅲ型曲线的离均系数 Φ_p 值表 $(0 < C_s < 6.4)$

C_s	P(%)													
	0.01	0.1	1	3	5	10	25	50	75	90	95	97	99	99.9
0.00	3.72	3.09	2.33	1.88	1.64	1.28	0.67	−0.00	−0.67	−1.28	−1.64	−1.88	−2.33	−3.09
0.05	3.83	3.16	2.36	1.90	1.65	1.28	0.66	−0.01	−0.68	−1.28	−1.63	−1.86	−2.29	−3.02
0.10	3.94	3.23	2.40	1.92	1.67	1.29	0.66	−0.02	−0.68	−1.27	−1.61	−1.84	−2.25	−2.95
0.15	4.05	3.31	2.44	1.94	1.68	1.30	0.66	−0.02	−0.68	−1.26	−1.60	−1.82	−2.22	−2.88
0.20	4.16	3.38	2.47	1.96	1.70	1.30	0.65	−0.03	−0.69	−1.26	−1.58	−1.79	−2.18	−2.81
0.25	4.27	3.45	2.50	1.98	1.71	1.30	0.64	−0.04	−0.70	−1.25	−1.56	−1.77	−2.14	−2.74
0.30	4.38	3.52	2.54	2.00	1.72	1.31	0.64	−0.05	−0.70	−1.24	−1.55	−1.75	−2.10	−2.67
0.35	4.50	3.59	2.58	2.02	1.73	1.32	0.64	−0.06	−0.70	−1.24	−1.53	−1.72	−2.06	−2.60
0.40	4.61	3.66	2.61	2.04	1.75	1.32	0.63	−0.07	−0.71	−1.23	−1.52	−1.70	−2.03	−2.54
0.45	4.72	3.74	2.64	2.06	1.76	1.32	0.62	−0.08	−0.71	−1.22	−1.51	−1.68	−2.00	−2.47
0.50	4.83	3.81	2.68	2.08	1.77	1.32	0.62	−0.08	−0.71	−1.22	−1.49	−1.66	−1.96	−2.40
0.55	4.94	3.88	2.72	2.10	1.78	1.32	0.62	−0.09	−0.72	−1.21	−1.47	−1.64	−1.92	−2.32
0.60	5.05	3.96	2.75	2.12	1.80	1.33	0.61	−0.10	−0.72	−1.20	−1.45	−1.61	−1.88	−2.27
0.65	5.16	4.03	2.78	2.14	1.81	1.33	0.60	−0.11	−0.72	−1.19	−1.44	−1.59	−1.84	−2.20
0.70	5.28	4.10	2.82	2.15	1.82	1.33	0.59	−0.12	−0.72	−1.18	−1.42	−1.57	−1.81	−2.14
0.75	5.39	4.17	2.86	2.16	1.83	1.34	0.58	−0.12	−0.72	−1.18	−1.40	−1.54	−1.78	−2.08
0.80	5.50	4.24	2.89	2.18	1.84	1.34	0.58	−0.13	−0.73	−1.17	−1.38	−1.52	−1.74	−2.02
0.85	5.62	4.31	2.92	2.20	1.85	1.34	0.58	−0.14	−0.73	−1.16	−1.36	−1.49	−1.70	−1.96
0.90	5.73	4.38	2.96	2.22	1.86	1.34	0.57	−0.15	−0.73	−1.15	−1.35	−1.47	−1.66	−1.90
0.95	5.84	4.46	2.99	2.24	1.87	1.34	0.56	−0.16	−0.73	−1.14	−1.34	−1.44	−1.62	−1.84
1.00	5.96	4.53	3.02	2.25	1.88	1.34	0.55	−0.16	−0.73	−1.13	−1.32	−1.42	−1.59	−1.79
1.05	6.07	4.60	3.06	2.26	1.88	1.34	0.54	−0.17	−0.74	−1.12	−1.30	−1.40	−1.56	−1.74
1.10	6.18	4.67	3.09	2.28	1.89	1.34	0.54	−0.18	−0.74	−1.10	−1.28	−1.38	−1.52	−1.68
0.15	6.30	4.74	3.12	2.30	1.90	1.34	0.53	−0.18	−0.74	−1.09	−1.26	−1.36	−1.48	−1.63
1.20	6.41	4.81	3.15	2.31	1.91	1.34	0.52	−0.19	−0.74	−1.08	−1.24	−1.33	−1.45	−1.58
1.25	6.52	4.88	3.18	2.32	1.92	1.34	0.52	−0.20	−0.74	−1.07	−1.22	−1.30	−1.42	−1.53
1.30	6.64	4.95	3.21	2.34	1.92	1.34	0.51	−0.21	−0.74	−1.06	−1.20	−1.28	−1.38	−1.48
1.35	6.76	5.02	3.24	2.36	1.93	1.34	0.50	−0.22	−0.74	−1.05	−1.18	−1.26	−1.35	−1.44
1.40	6.87	5.09	3.27	2.37	1.94	1.34	0.49	−0.22	−0.73	−1.04	−1.17	−1.23	−1.32	−1.39
1.45	6.98	5.16	3.30	2.38	1.94	1.34	0.48	−0.23	−0.73	−1.03	−1.15	−1.21	−1.29	−1.35
1.50	7.09	5.23	3.33	2.39	1.95	1.33	0.47	−0.24	−0.73	−1.02	−1.13	−1.19	−1.26	−1.31
1.55	7.20	5.30	3.36	2.40	1.96	1.33	0.46	−0.24	−0.73	−1.00	−1.12	−1.16	−1.23	−1.28

续上表

C_s	P(%)												
	0.01	0.1	1	3	5	10	25	50	75	90	95	97	99	99.9
1.60	7.31	5.37	3.39	2.42	1.96	1.33	0.46	−0.25	−0.73	−0.99	−1.10	−1.14	−1.20	−1.24
1.65	7.42	5.44	3.42	2.43	1.96	1.32	0.45	−0.26	−0.72	−0.98	−1.08	−1.12	−1.17	−1.20
1.70	7.54	5.50	3.44	2.44	1.97	1.32	0.44	−0.27	−0.72	−0.97	−1.06	−1.10	−1.14	−1.17
1.75	7.65	5.57	3.47	2.45	1.98	1.32	0.43	−0.28	−0.72	−0.96	−1.04	−1.08	−1.12	−1.14
1.80	7.76	5.64	3.50	2.46	1.98	1.32	0.42	−0.28	−0.72	−0.94	−1.02	−1.06	−1.09	−1.11
1.85	7.87	5.70	3.52	2.48	1.98	1.32	0.41	−0.28	−0.72	−0.93	−1.00	−1.04	−1.06	−1.08
1.90	7.98	5.77	3.55	2.49	1.99	1.31	0.40	−0.29	−0.72	−0.92	−0.98	−1.01	−1.04	−1.05
1.95	8.10	5.84	3.58	2.50	2.00	1.30	0.40	−0.30	−0.72	−0.91	−0.96	−0.99	−1.02	−1.02
2.00	8.21	5.91	3.60	2.51	2.00	1.30	0.39	−0.31	−0.71	−0.90	−0.95	−0.97	−0.99	−1.00
2.05	8.32	5.97	3.63	2.52	2.00	1.30	0.38	−0.32	−0.71	−0.89	−0.94	−0.95	−0.96	−0.97
2.10	8.43	6.03	3.65	2.53	2.00	1.29	0.37	−0.32	−0.70	−0.88	−0.93	−0.93	−0.94	−0.95
2.15	8.54	6.10	3.68	2.54	2.01	1.28	0.36	−0.32	−0.70	−0.86	−0.92	−0.92	−0.92	−0.93
2.20	8.64	6.16	3.70	2.55	2.01	1.28	0.35	−0.33	−0.69	−0.85	−0.90	−0.90	−0.90	−0.91
2.25	8.75	6.23	3.72	2.56	2.01	1.27	0.34	−0.34	−0.68	−0.83	−0.88	−0.88	−0.89	−0.89
2.30	8.86	6.29	3.75	2.56	2.01	1.27	0.33	−0.34	−0.68	−0.82	−0.86	−0.86	−0.87	−0.87
2.35	8.97	6.36	3.78	2.56	2.01	1.26	0.32	−0.34	−0.67	−0.81	−0.84	−0.84	−0.85	−0.85
2.40	9.07	6.42	3.79	2.57	2.01	1.25	0.31	−0.35	−0.66	−0.79	−0.82	−0.82	−0.83	−0.83
2.45	9.18	6.48	3.81	2.58	2.01	1.25	0.30	−0.36	−0.66	−0.78	−0.80	−0.80	−0.82	−0.82
2.50	9.28	6.54	3.83	2.58	2.01	1.24	0.29	−0.36	−0.65	−0.77	−0.79	−0.79	−0.80	−0.80
2.55	9.39	6.60	3.85	2.58	2.01	1.23	0.28	−0.36	−0.65	−0.75	−0.78	−0.78	−0.78	−0.78
2.60	9.50	6.66	3.87	2.59	2.01	1.23	0.27	−0.37	−0.64	−0.74	−0.76	−0.76	−0.77	−0.77
2.65	9.60	6.73	3.89	2.59	2.01	1.22	0.26	−0.37	−0.64	−0.73	−0.75	−0.75	−0.75	−0.75
2.70	9.70	6.79	3.91	2.60	2.01	1.21	0.25	−0.38	−0.63	−0.72	−0.73	−0.73	−0.74	−0.74
2.75	9.82	6.85	3.93	2.61	2.02	1.21	0.24	−0.38	−0.63	−0.71	−0.72	−0.72	−0.72	−0.73
2.80	9.93	6.91	3.95	2.61	2.02	1.20	0.23	−0.38	−0.62	−0.70	−0.71	−0.71	−0.71	−0.71
2.85	10.02	6.97	3.97	2.62	2.02	1.20	0.22	−0.39	−0.62	−0.69	−0.70	−0.70	−0.70	−0.70
2.90	10.11	7.08	3.99	2.62	2.02	1.19	0.21	−0.39	−0.61	−0.67	−0.68	−0.68	−0.69	−0.69
2.95	10.23	7.09	4.00	2.62	2.02	1.18	0.20	−0.40	−0.61	−0.66	−0.67	−0.67	−0.68	−0.68
3.00	10.34	7.15	4.02	2.63	2.02	1.18	0.19	−0.40	−0.60	−0.65	−0.66	−0.66	−0.67	−0.67
3.10	10.56	7.26	4.08	2.64	2.00	1.16	0.17	−0.40	−0.60	−0.64	−0.64	−0.65	−0.65	−0.65
3.20	10.77	7.38	4.12	2.65	1.99	1.14	0.15	−0.40	−0.58	−0.62	−0.61	−0.61	−0.61	−0.61
3.30	10.97	7.49	4.15	2.65	1.99	1.12	0.14	−0.40	−0.58	−0.60	−0.61	−0.61	−0.61	−0.61

续上表

C_s	$P(\%)$												
	0.01	0.1	1	3	5	10	25	50	75	90	95	97	99	99.9
3.40	11.17	7.60	4.18	2.65	1.98	1.11	0.12	-0.41	-0.57	-0.59	-0.59	-0.59	0.59	-0.59
3.50	11.37	7.72	4.22	2.65	1.97	1.09	0.10	-0.41	-0.55	-0.57	-0.57	-0.57	-0.57	-0.57
3.60	11.57	7.83	4.25	2.66	1.96	1.08	0.09	-0.41	-0.54	-0.56	-0.57	-0.57	-0.57	-0.57
3.70	11.77	7.94	4.28	2.66	1.95	1.06	0.07	-0.42	-0.53	-0.54	-0.54	-0.54	-0.54	-0.54
3.80	11.97	8.05	4.31	2.66	1.94	1.04	0.06	-0.42	-0.52	-0.53	-0.53	-0.53	-0.53	-0.53
3.90	12.16	8.15	4.34	2.66	1.93	1.02	0.04	-0.41	-0.51	-0.51	-0.51	-0.51	-0.51	-0.51
4.00	12.36	8.25	4.37	2.66	1.92	1.00	0.02	-0.41	-0.50	-0.50	-0.50	-0.50	-0.50	-0.50
4.10	12.55	8.35	4.39	2.66	1.91	0.98	0.00	-0.41	-0.48	-0.49	-0.49	-0.49	-0.49	-0.49
4.20	12.74	8.45	4.41	2.65	1.90	0.96	-0.02	-0.41	-0.47	-0.48	-0.48	-0.48	-0.48	-0.48
4.30	12.93	8.55	4.44	2.65	1.88	0.94	-0.03	-0.41	-0.46	-0.47	-0.47	-0.47	-0.47	-0.48
4.40	13.12	8.65	4.46	2.65	1.87	0.92	-0.04	-0.40	-0.45	-0.46	-0.46	-0.46	-0.46	-0.46
4.50	13.30	8.75	4.48	2.64	1.85	0.90	-0.05	-0.40	-0.44	-0.44	-0.44	-0.44	-0.44	-0.44
4.60	13.49	8.85	4.50	2.63	1.84	0.88	-0.06	-0.40	-0.44	-0.44	-0.44	-0.44	-0.44	-0.44
4.70	13.67	8.95	4.52	2.62	1.82	0.86	-0.07	-0.39	-0.43	-0.43	-0.43	-0.43	-0.43	-0.43
4.80	13.85	9.04	4.54	2.61	1.80	0.84	-0.08	-0.39	-0.42	-0.42	-0.42	-0.42	-0.42	-0.42
4.90	14.04	9.18	4.55	2.60	1.78	0.82	-0.10	-0.38	-0.41	-0.41	-0.41	-0.41	-0.41	-0.41
5.00	14.22	9.22	4.57	2.60	1.77	0.80	-0.11	-0.38	-0.40	-0.40	-0.40	-0.40	-0.40	-0.40
5.10	14.40	9.31	4.58	2.59	1.75	0.78	-0.12	-0.37	-0.39	-0.39	-0.39	-0.39	-0.39	-0.39
5.20	14.57	9.40	4.59	2.58	1.73	0.76	-0.13	-0.37	-0.39	-0.39	-0.39	-0.39	-0.39	-0.39
5.30	14.75	9.49	4.60	2.57	1.72	0.74	-0.14	-0.36	-0.38	-0.38	-0.38	-0.38	-0.38	-0.38
5.40	14.92	9.57	4.62	2.56	1.70	0.72	-0.14	-0.36	-0.37	-0.37	-0.37	-0.37	-0.37	-0.37
5.50	15.10	9.66	4.63	2.55	1.68	0.70	-0.15	-0.35	-0.36	-0.36	-0.36	-0.36	-0.36	-0.36
5.60	15.27	9.74	4.64	2.53	1.66	0.67	-0.16	-0.35	-0.36	-0.36	-0.36	-0.36	-0.36	-0.36
5.70	15.45	9.82	4.65	2.52	1.65	0.65	-0.17	-0.34	-0.35	-0.35	-0.35	-0.35	-0.35	-0.35
5.80	15.62	9.91	4.67	2.51	1.63	0.63	-0.18	-0.34	-0.35	-0.35	-0.35	-0.35	-0.35	-0.35
5.90	15.78	9.99	4.68	2.49	1.61	0.61	-0.18	-0.33	-0.34	-0.34	-0.34	-0.34	-0.34	-0.34
6.00	15.94	10.07	4.68	2.48	1.59	0.59	-0.19	-0.33	-0.33	-0.33	-0.33	-0.33	-0.33	-0.33
6.10	16.11	10.15	4.69	2.46	1.57	0.57	-0.19	-0.33	-0.33	-0.33	-0.33	-0.33	-0.33	-0.33
6.20	16.28	10.22	4.70	2.45	1.55	0.55	-0.20	-0.32	-0.32	-0.32	-0.32	-0.32	-0.32	-0.32
6.30	16.45	10.30	4.70	2.43	1.53	0.53	-0.20	-0.32	-0.32	-0.32	-0.32	-0.32	-0.32	-0.32
6.40	16.61	10.38	4.71	2.41	1.51	0.51	-0.21	-0.31	-0.31	-0.31	-0.31	-0.31	-0.31	-0.31

附录3 P—Ⅲ型曲线三点适线法 S 与 C_s 关系表

(一) $P = 1 - 50 - 99\%$

S	0	1	2	3	4	5	6	7	8	9
0.0	0.000	0.026	0.051	0.077	0.103	0.128	0.154	0.180	0.206	0.232
0.1	0.258	0.284	0.310	0.336	0.362	0.387	0.413	0.439	0.465	0.491
0.2	0.517	0.544	0.570	0.596	0.622	0.648	0.674	0.700	0.726	0.753
0.3	0.780	0.807	0.833	0.860	0.887	0.913	0.940	0.967	0.994	1.021
0.4	1.048	1.075	1.103	1.131	1.159	1.187	1.216	1.244	1.273	1.302
0.5	1.331	1.360	1.389	1.419	1.449	1.479	1.510	1.541	1.572	1.604
0.6	1.636	1.668	1.702	1.735	1.770	1.805	1.841	1.877	1.914	1.951
0.7	1.989	2.029	2.069	2.110	2.153	2.198	2.243	2.289	2.338	2.388
0.8	2.440	2.495	2.551	2.611	2.673	2.739	2.809	2.882	2.958	3.042
0.9	3.132	3.227	3.334	3.449	3.583	3.740	3.913	4.136	4.4332	4.883

(二) $P = 3 - 50 - 97\%$

S	0	1	2	3	4	5	6	7	8	9
0.0	0.000	0.032	0.064	0.095	0.127	0.159	0.191	0.223	0.255	0.287
0.1	0.319	0.351	0.383	0.414	0.446	0.478	0.510	0.541	0.573	0.605
0.2	0.637	0.668	0.699	0.731	0.763	0.794	0.826	0.858	0.889	0.921
0.3	0.952	0.983	1.015	1.046	1.077	1.109	1.141	1.174	1.206	1.238
0.4	1.270	1.301	1.333	1.366	1.398	1.430	1.461	1.493	1.526	1.560
0.5	1.593	1.626	1.658	1.691	1.725	1.770	1.794	1.829	1.863	1.898
0.6	1.933	1.969	2.005	2.041	2.078	2.116	2.154	2.193	2.233	2.274
0.7	2.315	2.357	2.400	2.444	2.490	2.535	2.580	2.630	2.683	2.736
0.8	2.789	2.844	2.901	2.959	3.023	3.093	3.160	3.233	3.312	3.393
0.9	3.482	2.579	3.688	3.805	3.930	4.081	4.258	4.470	4.764	5.228

(三) $P = 5 - 50 - 95\%$

S	0	1	2	3	4	5	6	7	8	9
0.0	0.000	0.036	0.073	0.109	0.146	0.182	0.218	0.254	0.281	0.327
0.1	0.364	0.400	0.437	0.473	0.509	0.545	0.581	0.617	0.651	0.687
0.2	0.723	0.760	0.796	0.831	0.866	0.901	0.936	0.972	1.007	1.042
0.3	1.076	1.111	1.146	1.182	1.217	1.252	1.287	1.322	1.356	1.390
0.4	1.425	1.460	1.494	1.529	1.563	1.597	1.632	1.667	1.702	1.737
0.5	1.773	1.809	1.844	1.879	1.915	1.950	1.986	2.022	2.058	2.095
0.6	2.133	2.171	2.209	2.247	2.285	2.324	2.367	2.408	2.448	2.487
0.7	2.529	2.572	2.615	2.662	2.710	2.727	5.805	2.855	2.906	2.955
0.8	3.009	3.069	3.127	3.184	3.248	3.317	3.385	3.457	3.536	3.621
0.9	3.714	3.809	3.909	4.023	4.153	4.306	4.474	4.695	4.974	5.402

续上表

(四) $P = 10 - 50 - 90\%$

S	0	1	2	3	4	5	6	7	8	9
0.0	0.000	0.046	0.092	0.139	0.187	0.234	0.281	0.327	0.373	0.419
0.1	0.465	0.511	0.557	0.602	0.647	0.692	0.737	0.784	0.829	0.872
0.2	0.916	0.916	1.005	1.048	1.089	1.131	1.175	1.218	1.261	1.303
0.3	1.345	1.385	1.426	1.467	1.508	1.548	1.588	1.628	1.668	1.708
0.4	1.748	1.788	1.827	4.866	1.905	1.943	1.971	2.019	2.056	2.094
0.5	2.133	2.173	2.212	2.250	2.288	2.327	2.367	2.407	2.447	2.487
0.6	2.526	2.563	2.603	2.645	2.689	2.731	2.773	2.816	2.858	2.901
0.7	2.944	2.989	3.033	3.086	3.133	3.177	3.226	3.279	3.331	3.384
0.8	3.439	3.491	3.552	3.617	3.685	3.752	3.821	2.890	3.966	4.051
0.9	4.140	4.235	4.344	4.452	4.587	4.734	4.891	5.131	5.374	5.791

(五) $P = 2 - 20 - 70\%$

S	0	1	2	3	4	5	6	7	8	9
0.0	0.291	0.342	0.394	0.446	0.497	0.552	0.607	0.662	0.717	0.774
0.1	0.831	0.887	0.944	1.001	1.060	1.119	1.181	1.241	1.299	1.359
0.2	1.420	1.483	1.543	1.601	1.663	1.724	1.784	1.841	1.907	1.966
0.3	2.029	2.089	2.150	2.211	2.273	2.334	2.394	2.454	2.514	2.576
0.4	2.635	2.694	2.754	2.814	2.874	2.934	2.994	3.056	3.118	3.179
0.5	3.239	3.299	3.360	3.421	3.485	3.548	3.610	3.675	3.739	3.803
0.6	3.868	3.934	4.000	4.069	4.137	4.207	4.279	4.349	4.419	4.494
0.7	4.572	4.649	4.727	4.808	4.871	4.975	5.059	2.148	5.241	5.335
0.8	5.434	5.538	5.646	5.751	5.868	5.982	6.103	6.236	6.379	6.531
0.9	6.693	6.861	7.051	7.241	7.746	7.746	8.063	8.414	8.947	9.757

(六) $P = 2 - 30 - 80\%$

S	0	1	2	3	4	5	6	7	8	9
0.0	-0.230	-0.191	-0.150	-0.110	-0.069	-0.028	0.014	0.056	0.099	0.142
0.1	0.185	0.229	0.273	0.318	0.363	0.408	0.455	0.501	0.547	0.593
0.2	0.640	0.687	0.736	0.785	0.834	0.882	0.932	0.983	1.033	1.083
0.3	1.133	1.182	1.233	1.285	1.336	1.386	1.437	1.489	1.540	1.591
0.4	1.643	1.695	1.748	1.802	1.852	1.903	1.957	2.010	2.061	2.113
0.5	2.167	2.220	2.272	2.325	2.379	2.433	2.486	2.540	2.594	2.649
0.6	2.703	2.758	2.814	2.872	2.930	2.988	3.046	3.105	3.166	3.227
0.7	3.288	3.351	3.414	3.477	3.544	3.613	3.681	3.751	3.824	3.902
0.8	3.982	4.062	4.144	4.230	4.322	4.415	4.517	4.618	4.728	4.849
0.9	4.978	5.108	5.261	5.419	5.599	5.821	6.048	6.345	6.747	7.376

附录4 植物(或洼地)滞留的径流深度 Z 值

地 面 特 征	Z(mm)
高1m以下密草,1.5m以下幼林,稀灌木丛,根浅茎细的旱田农作物——麦类等	5
高1m以上密草,1.5m以上幼林,灌木丛,根深茎粗的旱田农作物——高粱等	10
顺坡带埂的梯田 每个0.1~0.2m³,每平方公里大于10万个的鱼鳞坑 每米0.3m³左右,每平方公里大于5万m的水平沟 (后两项在黄土高原水土流失严重地区不考虑)	10~15
稀林、树冠所覆盖的面积占全面积的百分比(即郁闭度)为40%以下,结合治理,坡面已基本控制者	15
平原水稻田	20
中等稠度林(郁闭度60%左右)	25
水平带埂或倒坡的梯田	20~30
密林(郁闭度80%以上)	35
阻塞地,青苔泥沼地,洪水时期长有农作物的耕地	20~40

附录5 折减系数 β 值

流域面积重心至桥涵的距离(km)	1	2	3	4	5	6	7	8
平地及丘陵汇水区	1	0.95	0.90	0.85	0.80	0.75	0.70	0.60
山地及山岭汇水区	1	1	1	0.95	0.90	0.85	0.80	0.70

附录6 折减系数 γ 值

汇流时间(min)	季候风气候地区				西北和内蒙古地区			
	流域的长度或宽度(km)							
	25	35	50	100	5	10	20	35
30	1.0	0.9	0.8	0.8	0.9	0.8	0.7	0.6
45		1.0	0.9	0.9	1.0	0.9	0.8	0.7
60			1.0	0.9		1.0	0.9	0.7
80				1.0			1.0	0.8
100							0.9	0.8
150							1.0	0.9
200								1.0

附录7 地貌系数 ψ_0 值

地形	按主河沟平均坡度(%)	流域面积(km²)的范围		
		F<10	10<F<20	20<F<30
平地	1,2	0.05	0.05	0.05
平原	3,4,6	0.07	0.06	0.06
丘陵	10,14,20	0.09	0.07	0.06
山地	27,35,45	0.10	0.09	0.07

续上表

地形	按主河沟平均坡度(%)	流域面积(km²)的范围		
		F < 10	10 < F < 20	20 < F < 30
山岭	60~100	0.13	0.11	0.08
	100~200	0.14		
	200~400	0.15		
	400~800	0.16		
	800~1200	0.17		

附录8　湖泊或小水库调节作用影响的折减系数 δ

$\frac{f}{F}$(%)	5	10	15	20	25	30	35	40	45	50	60	70	80	90	100
δ	0.99	0.97	0.96	0.94	0.93	0.91	0.90	0.88	0.87	0.85	0.82	0.79	0.76	0.73	0.70

注:1. 表中 F 为桥涵的流域面积,f 为水库控制的流域面积,单位均为 km²。

2. 对于湖泊,也可以用本表数值。

参考文献

[1] 叶镇国,彭文波.水力学与桥涵水文[M].2版.北京:人民交通出版社,2011.

[2] 黄廷林,马学尼.水文学[M].5版.北京:中国建筑工业出版社,2014.

[3] 王晓玲,韩冰,宋铁红.水文学与水文地质[M].北京:中国建筑工业出版社,2015.

[4] 桂劲松,银英姿.水文学[M].2版.武汉:华中科技大学出版社,2014.

[5] 邱大洪.工程水文学[M].4版.北京:人民交通出版社,2011.

[6] 范世香,等.工程水文与水利计算[M].北京:中国水利水电出版社,2013.

[7] 管华.水文学[M].2版.北京:科学出版社,2016.

[8] 沈冰,黄红虎.水文学原理[M].2版.北京:中国水利水电出版社,2015.

[9] 盛骤,谢式千,潘承毅.概率论与数理统计[M].4版.北京:高等教育出版社,2008.

[10] 文雨松.桥涵水文[M].2版.北京:中国铁道出版社,2015.

[11] 舒国明.桥涵水力水文[M].3版.北京:人民交通出版社,2009.

[12] 拜存有,高建峰.城市水文学[M].郑州:黄河水利出版社,2009.

[13] 任庆新,刘艳华,等.桥涵水文[M].北京:中国水利水电出版社,2014.

[14] 中华人民共和国水利部.GB 50201—2014 防洪标准[S].北京:中国计划出版社,2015.

[15] 张莉莉,王峰,等.水力学[M].北京:清华大学出版社,2015.

[16] 宋萌勃.水文统计学[M].郑州:黄河水利出版社,2010.

[17] 中国大百科全书总编辑委员会《大气科学·海洋科学·水文科学》编辑委员会.中国大百科全书(大气科学·海洋科学·水文科学)[M].北京:中国大百科全书出版社,1998.

[18] 中国大百科全书总编辑委员会《水利》编辑委员会.中国大百科全书(水利)[M].北京:中国大百科全书出版社,1998.

[19] 詹道江,徐向阳,陈元芳.工程水文学[M].4版.北京:中国水利水电出版社,2010.

[20] 向文英.工程水文学[M].2版.重庆:重庆大学出版社,2011.

[21] 宋广尧.水力学与桥渡水文[M].北京:中国铁道出版社,1999.

[22] 叶其孝,沈永欢.实用数学手册[M].2版.北京:科学出版社,2016.

[23] 金光炎.水文统计理论与实践[M].南京:东南大学出版社,2012.

[24] 黄振平,陈元芳.水文统计学[M].北京:中国水利水电出版社,2011.

[25] 张学龄.桥涵水文[M].2版.北京:人民交通出版社,1996.

[26] 叶守泽.水文水利计算[M].武汉:武汉大学出版社,2013.

[27] 公路工程水文勘测设计规范编委会.JTG C30—2015 公路工程水文勘测设计规范[S].北京:人民交通出版社股份有限公司,2015.

[28] 高冬光.桥位设计[M].2版.北京:人民交通出版社,2011.

[29] 杨斌,王晓雯,等.桥涵水力水文[M].2版.成都:西南交通大学出版社,2012.

[30] 张玉娥.桥渡设计[M].北京:中国铁道出版社,2008.

[31] 魏永霞,王丽学.工程水文学[M].北京:中国水利水电出版社,2005.

[32] 高冬光,等.桥位勘测设计[M].北京:人民交通出版社,2001.

[33] 薛明.桥涵水文[M].上海:同济大学出版社,2002.

[34] 黄伦超,许光祥.水工与河工模型试验[M].郑州:黄河水利出版社,2008.

[35] 刘鹤年,刘京.流体力学[M].3版.北京:中国建筑工业出版社,2016.

[36] 杨俊杰.相似理论与结构模型试验[M].武汉:武汉理工大学出版社,2005.

[37] 高冬光,王亚玲.桥涵水文[M].5版.北京:人民交通出版社股份有限公司,2016.

[38] 刘培文,周卫,等.公路小桥涵设计示例[M].北京:人民交通出版社,2005.

[39] 孙家驷.公路小桥涵勘测设计[M].4版.北京:人民交通出版社,2009.

[40] 周传林.公路小桥涵设计[M].2版.北京:人民交通出版社,2009.

[41] Ojha, Bhunya, Berndtsson. Engineering Hydrology. OUP India, 2008.

[42] Saeid Eslamian. Handbook of Engineering Hydrology: Environmental Hydrology and Water Management. CRC Press, 2014.

[43] Zhang Hailun. Strategic Study for Water Management in China. SEU Press, 2005.

[44] Sarah Crowe. Handbook of Civil Engineering. Clanrye International, 2015.

[45] Julian Ting. Fluid Mechanics. Createspace Independent Publishing Platform, 2013.

[46] Khaled Mahmoud. Safety and Reliability of Bridge Structures. CRC Press, 2009.

[47] Sheng-Hong Chen. Hydraulic Structures. Springer, 2015.